U0920647

舟山统计年鉴

ZHOUSHAN STATISTICAL YEARBOOK

2023

舟 山 市 统 计 局
国家统计局舟山调查队 编

图书在版编目（CIP）数据

舟山统计年鉴. 2023 = Zhoushan Statistical Yearbook 2023 / 舟山市统计局, 国家统计局舟山调查队编. -- 北京 : 中国统计出版社, 2023.11
ISBN 978-7-5230-0248-3

Ⅰ. ①舟… Ⅱ. ①舟… ②国… Ⅲ. ①统计资料—舟山—2023—年鉴 Ⅳ. ①C832.553-54

中国国家版本馆 CIP 数据核字(2023)第 175030 号

舟山统计年鉴 2023

作　　者 / 舟山市统计局　国家统计局舟山调查队
责任编辑 / 钟钰
装帧设计 / 舟山明煌印业有限公司
出版发行 / 中国统计出版社有限公司
地　　址 / 北京市丰台区西三环南路甲 6 号
邮政编码 / 100073
电　　话 / 邮购（010）63376909　书店（010）68783171
网　　址 / http://www.zgtjcbs.com
印　　刷 / 舟山明煌印业有限公司
经　　销 / 新华书店
开　　本 / 890mm×1240mm　1/16
字　　数 / 350 千字
印　　张 / 20.25
版　　别 / 2023 年 11 月第 1 版
版　　次 / 2023 年 11 月第 1 次印刷
定　　价 / 280.00 元

如有印装差错，由本社发行部调换。

《舟山统计年鉴2023》
编委会和编辑人员

编辑说明

一、《舟山统计年鉴2023》是一部全面系统反映舟山经济和社会发展情况的资料性年刊。它如实展示了舟山市改革开放尤其是“十四五”以来各个领域的新进展和新成就，是各级领导和有关部门研究浙江舟山群岛新区建设和舟山市情、制订发展规划的重要工具书，也是市外乃至国外友人了解舟山，熟悉舟山投资环境的指南。

二、全书内容共分十五个部分，即：综合、人口与劳动力；渔业；农业；工业、能源；交通、邮电；固定资产投资、建筑业；批发零售、住宿餐饮、外经和旅游；财政、金融、保险；物价；人民生活与劳动工资；教育、科技；文化、体育和卫生；自然资源、城建、环保、民政、司法等情况；各县（区）、乡镇、住人岛屿基本情况；全省各市国民经济和社会发展主要指标。为便于读者使用，各篇末附有主要统计指标解释，在有些指标下方作了简要注解。

三、本年鉴对过去发表的统计资料重新予以核实，凡与本年鉴数据有出入的，均以本年鉴为准。

四、本年鉴部分数据合计数或相对数由于单位取舍不同产生的计算误差未作机械调整。

五、本年鉴中的符号使用说明：“#”表示其中主要项,“空格”表示无该项指标数据或数据不详，“…”表示该项指标数据不足本表最小单位数。

《舟山统计年鉴》一直以来受到社会各界的关心和支持，对此我们深表感谢。为进一步提高统计年鉴的编辑水平，欢迎读者对不妥之处给予批评指正，并提出宝贵意见。

目　　录

一、综合、人口与劳动力

二、渔　　业

三、农　　业

四、工业、能源

五、交通、邮电

六、固定资产投资、建筑业

七、批发零售、住宿餐饮、外经和旅游

八、财政、金融、保险

九、物　价

十、人民生活与劳动工资

十一、教育、科技

十二、文化、体育和卫生

十三、自然资源、城建、环保、民政、司法等情况

十四、各县(区)、乡镇、住人岛屿基本情况

十五、全省各市国民经济和社会发展主要指标

一、综合、人口与劳动力

1-1 人口与自然资源概况

项　　目	2022年
一、人　口	年底户籍人口总数95.22万人 人口密度653人/平方公里 年底常住人口总数117.0万人 人口密度802人/平方公里
二、地理位置	北纬29° 32′ 至31° 04′ 东经121° 30′ 至123° 25′
三、区域总面积	东西长182公里，南北宽169公里 区域总面积2.22万平方公里 其中：海域面积2.08万平方公里；土地总面积1458.76平方公里 （包括滩涂面积144.91平方公里）
四、岸线总长度 深水岸线长度	2788公里 水深15米以上200.7公里 水深20米以上103.7公里
五、舟山本岛面积	东西长44公里，南北宽18公里，土地总面积502.65平方公里
六、岛屿个数	大小岛屿2085个，有居民岛屿141个，无居民岛屿1944个 2022年底户籍人口在50人以上的岛屿有65个 2020年第七次人口普查常住人口在50人以上的岛屿有72个
七、水资源量	水资源总量8.73亿立方米 其中：地下水总量1.85亿立方米
八、气　候	历年平均年降水量1243.5mm 2022年降水量1227.5mm 2022年平均气温17.7° C

注：岛屿数量根据市自然资源规划局海岛调查数据进行调整。

1-2 行　　政　　区　　划

单位:个

项　目	1990年	1995年	2000年	2005年	2009年	2010年	2011年	2012年	2013年	2014年	2015年	2016年	2017年	2018年	2019年	2020年	2021年	2022年
一、市辖县个数	2	2	2	2	2	2	2	2	2	2	2	2	2	2	2	2	2	2
二、市辖区个数	2	2	2	2	2	2	2	2	2	2	2	2	2	2	2	2	2	2
三、街道个数	3	4	4	9	11	11	11	11	13	13	13	13	14	14	14	14	14	14
#定海区	3	4	4	6	6	6	6	6	9	9	9	10	10	10	10	10	10	10
普陀区				3	5	5	5	5	4	4	4	4	4	4	4	4	4	4
四、镇个数	20	27	29	23	21	21	21	21	17	17	17	17	17	17	17	17	17	17
定海	4	6	8	7	7	7	7	7	3	3	3	3	3	3	3	3	3	3
普陀	7	10	10	7	5	5	5	5	5	5	5	5	5	5	5	5	5	5
岱山	5	7	7	6	6	6	6	6	6	6	6	6	6	6	6	6	6	6
嵊泗	4	4	4	3	3	3	3	3	3	3	3	3	3	3	3	3	3	3
五、乡个数	70	36	34	12	11	11	11	11	5	5	5	5	5	5	5	5	5	5
定海	22	15	13	3	3	3	3	3										
普陀	25	8	8	4	3	3	3	3										
岱山	13	4	4	1	1	1	1	1	1	1	1	1	1	1	1	1	1	1
嵊泗	10	9	9	4	4	4	4	4	4	4	4	4	4	4	4	4	4	4
六、行政村个数	847	830	774	424	344	344	344	344	344	344	344	327	296	296	284	280	280	280
定海	322	319	309	114	113	113	113	113	113	113	113	110	109	109	93	89	89	89
普陀	275	272	240	177	108	108	108	108	108	108	108	98	84	84	88	88	88	88
岱山	182	172	167	95	85	85	85	85	85	85	85	81	74	74	74	74	74	74
嵊泗	68	67	58	38	38	38	38	38	38	38	38	38	29	29	29	29	29	29
七、社区(居委会)个数	84	105	129	83	84	86	96	96	89	98	101	111	116	116	125	130	131	136
八、村民小组(万个)	0.70	0.65	0.63	0.54	0.52	0.52	0.52	0.52	0.40	0.39	0.45	0.46	0.43	0.44	0.41	0.43	0.42	0.42

1-3 历年气象概况

年 份	气 温			年降水量（mm）	年蒸发量（mm）	年日照（小时）	年灰霾天数（天）
	最高(℃)	最低(℃)	年平均(℃)				
1955	37.1	-6.1	16.3	1167.3	1395.8	2109.6	4.0
1960	36.5	-3.4	16.8	1267.0	1300.5	1970.3	0.0
1965	35.6	-4.2	16.1	1058.7	949.8	2157.4	1.3
1967	38.3	-7.0	15.9	578.7	1062.4	2240.6	2.3
1968	35.8	-4.3	16.0	798.5	986.3	2245.7	0.3
1969	36.7	-4.5	15.7	1024.6	1022.2	2229.1	1.5
1970	34.1	-5.0	15.9	1029.8	931.2	1912.2	1.3
1971	38.2	-2.9	16.1	952.9	1121.8	2422.6	0.3
1972	33.7	-3.1	15.6	1064.9	964.7	2028.8	4.5
1973	33.7	-3.3	16.4	1468.1	948.6	2086.3	3.3
1974	34.1	-3.8	16.0	1175.1	651.2	2089.6	2.5
1975	34.6	-2.1	16.4	1238.3	626.9	2119.6	3.8
1976	36.2	-3.1	15.5	1352.9	620.2	2127.2	3.8
1977	36.5	-4.8	16.3	1497.8	597.9	2011.5	2.0
1978	36.4	-2.5	16.5	922.5	626.4	2179.4	4.0
1979	37.9	-4.0	16.6	969.9	659.1	2242.6	4.0
1980	35.7	-5.5	15.7	1231.2	1233.6	2003.8	4.0
1981	34.8	-3.2	15.9	1202.1	1335.6	1947.8	7.3
1982	34.7	-4.1	16.2	1138.1	1294.2	1899.8	3.8
1983	36.0	-2.6	16.2	1367.3	1235.8	1897.4	4.8
1984	36.3	-3.8	15.9	1082.7	1311.2	2035.3	1.0
1985	35.8	-3.9	16.1	1298.3	1283.7	2024.0	5.5
1986	36.5	-5.7	15.9	1090.9	1344.1	2182.0	4.3
1987	36.5	-4.1	16.2	1111.2	1244.1	1991.4	8.0
1988	37.1	-3.0	16.1	970.5	1395.5	2117.3	6.3
1989	36.2	-1.1	16.1	1608.2	1175.8	1719.9	8.3
1990	35.7	-3.6	17.0	1234.3	1270.1	1940.7	15.0
1991	35.3	-5.7	16.3	1209.6	1241.8	1743.2	7.7
1992	34.5	-2.2	16.0	1273.9	1296.2	1876.2	20.0
1993	35.3	-3.8	15.9	1555.5	1183.8	1884.6	14.3
1994	35.1	-1.3	17.2	1398.0	1371.5	1998.3	12.7
1995	38.6	-2.2	16.2	1220.3	1354.9	2110.1	22.3
1996	34.6	-3.3	16.3	1026.7	1357.1	1976.9	15.3
1997	34.4	-2.3	16.8	1520.2	1295.7	1913.8	16.7
1998	37.8	-3.9	17.5	1421.7	1248.2	1998.2	16.0
1999	34.2	-2.8	16.8	1536.8	1142.6	1825.0	16.0
2000	34.9	-3.0	17.0	1269.6	1316.1	1920.4	12.5
2001	34.0	-3.7	17.2	1267.0	1313.2	2008.6	16.8
2002	37.2	-1.0	17.4	1577.7	1289.5	1807.8	26.8
2003	38.3	-3.0	17.0	737.9	1472.9	2141.3	31.0
2004	36.6	-4.0	17.3	1126.8	1582.2	2227.7	25.8
2005	39.5	-3.1	16.7	1104.6	1502.9	2113.5	17.8
2006	36.9	-3.3	17.5	1099.0	1412.8	1781.1	13.8
2007	40.2	1.7	17.8	1139.2	1473.7	1878.3	17.5
2008	35.4	-3.5	16.8	1317.2	1337.4	1898.0	18.3
2009	38.7	-5.5	17.1	1279.0	1405.5	1924.1	15.5
2010	37.3	-5.1	16.7	1274.8	1338.0	1760.9	17.5
2011	36.3	-4.2	16.3	1040.2	1437.7	1892.0	34.8
2012	36.9	-3.6	16.5	1629.6	1376.5	1813.8	17.5
2013	42.3	-2.0	17.0	1051.2	1588.1	2037.9	44.3
2014	35.2	-2.6	16.8	1435.6	924.8	1726.5	59.5
2015	37.3	-3.7	17.0	1582.6	935.3	1607.5	47.0
2016	37.2	-6.6	17.6	1585.2	981.2	1665.3	12.8
2017	39.3	-1.7	17.6	1411.8	1036.5	1980.3	8.5
2018	35.3	-4.2	17.5	1345.6	987.5	1852.7	8.0
2019	36.1	0.0	17.4	1822.5	946.7	1616.9	9.0
2020	36.1	-5.4	17.8	1377.6	1018.6	1756.0	11.8
2021	34.9	-6.6	17.9	1836.8	913.3	1975.5	2.0
2022	40.6	-1.9	17.7	1227.5	1033.7	2106.7	6.3

注：1.年降水量、年蒸发量、年日照、年灰霾天数为各县(区)平均值。

2.2014年起，年蒸发量测量器皿型号有变，与往期不可比。

1-4 国民经济和社会

项　目	单位	1980年	1985年	1990年	1995年	2000年	2005年	2010年
一、年末总人口								
常住人口	万人							112.1
户籍人口	人	888818	934608	969904	982763	984104	967250	967710
二、年末社会劳动者人数	万人	47.29	57.96	61.69	67.18	64.21	55.72	63.49
#非私营在岗职工人数	万人						10.53	16.07
三、地区生产总值	万元	49020	130950	245697	743786	1215702	2836728	6094431
第一产业	万元	19087	50044	87732	221934	324041	398400	594883
第二产业	万元	17085	47721	79305	245948	360073	1134105	2575356
第三产业	万元	12848	33185	78660	275904	531588	1304223	2924193
海洋经济增加值占GDP比重	%						62.0	63.9
四、渔农业总产值	万元	30182	81149	178831	576233	745242	871891	1143350
#渔业总产值	万元	19612	59666	137287	481126	653543	784021	1006246
主要农产品产量								
粮　食	万吨	16.57	17.35	16.37	14.52	8.84	5.20	2.54
棉　花	吨	2515	1390	473	684	279	78	43
油菜籽	吨	2437	2759	5707	5738	5445	3795	2221
茶　叶	吨	178	187	171	176	155	132	95
蔬　菜	吨	102100	95415	134812	116080	151945	185479	161209
水　果	吨	3117	5351	8017	20260	20638	77200	85858
猪牛羊肉	吨	7343	5044	8130	8118	9297	15712	19455
禽　蛋	吨		4484	5503	8321	7208	8324	6599
水产品	万吨	39.70	42.59	53.21	98.00	134.92	124.08	131.12
#远洋渔业	万吨				9.00	13.36	15.52	12.18
猪年末存栏头数	万头	12.63	10.43	11.52	9.11	8.68	12.45	17.06
五、规模以上工业总产值	万元	29096	96003	196752	533024	742164	2833416	6977848
#轻工业	万元	18256	60235	136264	365583	465484	1775066	1387985
重工业	万元	10840	35768	60488	167441	276680	1058350	5589863

注：1.规模工业有关指标数据范围2011年起为年主营业务收入2000万元及以上工业企业，2008-2010年为年主营业务收入500万元及以上工业企业，1998-2007年为国有及年销售收入500万元及以上非国有工业企业，1998年以前数据为乡及乡以上工业企业。

2.2018年起，三次产业分类依据国家统计局2018年修订的《三次产业划分规定》，下同。

3.2015年起，按照《国务院关于进一步推进户籍制度改革的意见》（国发〔2014〕25号）要求统一城乡户口登记，公安人口数不再区分户籍。

发 展 主 要 指 标

2013年	2014年	2015年	2016年	2017年	2018年	2019年	2020年	2021年	2022年
114.5	115.0	115.6	116.4	117.1	117.3	116.5	115.9	116.5	117.0
973054	974892	973632	973262	971491	968983	965990	962028	956687	952213
67.78	69.64	70.53	71.00	71.25	71.36	71.57	72.14	72.52	72.38
17.51	17.24	17.18	17.33	17.06	16.93	16.95	17.22	17.57	18.02
8214194	8861026	9308699	10761851	11295646	12472202	13624749	15104919	17810483	19512856
886118	926705	1008494	1138600	1277462	1397824	1456244	1529210	1597080	1709389
2921458	3157485	3274401	3503914	3723918	4103774	4755028	6076538	8098613	9503551
4406618	4776836	5025804	6119337	6294266	6970604	7413477	7499171	8114790	8299916
64.3	64.6	64.9	65.0	65.1	65.7	66.5	67.5	68.1	68.5
1690607	1769248	1914138	2167669	2403341	2613298	2675221	2808763	2855458	3055235
1533550	1610157	1758808	2015139	2262231	2484989	2536836	2650898	2687367	2884194
2.27	2.45	2.36	2.54	2.55	2.61	2.65	2.87	2.86	2.92
89	68	50	53	8	1	12	3	1	
1803	798	2583	1305	1448	1766	2197	1988	2094	2206
85	97	80	85	77	79	70	70	55	62
143481	137090	129290	131041	134367	125759	115534	118944	118636	123399
81317	78578	73351	72187	76157	76976	74441	76333	70871	63002
15849	17315	15780	9884	5776	3720	3662	4579	8393	7647
5055	5478	4535	4177	2462	1096	955	1059	713	672
155.38	166.94	176.46	156.35	167.26	173.63	175.55	179.16	182.81	188.31
29.66	39.35	46.52	28.34	38.23	49.13	54.20	63.05	67.51	73.46
16.29	15.21	10.21	6.06	4.41	3.48	3.06	6.30	6.96	7.90
7810256	8417755	8737913	9727548	9438066	7318773	9194679	15336334	22881082	33501220
1650044	1694504	1703356	1745572	2704095	2061140	2057007	1709671	2082314	2275655
6160213	6723251	7034557	7981976	6733971	5257633	7137672	13626663	20798768	31225565

4.2015 年及以前年份，“非私营在岗职工人数”为“城镇在岗职工人数”，下同。

5.2015 年起研发支出计入地区生产总值。

6.2010–2016 年，根据统计方法制度规上工业总产值、轻工业、重工业相关数据已作调整，下同。

7.地区生产总值价值量指标按当年价格计算，发展速度按可比价格计算。2022 年地区生产总值及其相关分行业、分产业数据均为初步统计数，下同。

8.2010–2019 年常住人口数按第七次人口普查结果修订调整。

1-4 续表

项　目	单位	1980年	1985年	1990年	1995年	2000年	2005年	2010年
七、全社会货物周转量	万吨公里	42430	91678	232209	1114437	1164924	5051782	12916966
全社会旅客周转量	万人公里	21047	52131	77371	128033	148569	181400	241117
港口货物吞吐量	万吨			281	1005	3189	9052	22084
邮电业务收入	万元							145111
八、社会消费品零售额	万元	26683	61994	122592	320853	599190	994196	2032940
旅客接待人次	万人		74.64	162.57	280.65	459.72	1001.71	2139.00
# 入境过夜游客人数	人		3299	21466	42629	61180	140028	256790
九、外贸进出口总值	万元				23061	46736	150467	1073258
# 出口总值	万元				19212	41162	106874	693734
实际使用外资额	万美元	89	291	528	2812	10751	3120	6719
十、财政总收入	万元	7032	14510	22334	45869	107701	285224	985282
一般公共预算支出	万元	4502	9819	20244	46263	114820	319384	1050303
十一、非私营单位在岗职工工资总额	万元						265604	716934
非私营单位在岗职工平均工资	元						25377	43642
十二、城镇居民人均可支配收入	元			1888	6826	8886	15524	26242
农村居民人均可支配收入	元	163	702	1500	3592	4228	7190	14265
城乡居民收入比(农村为1)				1.26	1.90	2.10	2.16	1.84
十三、商品零售价格指数	%		116.3	100.2	111.0	99.2	101.0	104.3
居民消费价格总指数	%		115.4	101.9	114.8	101.6	101.7	104.1
十四、中小学在校学生	人	151322	120601	127315	139227	123392	98177	86096
# 小学在校学生	人	104936	81358	89662	89343	67066	50096	47201
适龄儿童入学率	%	98.04	98.30	99.40	99.66	99.92	99.99	100
十五、各类专业技术人员	人		5374	19122	19346	19792	19084	19182
卫生机构数	个	223	286	320	281	293	395	406
# 医院、卫生院	个	105	95	101	102	98	80	81
床位数	张	1867	2238	2923	3456	3293	3501	4059
# 医院、卫生院	张	1763	2133	2798	3259	3293	3501	4059
卫生技术人员	人	2530	3078	3576	4016	4262	4610	6172
# 执业医师(含助理)	人	958	1228	1611	1874	2074	2093	2524

注:1.城乡居民收入指标从2013年起采用城乡一体化后新口径。

2.2011年起,固定资产投资项目统计范围从计划投资50万元及以上提高到500万元及以上,且不包含农户投资,下同。

3.2018年及以前,“入境过夜游客人数”为“国际旅游人数”。

4.2015年起,人民银行取消“人民币储蓄余额”指标统计,下同。

2013 年	2014 年	2015 年	2016 年	2017 年	2018 年	2019 年	2020 年	2021 年	2022 年
10687409	22691335	24890580	28082825	31228651	35042443	37497011	34577590	33773441	35150279
123573	127682	155108	153307	154184	161043	172542	89784	102636	71500
31387	34700	37925	42590	45782	50787	53596	57142	60065	62412
172728	168470	148499	157672	149877	156072	163176	172422	250873	268017
3111131	3510808	3864655	4262804	4711771	5116110	5533191	5117194	5524053	5752436
3067.47	3397.96	3876.22	4610.61	5507.16	6321.40	7051.75	5943.99	1244.20	1112.70
315375	315835	322371	339247	344313	296400	156252	16009	28064	9254
1267249	1233469	1170087	6961124	7830418	11355460	13711088	16673094	23548685	33817774
664911	577574	618522	413784	3841873	4248153	5011984	5881003	7739080	11554963
20930	19962	7792	21017	40518	41762	50093	40885	50401	51037
1374225	1489267	1595920	1732865	1872217	2183538	2305907	2544983	3497143	4076364
1898260	1881904	2396523	2505417	2586044	3084897	3233611	3126851	3361101	3542734
1109090	1183478	1284141	1378804	1574188	1635074	1796972	1951380	2160142	2336554
63283	68954	74717	80311	93018	98394	106441	114303	123685	130982
37799	41466	44845	48423	52516	56622	61479	63702	69103	71965
21401	23783	25903	28308	30791	33812	36784	39096	42945	45924
1.77	1.74	1.73	1.71	1.71	1.67	1.67	1.63	1.61	1.57
100.4	100.5	99.4	101.0	101.7	102.2	102.1	100.9	101.4	103.3
101.6	101.7	101.2	101.8	101.7	102.8	102.3	101.9	100.9	101.7
81036	80665	80148	79540	80110	81891	83226	84504	86199	87834
46378	47086	47683	48122	48222	49418	50168	50617	51540	52234
100	100	100	100	100	100	100	100	100	100
21176	21196	21829	21759	21163	22197	22368	23196	23732	24101
632	668	708	697	700	713	718	719	715	722
71	60	66	68	69	69	70	71	72	72
4621	5050	5500	5510	5723	6407	6281	6157	6329	6464
4621	5050	5500	5510	5723	6407	6281	6157	6329	6464
7679	8101	8602	8872	9234	9709	9851	10128	10650	11171
2847	3055	3328	3422	3581	3840	3883	4027	4220	4459

5.学龄儿童入学率由 2006 年起改为“适龄儿童入学率”。

6.2015 年及以前,外贸进出口总值及出口总值为万美元计价。

7.根据《全国文化文物和旅游统计调查制度》(国统制〔2020〕186 号)和《浙江省文化和旅游统计调查制度》(浙统制〔2022〕1 号),2021 年起对旅游人次和收入进行调整。

1-5 各计划时期国民经济主要

项 目	"一五"时期	"二五"时期	1963—1965年	"三五"时期	"四五"时期	"五五"时期
一、人口数	3.51	2.64	2.70	1.77	1.57	0.87
二、社会劳动者人数	4.49	-1.20	3.28	4.95	4.59	3.14
#城镇国有经济在岗职工	21.16	7.13	2.93	2.54	7.67	11.95
三、地区生产总值	17.33	2.76	11.92	-3.00	7.73	14.36
四、工农业总产值	12.35	1.37	16.39	-3.74	11.12	7.57
#工业总产值	13.78	4.06	15.16	-3.34	17.23	17.79
农业总产值	11.96	0.61	16.77	-3.86	8.93	1.35
#渔　　业	15.63	1.47	17.91	-5.47	12.15	-0.31
五、财政收入	13.56	10.34	6.45	0.39	5.93	10.45
财政支出	23.70	3.44	2.40	4.13	23.00	11.74
六、货运周转量	27.06	14.69	19.12	4.50	9.67	16.40
客运周转量	63.42	8.72	-1.67	3.51	15.51	15.49
七、全社会固定资产投资	32.4	15.2	61.5	11.1	15.5	27.1
八、社会消费品零售总额	21.21	2.74	5.13	-1.00	14.77	8.19
九、城镇国有单位在岗职工工资总额	33.84	8.74	1.08	3.18	6.02	16.81
城镇国有单位在岗职工年平均工资	9.98	0.49	3.75	-0.53	-0.64	4.20
十、储蓄存款余额	39.50	9.28	22.70	-0.41	16.29	20.88

注：1.地区生产总值"九五"及以前工农业总产值增长速度按可比价格计算，投资指标年均增长速度按累计法计算。
2.在社会劳动者人数其中项中"十五"时期及以前为国有经济职工、集体经济职工、其他经济职工。
3.城镇国有单位在岗职工工资总额和城镇国有单位在岗职工年平均工资"十五"时期及以前为国有单位职工工资总额和年平均工资。

指标平均每年增长速度

单位:%

"六五"时期	"七五"时期	"八五"时期	"九五"时期	"十五"时期	"十一五"时期	"十二五"时期	"十三五"时期
1.01	0.74	0.26	0.03	-0.35	0.01	0.12	0.05
4.21	1.26	1.72	-0.90	-2.80	1.06	2.13	0.45
4.36	3.71	3.07	-9.61	-2.85	1.99	1.10	0.05
12.61	4.1	14.9	9.3	15.3	14.1	8.2	9.1
13.92	8.08	17.81	11.08	19.40	21.85	12.48	3.6
21.72	9.87	21.24	13.77	25.80	24.29	12.47	3.9
3.76	4.02	12.21	5.90	3.19	6.82	12.58	10.86
3.63	4.44	14.92	6.52	3.71	6.46	13.61	11.82
15.59	9.01	15.48	18.62	21.50	28.14	10.13	9.7
16.88	15.57	17.97	19.94	22.70	26.88	17.94	5.4
16.66	12.88	33.43	0.89	34.10	20.65	14.02	6.80
19.89	5.93	7.86	3.02	4.07	5.86	-8.45	-10.36
18.7	11.4	45.50	-0.40	30.80	25.0	15.4	6.5
18.36	14.61	23.54	13.48	10.98	16.17	13.72	5.79
13.03	23.48	25.94	1.25	16.58	14.51	12.78	8.73
8.62	18.42	22.07	10.68	20.27	11.29	12.09	8.87
31.16	30.0	29.96	19.22	15.24	18.48		

4."十二五"时期社会劳动者人数增速按人口普查数据进行修订。
5.根据国家统计制度,对"十二五"时期固定资产投资增速进行修订。
6."十三五"时期城镇国有经济在岗职工、城镇国有单位在岗职工工资总额和城镇国有单位在岗职工年平均工资分别为非私营单位在岗职工、非私营单位在岗职工工资总额和非私营单位在岗职工年平均工资。

1-6　国民经济主要比例关系

单位:%

项　目	1995年	2000年	2005年	2010年	2012年	2013年	2014年	2015年	2016年	2017年	2018年	2019年	2020年	2021年	2022年
一、地区生产总值三次产业比例															
第一产业	29.8	26.7	14.0	9.8	10.3	10.8	10.5	10.8	10.6	11.3	11.2	10.7	10.1	9.0	8.8
第二产业	33.1	29.6	40.0	42.2	38.5	35.6	35.6	35.2	32.5	33.0	32.9	34.9	40.2	45.5	48.7
第三产业	37.1	43.7	46.0	48.0	51.2	53.6	53.9	54.0	56.9	55.7	55.9	54.4	49.6	45.6	42.5
二、农业总产值中各业比例															
农　业	12.1	9.5	6.8	7.7	6.6	6.1	5.7	5.2	4.8	4.3	3.7	3.8	3.6	3.8	3.7
林　业	0.6	0.3	0.2	0.2	0.2	0.2	0.1	0.1	0.1	0.1	0.1	0.1	0.1	0.1	0.1
牧　业	3.8	2.5	3.1	4.0	3.3	2.8	2.6	2.3	1.7	1.0	0.7	0.9	1.5	1.5	1.3
渔　业	83.5	87.7	89.9	88.0	89.7	90.7	91.0	91.9	93.0	94.2	95.0	94.8	94.4	94.2	94.4
农林牧渔专业及辅助性活动												0.4	0.4	0.5	0.5
三、财政总收入占地区生产总值比例	**6.2**	**8.9**	**10.1**	**16.2**	**17.7**	**16.7**	**16.8**	**17.1**	**16.1**	**16.6**	**17.5**	**16.9**	**16.8**	**19.6**	**20.9**
四、文教科卫事业费占财政支出比例	**37.2**	**33.6**	**28.9**	**24.3**	**24.6**	**22.2**	**25.0**	**22.2**	**22.5**	**23.8**	**20.9**	**21.3**	**21.7**	**21.9**	**23.1**
五、农业拨款占财政支出比例	**3.2**	**10.0**	**10.1**	**18.5**	**19.6**	**25.8**	**21.1**	**20.5**	**20.8**	**19.9**	**19.6**	**17.7**	**16.1**	**14.3**	**13.8**
六、客运量中各种运输方式比例															
公　路	77.4	79.2	78.6	85.9	86.2	62.6	44.2	53.2	50.5	48.4	46.9	43.1	31.9	48.2	54.3
水　运	22.6	20.8	21.4	14.1	13.8	37.4	55.8	46.8	49.5	51.6	53.1	56.9	68.1	51.8	45.7
七、货运量中各种运输方式比例															
公　路	37.9	43.0	26.9	30.8	23.2	23.2	25.2	26.0	25.7	26.7	27.2	24.7	18.5	24.2	28.3
水　运	62.1	57.0	73.1	69.2	76.8	76.8	74.8	74.0	74.3	73.3	72.8	75.3	81.5	75.8	71.7

注:1.2006年起,文教科卫事业费和农业拨款口径有所调整。

2.2010年起,农业产值包括粮食、油料、棉花、麻类、糖类、烟草和其他农作物产值,蔬菜、食用菌、花卉盆景园艺作物产值,以及水果、坚果、茶、饮料、香料和中草药材产值。2010-2021年农业产值数据按现行制度要求进行修订,下同。

1-7 全市平均每天主要社会经济活动

项 目	单位	1995年	2000年	2005年	2010年	2014年	2015年	2016年	2017年	2018年	2019年	2020年	2021年	2022年
一、全市平均每天创造的财富														
地区生产总值	万元	2038	3322	7772	16697	24277	25503	29404	30947	34170	37328	41270	48796	53460
农业总产值	万元	1579	2042	2389	3132	4847	5244	5939	6584	7160	7329	7674	7823	8371
财政总收入	万元	126	295	781	2699	4080	4372	4735	5129	5982	6318	6954	9581	11168
外贸进出口总值	万元	63.2	128.0	412.2	2940.4	3379.4	3205.7	19019.5	21453.2	31110.8	37564.6	45554.9	64516.9	92651.4
外贸出口	万元	47.0	112.8	292.8	1900.6	1582.4	1694.6	11305.6	10525.6	11638.8	13731.5	16068.3	21203.0	31657.4
水产品产量	吨	2685	3696	3399	3592	4574	4834	4284	4582	4757	4810	4895	5009	5159
货 运 量	万吨	6.08	8.07	18.40	37.89	61.05	68.68	76.98	86.86	104.47	115.01	107.10	112.06	117.93
客 运 量	万人	16.53	20.60	24.20	41.30	17.95	14.72	14.30	14.89	15.08	15.57	9.95	14.96	10.27
邮 寄 信 件	万件	2.16	2.11	1.58	3.93	1.85	1.42	1.19	1.11	0.42	0.24	0.20	0.19	0.23
二、全市每天消费量														
城乡居民消费总额	万元	879	1642	2724	5570	9619	10588	11647	12909	14017	15159	13981	15134	15760
平均每人消费额	元	8.94	16.68	28.16	57.56	98.66	108.75	119.67	132.88	144.65	156.93	145.33	158.20	165.51
三、全市人口变动														
出 生	人	23	21	18	18	21	16	18	20	16	16	13	10	9
死 亡	人	17	18	19	21	19	20	18	24	21	20	21	22	21

注:2015年及以前,外贸进出口总值、外贸出口为万美元计价。

1-8 人口普查主要数据

项目	第一次 1953.7.1	第二次 1964.7.1	第三次 1982.7.1	第四次 1990.7.1	第五次 2000.11.1	第六次 2010.11.1	第七次 2020.11.1
一、总户数(万户)	**11.89**	**14.66**	**24.63**	**30.25**	**36.07**	**45.48**	**52.28**
家庭户平均每户人数(人)	4.23	4.72	3.55	3.17	2.73	2.39	2.15
二、总人口(人)	**503820**	**692383**	**904506**	**976132**	**1001530**	**1121261**	**1157817**
1.按性别分							
男	255696	351433	458242	495839	506171	588414	611522
女	248124	340950	446264	480293	495359	532847	546295
2.按民族分							
汉　　族	503818	692252	904222	975613	999166	1109813	1142889
苗　　族		6	8	9	836	3089	3682
土 家 族				12	483	2861	2259
回　　族	2	95	244	403	449	1148	1219
彝　　族			2	2	42	724	1543
布 依 族			1	9	131	562	970
满　　族		4	13	34	68	432	788
其　　他		26	16	50	355	2632	4462
3.按文化程度分							
大专及以上		1221	4001	11658	33107	115286	209704
高　　中		5445	50885	75336	122249	138542	147293
初　　中		23519	175206	238689	327691	398202	379104
小　　学		195570	375804	380412	356443	341269	341190
文盲、半文盲(15及15岁以上)			197916	166951	95512	77577	20856
4.按年龄分							
儿童人口(0-14岁)			235610	208572	153012	114265	113597
老年人口(60岁以上)			72019	94250	128808	176331	288093
其中:65岁以上			47810	61631	93404	117770	197848
劳动年龄(男16-59岁,女16-54岁)			561435	639683	686747	781648	697533
5.按县区分							
定 海 区	191379	245863	317550	342831	369448	464184	500030
普 陀 区	155436	223587	299023	329436	346237	378805	382902
岱 山 县	116717	160615	206624	216523	197483	202164	207982
嵊 泗 县	40288	62318	81310	87342	88362	76108	66903

注:1.前四次人口普查时点均在7月1日零时,第五次、第六次和第七次人口普查时点在11月1日零时。
　　2.文化程度包括肄业和在校学生。

1-9 渔农村基本情况和生产条件

（2016 年第三次渔农业普查）

项　　目	舟山市	定海区	普陀区	岱山县	嵊泗县
一、渔农村生产经营户(户)	84007	38970	27061	14501	3475
二、渔农村生产经营单位(个)	3823	555	1256	1124	888
三、渔农业从业人员(人)	124711	36062	42956	33435	12258
按行业构成					
农作物种植业	68861	31052	22748	12354	2707
林业	1252	733	305	179	35
畜牧业	1538	895	327	214	102
渔业	52760	3244	19485	20662	9369
农林牧渔服务业	300	138	91	26	45
按性别构成					
男	89437	21824	31105	26499	10009
女	35274	14238	11851	6936	2249
按年龄构成					
35 岁及以下	11142	876	4793	4430	1043
36-54 岁	49575	10492	17090	15465	6528
55 岁及以上	63994	24694	21073	13540	4687
按文化程度构成					
未上过学	8165	3894	1934	1731	606
小学	65707	21196	22147	16629	5735
初中	45635	9203	16430	14373	5629
高中或中专	4570	1464	2196	631	279
大专及以上	634	305	249	71	9
四、渔农业生产经营单位从业人员(人)	36441	4680	13654	11263	6844
按单位行业分					
农作物种植业	2010	969	756	276	9
林业	856	412	253	158	33
畜牧业	328	191	54	68	15
渔业	33034	2991	12554	10747	6742
农林牧渔服务业	213	117	37	14	45
五、农业机械情况(台)					
拖拉机	667	294	276	95	2
耕整机	348	132	84	123	9
旋耕机	375	142	106	66	61
插秧机	50	43	3	4	
联合收割机	81	60	8	13	
六、设施农业情况(亩)					
温室面积	326.8	259.5	49.3	17.0	1.0
大棚面积	10083.1	4266.8	4257.0	1464.5	94.8
渔业养殖用房面积(平方米)	128529	7131	110517	5119	5762

1-10 渔农村基础设施建设和基本社会服务

（2016 年第三次渔农业普查）

单位:个

项　　　　目	舟山市	定海区	普陀区	岱山县	嵊泗县
乡镇数	22	3	5	7	7
一、交通设施					
有码头的乡镇	22	3	5	7	7
通公路的村	354	114	109	85	46
二、能源、通讯设施					
通电	356	114	111	85	46
通天然气	49	32	16		1
通电话	356	114	111	85	46
安装了有线电视	355	114	111	85	45
通宽带互联网	353	113	111	85	44
有电子商务配送站点	84	31	32	21	
三、乡镇、村文化教育设施					
有幼儿园、托儿所的乡镇	20	3	4	7	6
有小学的乡镇	19	3	4	7	5
有图书馆、文化站的乡镇	21	3	5	6	7
有剧场、影剧院的乡镇	8	1	2	3	2
有体育场馆的乡镇	4		2	2	
有公园及休闲健身广场的乡镇	22	3	5	7	7
有幼儿园、托儿所的村	71	27	19	15	10
有小学的村	52	18	15	11	8
有图书室、文化站的村	166	50	63	37	16
有体育健身场所的村	348	110	108	84	46
有渔农民业余文化组织的村	226	81	76	47	22
四、乡镇、村卫生处理设施					
集中或部分集中供水的乡镇	22	3	5	7	7
生活垃圾集中或部分集中处理的乡镇	22	3	5	7	7
生活垃圾集中或部分集中处理的村	353	113	110	85	45
生活污水集中或部分集中处理的村	339	106	104	85	44
完成或部分完成改厕的村	346	109	109	84	44
五、乡镇、村医疗和社会福利机构					
有医疗卫生机构的乡镇	22	3	5	7	7
有社会福利收养性单位的乡镇	22	3	5	7	7
有本级政府创办的敬老院的乡镇	21	3	5	7	6
有卫生室等医疗机构的村	228	71	84	57	16
有执业(助理)医师的村	196	69	67	48	12
六、市场建设					
有商品交易市场的乡镇	20	2	5	6	7
有以粮油、蔬菜、水果为主的专业市场的乡镇	5	1	2	1	1
有以水产为主的专业市场的乡镇	1				1
有 50 平方米以上的综合商店或超市的村	154	58	40	42	14
有开展旅游接待服务的户的村	66	11	21	11	23
有拥有营业执照的餐馆的村	167	63	47	31	26

1-11 渔农民生活条件

（2016年第三次渔农业普查） 单位：户

项目	舟山市	定海区	普陀区	岱山县	嵊泗县
一、住房情况					
按拥有住房数量划分					
拥有1处住房	90827	40007	28843	18841	3136
拥有2处住房	23786	11920	8391	3153	322
拥有3处及以上住房	1584	869	562	140	13
没有住房	1187	1077	68	38	4
按现居住住房结构分					
钢筋混凝土	29396	16202	9675	3080	439
砖混	76828	31319	25497	17059	2953
砖(石)木	10798	6173	2563	1987	75
竹草土坯	13		13		
其他	349	179	116	46	8
拥有商品房户占比(%)	23.6	26.6	25.4	15.1	11.3
二、饮水情况					
经过净化处理的自来水	115265	53060	37381	21616	3208
受保护的井水和泉水	1246	629	364	160	93
不受保护的井水和泉水	308	156	29	110	13
收集雨水	76	5	66	3	2
桶装水	420	2	20	239	159
其他水源	69	21	4	44	
三、主要使用的炊事能源					
柴草	2260	1715	247	287	11
煤	444	438	4	2	
煤气、天然气、液化石油气	116433	53135	37779	22056	3463
沼气	60	28	19	13	
电	88394	41142	29349	14849	3059
太阳能	271	187	33	47	4
其他	56	21	2	33	6
四、家庭卫生设施					
水冲式卫生厕所	112688	53182	36632	19883	2991
卫生旱厕	117	81	2	24	10
无厕所	4579	610	1230	2265	474

注：本表仅指渔农村的11.7万户渔农户。

1-12 渔业船舶、渔业劳动力基本情况

（2016年第三次渔农业普查）

项　　目	单位	全　市	定海区	普陀区	岱山县	嵊泗县
一、渔业船舶(按船质分)	艘	7455	340	2696	1994	2425
钢质	艘	5636	269	2294	1933	1140
木质	艘	1048	70	397	61	520
其他	艘	771	1	5		765
二、捕捞渔业船舶(按作业类型分)	艘	5795	317	2272	1758	1448
拖网	艘	737	25	434	217	61
围网	艘	247	2	157	61	27
流刺网	艘	1204	42	491	150	521
帆张网	艘	941		20	607	314
其他涨网	艘	478	51	188	84	155
钓业	艘	76		60		16
蟹笼	艘	327	6	6	357	33
其他	艘	1785	191	916	140	321
三、水产养殖单位数	个	1540	41	609	223	667
四、渔业劳动力	人	53730	2469	20413	21379	9469
远洋捕捞	人	8460	1232	7172	56	
远洋辅助	人	382		374	8	
国内捕捞	人	39799	1151	11096	19572	7980
国内辅助	人	4120	82	1669	1737	632
休闲渔船	人	158	4	88	6	60
其他	人	811		14		797

1-13 历年地区生产总值

年 份	地区生产总值（万元）	第一产业	第二产业	#工业	#建筑业	第三产业	#交通运输、仓储和邮政业	#批发和零售业	人均地区生产总值（元，按户籍人口计算）	人均地区生产总值（元，按常住人口计算）
1979	42680	17384	13891	11746	2145	11405	2170	5879	487	
1980	49020	19087	17085	13416	3669	12848	2241	6484	554	
1983	66014	20270	24959	20863	4096	20785	4608	9869	721	
1984	92033	35939	30487	25516	4971	25607	6330	11747	996	
1985	130950	50044	47721	38408	9313	33185	8360	15016	1407	
1986	148972	57266	50335	41990	8345	41371	9549	18013	1588	
1987	187194	70333	65060	51594	13466	51801	11999	21568	1977	
1988	236098	85120	83509	65625	17884	67469	15317	29414	2407	
1989	239207	80372	81910	63161	18749	76925	17861	29389	2483	
1990	245697	87732	79305	65665	13640	78660	17811	28342	2538	
1991	289436	104880	93564	76190	17374	90992	20898	31292	2979	
1992	341425	112811	114697	96097	18600	113917	27730	40528	3502	
1993	430620	123589	144701	117289	27412	162330	35937	46380	4405	
1994	601946	186009	200939	164808	36131	214998	51373	71225	6146	
1995	743786	221934	245948	201885	44063	275904	61454	86146	7579	
1996	838231	273669	255977	201630	54347	308585	61429	112886	8521	
1997	912924	293428	269651	210973	58678	349845	75687	116384	9266	
1998	972744	303022	270577	211303	59274	399145	87805	127758	9869	
1999	1061528	307141	313323	242833	70490	441064	105399	137965	10779	
2000	1215702	324041	360073	289648	70425	531588	122567	152106	12353	
2001	1343755	324225	420875	334313	86562	598655	138160	155840	13676	13384
2002	1573010	320958	518301	421626	96676	733751	157848	171274	16063	15590
2003	1866184	319919	689576	538045	151531	856689	189538	204084	19152	18386
2004	2319363	369500	888012	673162	214850	1061851	199115	245429	23906	22705
2005	2836728	398400	1134105	880491	253614	1304223	268285	220473	29299	27595
2006	3426746	419579	1434698	1081892	352806	1572469	381510	250230	35455	33125
2007	4213479	444807	1855592	1352691	502901	1913080	461880	286768	43602	40378
2008	5120798	486818	2372556	1728092	644463	2261424	563231	342521	52940	48538
2009	5399291	506334	2454670	1791286	663384	2438287	562725	374697	55796	50296
2010	6094431	594883	2575355	1811198	764158	2924193	627332	515208	62978	55218
2011	6894495	721475	2704098	1861210	842888	3468922	673238	640539	71166	61013
2012	7559600	779765	2909388	2013788	895600	3870447	699655	756394	77869	66321
2013	8214194	886118	2921458	2086599	961783	4406618	762989	835230	84473	71865
2014	8861026	926705	3157485	2120062	1185157	4776836	848228	892054	90978	77220
2015	9308699	1008494	3274401	2166264	1265061	5025804	913677	998037	95546	80735
2016	10761851	1138600	3503914	2322495	1399963	6119337	992840	1288624	110554	92775
2017	11295646	1277462	3723918	2607311	1485337	6294266	992151	1342488	116165	96751
2018	12472202	1397824	4103774	2873249	1682233	6970604	1101967	1493652	128548	106418
2019	13624749	1456244	4755028	3703569	1567876	7413477	1118649	1606453	140826	116550
2020	15104919	1529210	6076538	5291870	1361214	7499171	1148240	1598478	156689	129991
2021	17810483	1597080	8098613	6980038	1606004	8114790	1299226	1513428	185650	153274
2022	19512856	1709389	9503551	8404214	1594762	8299916	1303409	1557394	204441	167134

注：1.由于行业变动，2004年及以前年份的交通运输、仓储及邮政业为交通运输、仓储和邮电业数据，批发和零售业为批发和零售贸易和餐饮业数据，下同。

2.2005年起研发支出计入地区生产总值。

3.2022年地区生产总值及其相关分行业、分产业、分区域数据均为初步统计数据，下同。

1-14 历年地区生产总值构成

单位:%

年 份	地区生产总值	第一产业	第二产业	#工业	#建筑业	第三产业	#交通运输、仓储和邮政业	#批发和零售业
1979	100	40.7	32.5	27.5	5.0	26.8	5.1	13.8
1980	100	38.9	34.9	27.4	7.5	26.2	4.6	13.2
1983	100	30.7	37.8	31.6	6.2	31.5	7.0	14.9
1984	100	39.1	33.1	27.7	5.4	27.8	6.9	12.8
1985	100	38.2	36.4	29.3	7.1	25.4	6.4	11.5
1986	100	38.4	33.8	28.2	5.6	27.8	6.4	12.1
1987	100	37.6	34.8	27.6	7.2	27.6	6.4	11.5
1988	100	36.1	35.4	27.8	7.6	28.5	6.5	12.5
1989	100	33.6	34.2	26.4	7.8	32.2	7.5	12.3
1990	100	35.7	32.3	26.7	5.6	32.0	7.2	11.5
1991	100	36.2	32.3	26.3	6.0	31.5	7.2	10.8
1992	100	33.0	33.6	28.1	5.4	33.4	8.1	11.9
1993	100	28.7	33.6	27.2	6.4	37.7	8.3	10.8
1994	100	30.9	33.4	27.4	6.0	35.7	8.5	11.8
1995	100	29.8	33.1	27.1	5.9	37.1	8.3	11.6
1996	100	32.6	30.5	24.1	6.5	36.9	7.3	13.5
1997	100	32.1	29.5	23.1	6.4	38.4	8.3	12.7
1998	100	31.2	27.8	21.7	6.1	41.0	9.0	13.1
1999	100	28.9	29.5	22.9	6.6	41.6	9.9	13.0
2000	100	26.7	29.6	23.8	5.8	43.7	10.1	12.5
2001	100	24.1	31.3	24.9	6.4	44.6	10.3	11.6
2002	100	20.4	32.9	26.8	6.1	46.7	10.0	10.9
2003	100	17.1	37.0	28.8	8.1	45.9	10.2	10.9
2004	100	15.9	38.3	29.0	9.3	45.8	8.6	10.6
2005	100	14.0	40.0	31.0	8.9	46.0	9.5	7.8
2006	100	12.2	41.9	31.6	10.3	45.9	11.1	7.3
2007	100	10.6	44.0	32.1	11.9	45.4	11.0	6.8
2008	100	9.5	46.3	33.7	12.6	44.2	11.0	6.7
2009	100	9.4	45.4	33.2	12.3	45.2	10.4	6.9
2010	100	9.8	42.2	29.7	12.5	48.0	10.3	8.5
2011	100	10.5	39.2	27.0	12.2	50.3	9.8	9.3
2012	100	10.3	38.5	26.6	11.8	51.2	9.3	10.0
2013	100	10.8	35.6	25.4	11.7	53.6	9.3	10.2
2014	100	10.5	35.6	23.9	13.4	53.9	9.6	10.1
2015	100	10.8	35.2	23.3	13.6	54.0	9.8	10.7
2016	100	10.6	32.5	21.6	13.0	56.9	9.2	12.0
2017	100	11.3	33.0	23.1	13.1	55.7	8.8	11.9
2018	100	11.2	32.9	23.0	13.5	55.9	8.8	12.0
2019	100	10.7	34.9	27.2	11.5	54.4	8.2	11.8
2020	100	10.1	40.2	35.0	9.0	49.6	7.6	10.6
2021	100	9.0	45.5	39.2	9.0	45.6	7.3	8.5
2022	100	8.8	48.7	43.1	8.2	42.5	6.7	8.0

1-15 历年地区生产总值指数

（1978 年=100）

年　份	地区生产总值	第一产业	第二产业	第三产业	人均地区生产总值（按户籍人口计算）
1979	97.79	94.00	95.21	110.94	96.99
1980	101.49	88.72	113.05	119.86	99.67
1983	129.63	78.25	167.78	190.53	122.85
1984	155.27	93.42	202.83	226.20	145.95
1985	193.10	97.56	293.03	261.17	180.10
1986	208.98	112.80	291.66	304.08	193.43
1987	231.99	100.61	348.67	351.88	212.77
1988	249.68	99.23	391.81	373.56	226.82
1989	236.15	89.48	365.83	368.77	212.75
1990	239.31	99.76	369.56	357.12	214.46
1991	272.10	115.22	419.45	399.62	242.98
1992	308.00	123.63	487.54	467.02	274.08
1993	347.90	123.63	602.99	540.53	308.62
1994	418.77	146.25	757.94	629.56	370.65
1995	478.83	165.27	869.73	724.68	422.91
1996	511.68	184.77	906.33	764.28	450.82
1997	552.87	206.57	961.46	815.53	486.43
1998	593.41	225.16	1007.82	885.11	521.94
1999	665.94	240.70	1203.48	970.51	586.10
2000	747.20	250.57	1416.80	1102.06	658.19
2001	835.84	253.32	1680.07	1254.94	737.17
2002	950.01	247.75	2007.48	1482.47	840.66
2003	1098.06	248.25	2565.74	1686.39	976.56
2004	1288.88	273.57	3148.33	1955.19	1151.24
2005	1523.96	274.58	3944.45	2325.93	1364.00
2006	1800.25	283.90	4892.58	2732.83	1614.11
2007	2106.11	287.63	6051.64	3144.22	1888.67
2008	2411.29	294.84	7257.07	3520.54	2160.21
2009	2679.25	289.79	8231.79	3923.36	2399.28
2010	2950.22	304.71	8980.11	4400.54	2641.87
2011	3203.35	322.68	9568.18	4880.86	2865.36
2012	3484.04	340.63	10322.34	5375.21	3109.93
2013	3745.03	364.72	11119.31	5772.48	3337.42
2014	4054.46	383.10	12138.80	6242.59	3607.37
2015	4376.99	402.46	13439.81	6637.16	3893.17
2016	4794.66	430.72	13884.01	7573.78	4268.24
2017	5202.00	453.47	14837.51	8335.78	4635.95
2018	5550.63	469.49	16145.18	8841.17	4957.55
2019	6057.43	475.28	19431.34	9188.10	5425.59
2020	6786.48	485.79	25195.68	9346.26	6100.52
2021	7359.94	513.21	29832.10	9435.85	6649.57
2022	7984.00	532.32	34295.81	9750.30	7248.03

1-16 历年地区生产总值比上年增长

单位:%

年 份	地区生产总值	第一产业	第二产业		第三产业	人均地区生产总值（按户籍人口计算）	人均地区生产总值（按常住人口计算）
				#工业			
1980	3.8	-5.6	18.7		8.0	2.8	
1983	4.3	-17.6	15.8		15.1	3.1	
1984	19.8	19.4	20.9		18.7	18.8	
1985	24.4	4.4	44.5		15.5	23.4	
1986	8.2	15.6	-0.5		16.4	7.4	
1987	11.0	-10.8	19.6		15.7	10.0	
1988	7.6	-1.4	12.4		6.2	6.6	
1989	-5.4	-9.8	-6.6		-1.3	-6.2	
1990	1.3	11.5	1.0		-3.2	0.8	
1991	13.7	15.5	13.5		11.9	13.3	
1992	13.2	7.3	16.2	21.7	16.9	12.8	
1993	13.0	0.0	23.7	22.5	15.7	12.6	
1994	20.4	18.3	25.7	25.4	16.5	20.1	
1995	14.3	13.0	14.7	14.9	15.1	14.1	
1996	6.9	11.8	4.2	0.7	5.5	6.6	
1997	8.1	11.8	6.1	5.5	6.7	7.9	
1998	7.3	9.0	4.8	5.1	8.5	7.3	
1999	12.2	6.9	19.4	19.1	9.6	12.3	
2000	12.2	4.1	17.7	21.6	13.6	12.3	
2001	11.9	1.1	18.6	17.8	13.9	12.0	
2002	13.7	-2.2	19.5	22.2	18.1	14.0	13.1
2003	15.6	0.2	27.8	24.3	13.8	16.2	14.9
2004	17.4	10.2	22.7	20.6	15.9	17.9	16.3
2005	18.2	0.4	25.3	26.8	19.0	18.5	17.5
2006	18.1	3.4	24.0	20.1	17.5	18.3	17.4
2007	17.0	1.3	23.7	20.8	15.1	17.0	16.0
2008	14.5	2.5	19.9	22.8	12.0	14.4	13.2
2009	11.1	-1.7	13.4	13.8	11.4	11.1	9.2
2010	10.1	5.2	9.1	10.5	12.2	10.1	7.1
2011	8.6	5.9	6.5	10.1	10.9	8.5	6.1
2012	8.8	5.6	7.9	9.0	10.1	8.5	7.8
2013	7.5	7.1	7.7	7.4	7.4	7.3	6.9
2014	8.3	5.0	9.2	5.3	8.1	8.1	7.9
2015	8.0	5.1	10.7	8.3	6.3	7.9	7.5
2016	9.5	7.0	3.3	4.8	14.1	9.6	8.8
2017	8.5	5.3	6.9	5.9	10.1	8.6	7.8
2018	6.7	3.5	8.8	13.2	6.1	6.9	6.3
2019	9.1	1.2	20.4	31.9	3.9	9.4	9.4
2020	12.0	2.2	29.7	46.9	1.7	12.4	12.7
2021	8.4	5.6	18.4	20.6	1.0	9.0	8.4
2022	8.5	3.7	15.0	16.9	3.3	9.0	8.0

1-17 按行业和构成分的地区生产总值

单位:亿元

指　　标	2005年	2010年	2012年	2013年	2014年	2015年	2016年	2017年
地区生产总值	**283.67**	**609.44**	**755.96**	**821.42**	**886.10**	**930.87**	**1076.19**	**1129.56**
按行业分								
农、林、牧、渔业	39.84	59.49	77.98	88.84	93.15	101.29	114.34	128.27
工业	88.05	181.12	201.38	208.66	212.01	216.63	232.25	260.73
建筑业	25.36	76.42	89.56	96.18	118.52	126.51	140.00	148.53
批发和零售业	22.05	51.52	75.64	83.52	89.21	99.80	128.86	134.25
交通运输、仓储和邮政业	26.83	62.73	69.97	76.30	84.82	91.37	99.28	99.22
住宿和餐饮业	6.19	12.99	17.4	17.86	20.56	23.86	28.02	28.41
信息传输、计算机服务和软件业	5.93	8.95	9.52	8.13	6.76	9.37	11.01	8.80
金融业	13.64	50.88	72.06	78.84	77.92	68.80	73.06	71.35
房地产业	14.46	27.49	40.86	46.58	47.28	49.23	64.39	67.99
租赁和商务服务业	5.08	9.8	11.44	12.69	18.30	17.84	24.14	21.40
科学研究、技术服务和地质勘查业	1.73	3.66	6.82	8.64	10.88	11.64	16.70	18.61
水利、环境和公共设施管理业	1.59	7.4	10.1	10.56	11.32	11.75	14.15	14.02
居民服务和其他服务业	2.55	4.64	5.6	6.78	6.50	7.07	8.03	7.28
教育	7.81	13.95	17.93	22.21	24.11	27.16	32.55	31.57
卫生、社会保障和社会福利业	4.58	7.77	11.47	12.07	16.00	22.06	30.33	29.34
文化、体育和娱乐业	1.88	3.47	4.43	5.59	5.79	6.66	8.02	8.36
公共管理和社会组织	16.09	27.17	33.81	37.97	42.97	39.83	51.04	51.43
第一产业	39.84	59.49	77.98	88.61	92.67	100.85	113.86	127.75
第二产业	113.41	257.54	290.94	292.15	315.75	327.44	350.39	372.39
第三产业	130.42	292.42	387.04	440.66	477.68	502.58	611.93	629.43
按构成分								
劳动者报酬	138.93	297.49	413.54	495.39	545.70	588.78	668.06	700.39
生产税净额	30.5	76.36	93.65	78.06	86.10	91.18	94.83	89.66
固定资产折旧	42.97	81.84	102.29	144.49	161.98	178.56	178.39	198.83
营业盈余	71.27	153.76	146.47	103.47	92.32	72.34	134.90	140.68

1-17 续表

单位:亿元

指　　标	2018年	2019年	2020年	2021年	2022年	2022年比2021年增长(%)
地区生产总值	**1247.22**	**1362.47**	**1510.49**	**1781.05**	**1951.29**	**8.5**
按行业分						
农、林、牧、渔业	140.36	146.25	153.62	160.45	171.73	3.7
工业	287.32	370.36	529.19	698.00	840.42	16.9
建筑业	168.22	156.79	136.12	160.60	159.48	1.7
批发和零售业	149.37	160.65	159.85	151.34	155.74	2.0
交通运输、仓储和邮政业	110.20	111.86	114.82	129.92	130.34	0.4
住宿和餐饮业	29.24	23.26	19.83	20.22	19.89	-2.7
信息传输、软件和信息技术服务业	9.71	11.79	12.35	13.12	14.39	13.8
金融业	78.43	84.19	86.80	100.19	112.25	8.9
房地产业	70.11	78.14	87.42	108.28	95.30	0.1
租赁和商务服务业	22.86	22.26	23.45	27.37		
科学研究和技术服务业	22.34	25.49	23.68	23.57		
水利、环境和公共设施管理业	15.82	16.05	13.52	14.72		
居民服务、修理和其他服务业	8.03	8.77	9.74	13.19		
教育	34.71	38.64	37.36	40.70		
卫生和社会工作	33.83	36.20	33.94	36.91		
文化、体育和娱乐业	9.33	10.77	7.23	9.99		
公共管理、社会保障和社会组织	57.35	60.99	61.57	72.44		
第一产业	139.78	145.62	152.92	159.71	170.94	3.7
第二产业	410.38	475.50	607.65	809.86	950.36	15.0
第三产业	697.06	741.35	749.92	811.48	829.99	3.3
按构成分						
劳动者报酬	760.63	712.67	759.25	856.37		
生产税净额	119.70	159.84	176.97	185.35		
固定资产折旧	249.64	332.91	258.33	268.58		
营业盈余	117.24	157.05	315.95	470.75		

注:2022年比2021年增长速度按可比价计算。

1-18　县（区）地区生产总值

单位:万元

年　份	定海区	普陀区	岱山县	嵊泗县
1979	13933	17038	8179	3530
1980	16064	20366	8454	4136
1983	22338	25918	12632	5126
1984	28522	35567	19927	8017
1985	40932	50371	27465	12182
1986	46730	55957	31164	15121
1987	58553	70249	37915	20488
1988	75345	91014	41963	27776
1989	82826	87570	42739	24272
1990	84010	89415	43972	29191
1991	103156	101664	53180	33037
1992	125665	115537	61292	38931
1993	172819	140984	79616	47941
1994	245268	185062	115470	69786
1995	293724	231145	142036	85900
1996	319328	261710	154981	99283
1997	363358	288612	168688	113025
1998	394789	305782	226510	120292
1999	428428	340533	193011	131937
2000	482320	383640	217255	144921
2001	535042	433305	239435	154654
2002	622004	490209	269662	190346
2003	759618	569074	308618	234083
2004	939938	716219	370560	288344
2005	1162999	885673	451578	322242
2006	1403165	1084975	544699	369444
2007	1727231	1349822	667606	441094
2008	2088367	1642902	852576	535694
2009	2120645	1705955	1032590	530565
2010	2501635	1926718	1043161	579030
2011	2903951	2243119	1199665	515047
2012	3148120	2492061	1278588	572851
2013	3435661	2696459	1389333	634032
2014	3695185	2912998	1453342	706040
2015	3884636	3045722	1501104	768192
2016	4383908	3633687	1670027	894822
2017	4701351	3781229	1856256	976921
2018	5237643	4103288	2015045	1050818
2019	5629897	4380465	2477736	1136930
2020	5508134	4204657	4242233	1149873
2021	6371123	4001251	6253024	1185044
2022	6579757	4096742	7536048	1300431

1-19 历年年末常住人口

单位:万人

地 区	2011 年	2012 年	2013 年	2014 年	2015 年	2016 年	2017 年	2018 年	2019 年	2020 年	2021 年	2022 年
全市	113.9	114.1	114.5	115.0	115.6	116.4	117.1	117.3	116.5	115.9	116.5	117.0
定海	47.63	47.82	48.31	48.70	49.02	49.36	49.42	49.74	49.76	50.00	50.35	50.70
普陀	38.50	38.64	38.67	38.81	38.97	39.12	39.31	39.20	38.97	38.37	38.46	38.55
岱山	20.18	20.06	19.95	20.06	20.20	20.56	21.16	21.31	20.86	20.84	20.98	21.15
嵊泗	7.59	7.58	7.57	7.43	7.41	7.36	7.21	7.05	6.91	6.69	6.71	6.60

1-20 历年年末城镇化率

单位:%

地 区	2011 年	2012 年	2013 年	2014 年	2015 年	2016 年	2017 年	2018 年	2019 年	2020 年	2021 年	2022 年
全市	64.3	65.2	65.9	66.7	67.8	68.8	69.5	70.1	71.2	71.9	72.2	73.2
定海	66.8	67.8	68.6	69.6	70.9	72.2	72.9	73.8	75.3	75.9	76.2	77.2
普陀	62.9	63.8	64.4	65.1	66.1	66.9	67.6	68.0	68.5	69.6	69.9	70.6
岱山	61.7	62.5	63.3	63.9	64.9	65.7	66.7	67.0	68.5	68.7	69.0	70.5
嵊泗	62.6	63.1	63.1	63.6	64.1	64.5	64.6	65.0	65.3	65.6	65.9	66.6

1-21 历年总户数和总人口数

年份	总户数（户）	总人口(人)				
		合计	按性别分		按地域分	
			男性	女性	城镇	农村
1950	102336	460677	234707	225970		460677
1960	135137	638165	324461	313704	118883	519282
1961	144280	651233	332420	318813	117231	534002
1962	148017	666021	338416	327605	114777	551244
1963	150443	686628	350131	336497	108265	578363
1964	146688	701003	355715	345288	111899	589104
1965	148968	721357	366354	355003	114545	606812
1966	149297	738021	374761	363260	115639	622382
1967	155560	758251	381363	376888	128790	629461
1968	160200	768776	390307	378468	130988	637788
1969	164444	782593	397536	385057	133146	649447
1970	165039	787406	400324	387082	131928	655478
1971	170474	809495	411525	397970	131818	677677
1972	177733	821895	417585	404310	131689	690206
1973	184411	833888	423630	410258	131214	702674
1974	190274	841641	426897	414744	131811	709830
1975	195382	851207	431375	419832	132738	718469
1976	206747	858233	435123	423110	149277	708956
1977	214063	866286	438994	427292	150310	715976
1978	222711	871602	441849	429753	152721	718881
1979	228109	880559	446292	434267	160258	720301
1980	233216	888818	450001	438817	166320	722498
1981	250563	900379	456213	444166	173560	726819
1982	253347	911481	461711	449770	174931	736550
1983	260950	920453	466096	454357	190493	729960
1984	272043	927097	469543	457554	205090	722007
1985	283047	934608	473516	461092	313606	621002
1986	293369	941887	478075	463812	338713	603174
1987	305796	951628	483331	468297	384461	567167
1988	322254	959963	487670	472293	389720	570243
1989	330132	966570	491135	475435	398838	567732
1990	336456	969904	492200	477704	402733	567171
1991	339181	973515	493703	479812	406354	567161
1992	339016	976278	494920	481358	540343	435935
1993	340244	978800	496055	482745	699386	279414
1994	341055	979890	496250	483640	701887	278003
1995	342085	982763	496615	486148	724050	258713
1996	338961	984684	498055	486629	751042	233642
1997	340201	985827	497909	487918	754933	230894
1998	344381	985447	497153	488294	757809	227638
1999	345215	984216	496476	487740	761032	223184
2000	349371	984104	495715	488389	766771	217333
2001	351224	981014	493582	487432	906444	74570
2002	353246	977557	491596	485961	906441	71116
2003	356414	971219	488193	483026	901985	69234
2004	357245	969145	487028	482117	900404	68741
2005	359233	967250	485397	481853	898462	68788
2006	364463	965756	484393	481363	897115	68641
2007	365560	966923	484492	482431	898258	68665
2008	366729	967659	483922	483737	901826	65833
2009	366895	967721	483692	484029	902056	65665
2010	367176	967710	483137	484573	902189	65521
2011	367593	969870	483046	486824	904562	65308
2012	367244	971760	483030	488730	906744	65016
2013	367815	973054	482945	490109	940754	32300
2014	367281	974892	482758	492134	942703	32189
2015	366720	973632	481217	492415	538056	435576
2016	367051	973262	480492	492770	487285	485977
2017	368888	971491	478873	492618	501943	469548
2018	372082	968983	477284	491699	518507	450476
2019	374330	965990	475633	490357	527389	438601
2020	376073	962028	473521	488507	561440	400588
2021	377786	956687	470476	486211	571142	385545
2022	379469	952213	467887	484326	578882	373331

注：1.2015 年起，按照《国务院关于进一步推进户籍制度改革的意见》（国发［2014］25 号）要求统一城乡户口登记，公安人口数不再区分户籍。

2.2015 年起，按地域划分标准口径调整，均与往年不可比，下同。

1-22 历年人口变动情况

单位:人

年 份	年平均人口	出生		死亡		自然增长	
		人 数	出生率（‰）	人 数	死亡率（‰）	人 数	自然增长率（‰）
1950	454965	23549	51.8	12122	26.6	11427	25.11
1955	523301	19449	37.2	5689	10.9	13760	26.29
1957	574023	22847	40.0	3610	3.60	19237	33.60
1958	592691	16063	27.1	3600	6.10	12463	21.05
1959	609820	18659	30.9	7646	12.60	11013	18.22
1960	628484	20388	32.7	5201	8.30	15187	24.37
1961	644699	11252	17.5	4410	6.80	6842	10.61
1962	658627	20839	31.6	4726	7.20	16113	24.46
1963	676325	29364	43.4	4916	7.30	24448	36.15
1964	693816	27229	39.2	6171	8.90	21058	30.35
1965	716680	26917	37.8	5979	8.40	20938	29.44
1966	735189	23870	32.7	5491	7.50	18379	25.19
1967	748136	22440	30.0	5373	7.20	17067	22.81
1968	763514	21494	28.2	4626	6.10	16868	22.09
1969	775685	20432	26.1	4283	5.50	16149	20.65
1970	785000	20285	25.8	4645	5.90	15640	19.92
1971	798451	20651	25.9	4881	6.10	15770	19.75
1972	815695	18955	23.2	4970	6.10	13985	17.14
1973	827892	16690	20.2	4835	5.80	11855	14.32
1974	837765	13011	15.5	5135	6.10	7876	9.40
1975	846424	13182	15.6	5241	6.20	7941	9.38
1976	854720	12208	14.3	4931	5.80	7277	8.51
1977	862260	12064	14.0	5374	6.20	6690	7.76
1978	868944	12465	14.3	5243	6.00	7222	8.31
1979	876081	13832	15.8	5306	6.10	8526	9.73
1980	884689	10302	11.7	5592	6.30	4710	5.33
1981	894599	15678	17.5	5651	6.30	10027	11.21
1982	905930	18100	20.0	5777	6.40	12323	13.60
1983	915967	14262	15.5	6233	6.80	8029	8.77
1984	923775	13306	14.4	5590	6.10	7716	8.35
1985	930853	12669	13.6	5830	6.30	6839	7.35
1986	938248	14485	15.4	5754	6.10	8731	9.31
1987	946758	15958	16.9	5840	6.20	10118	9.92
1988	955796	13306	13.9	5950	6.20	7356	7.70
1989	963267	13313	13.8	5888	6.10	7425	7.71
1990	968237	11516	11.9	5967	6.20	5549	5.73
1991	971710	9648	9.90	5628	5.80	4020	4.14
1992	974897	10335	10.60	5869	6.00	4466	4.58
1993	977539	9055	9.30	6146	6.30	2909	2.98
1994	979345	8117	8.30	6310	6.40	1807	1.85
1995	981327	8456	8.60	6089	6.20	2367	2.41
1996	983724	8601	8.70	6113	6.20	2488	2.53
1997	985256	7908	8.00	6180	6.30	1728	1.75
1998	985637	6960	7.10	6437	6.50	523	0.53
1999	984832	6931	7.04	6252	6.35	679	0.69
2000	984160	7605	7.73	6605	6.71	1000	1.02
2001	982559	6226	6.34	6259	6.37	-33	-0.03
2002	979285	6085	6.22	6390	6.53	-305	-0.31
2003	974388	6000	6.16	6899	7.08	-899	-0.92
2004	970182	6465	6.66	6201	6.39	264	0.27
2005	968198	6592	6.81	6783	7.01	-191	-0.20
2006	966503	6037	6.25	6608	6.84	-571	-0.59
2007	966340	6783	7.02	6579	6.81	204	0.21
2008	967291	6739	6.96	7559	7.81	-820	-0.85
2009	967690	6283	6.49	7281	7.52	-998	-1.03
2010	967716	6538	6.76	7707	7.96	-1169	-1.21
2011	968790	6244	6.45	6918	7.14	-674	-0.70
2012	970815	7630	7.86	7750	7.98	-120	-0.12
2013	972407	6622	6.81	6850	7.04	-228	-0.23
2014	973973	7506	7.70	7116	7.31	390	0.4
2015	974262	5990	6.14	7309	7.50	-1319	-1.35
2016	973447	6515	6.69	6631	6.96	-116	-0.12
2017	972376	7285	7.49	8790	9.04	-1505	-1.55
2018	970237	6011	6.20	7532	7.76	-1521	-1.57
2019	967487	5748	5.94	7172	7.41	-1424	-1.47
2020	964009	4830	5.01	7807	8.10	-2977	-3.09
2021	959358	3811	3.97	7902	8.24	-4091	-4.26
2022	954450	3431	3.59	7846	8.22	-4415	-4.63

1-23 人口增长及分县（区）人口情况

（2022年）

项　目	单位	2022年	2022年分县（区）				
			市区			岱山	嵊泗
				定海	普陀		
一、总　户　数	**户**	**379469**	**274499**	**162626**	**111873**	**75261**	**29709**
二、总　人　口	**人**	**952213**	**712616**	**403660**	**308956**	**168043**	**71554**
按性别分							
男	人	467887	350089	197806	152283	83009	34789
女	人	484326	362527	205854	156673	85034	36765
性别比（女=100）	%	96.61	96.57	96.09	97.20	97.62	94.63
按年龄分							
0-17岁	人	106757	90451	58276	32175	11248	5058
18-34岁	人	136380	102756	59646	43110	22899	10725
35-59岁	人	401977	302893	170553	132340	68510	30574
60岁及以上	人	307099	216516	115185	101331	65386	25197
三、城镇及街道人口	人	**578882**	**444829**	**282848**	**161981**	**93359**	**40694**
占总人口比重	%	60.79	62.42	70.07	52.43	55.56	56.87
四、人口自然变动							
出生人数	人	3431	2806	1683	1123	447	178
死亡人数	人	7846	5482	2908	2574	1721	643
自然增长人数	人	-4415	-2676	-1225	-1451	-1274	-465
人口自然增长率	‰	-4.63	-3.75	-3.04	-4.68	-7.52	-6.45
五、人口机械变动							
本年迁入	人	5519	4793	3841	952	575	151
#省外	人	3014	2542	1856	686	402	70
本年迁出	人	5589	2948	2132	816	1977	664
#省外	人	1503	1195	889	306	196	112
净迁出	人	70	-1845	-1709	-136	1402	513

1-24 乡镇和街道人口

（2022年）

县(区)	所辖街道、镇(乡)	所辖居委会、村委会	年末户籍人口（人）
定海区	城东街道	社区居委会15个:檀香、檀东、畚金、颐景园、桔北、桔南、东园、昌东、紫竹、檀树、港北、港南、鸿毛湾、小洋岙、阳光园;村委会4个:洞桥、小碶、胜利、大洋岙	51295
	环南街道	社区居委会10个:卫海、利民、蓬莱、海滨、东山、南珍、西园、晓峰、竹山、海山;村委会3个:盘峙、五联、大猫	32230
	昌国街道	社区居委会14个:虎山、西山、西安、东管庙、留方、北园、合源、香园、开源、文昌、翁山、西管庙、金寿、文慧;村委会3个:义桥、城北、东湾	53712
	临城街道	社区居委会15个:翁洲、吴榭、桃湾、长峙、舟中、锦湾、南海、甬金、如心、金鸡山、田螺峙、中湾、马鞍、蕙兰、海悦;村委会8个:惠民桥、王家墩、东蟹峙、三官堂、黄土岭、甬东、甬庆、毛竹山	57773
	千岛街道	社区居委会11个:万阳、荷花、星岛、海宇、桂花城、怡岛、绿岛、泽普、红茅山、富都、合兴;村委会2个:高峰、城隍头	44041
	盐仓街道	社区居委会3个:塔山、惠舟、翁沁;村委会5个:叉河、虹桥、兴舟、昌洲、新螺头	19055
	小沙街道	村委会10个:东风、毛峙、青岙、光华、庙桥、大沙、增辉、后岸、前湾、三龙	18625
	岑港街道	社区居委会1个:桃花苑;村委会9个:桥头、涨次、司前、烟墩、坞垴、马目、南岙、桃夭门、册北	17102
	马岙街道	村委会6个:三江、五一、马岙、团结、北海、三星	9083
	双桥街道	村委会6个:临港、石礁、桥头施、南山、浬溪、紫微	17301
	金塘镇	村委会13个:山潭、东堠、西堠、沥平、大观、新丰、大浦、河平、柳行、仙居、穆岙、和建、海港	38451
	白泉镇	社区居委会2个:万金湖、兴泉;村委会14个:和平、潮面、繁强、白泉、金山、柯梅、河东、米林、皋泄、洪家、星塔、星马、小展、新港	35557
	干䃎镇	社区居委会1个:滨港;村委会6个:青龙、新建、龙潭、东升、西码头、双庙	9435

1-24 续表 1

县(区)	所辖街道、镇(乡)	所辖居委会、村委会	年末户籍人口(人)
普陀区	沈家门街道	社区居委会 20 个:新街、教场、小蒲湾、西河、大蒲湾、海星、中洲、茶湾、墩头、中兴、大干、鲁东、鲁西、荷东、荷外、西大、东大、中大、泗湾、小干;村委会 14 个:马峙、大干、鲁家峙、平阳浦、中弄、东岙、大山、教场、蒲湾、泗湾、蚂蚁岛、大岙、竹东、沙头	81834
	东港街道	社区居委会 10 个:文康、安康、莲安、中昌、灵秀、兴普、浦西、和津、新北、莲洋;村委会 10 个:葫芦、永兴、陈家后、塘头、南岙、芦花、蒲岙、曙光、浦东、红旗	70001
	朱家尖街道	社区居委会 1 个:福兴;村委会 12 个:顺母新、西岙、中欣、莲兴、莲花、南沙、三和、白沙港、大洞岙、莲和、新桉、沙湾	28907
	展茅街道	社区居委会 1 个:沙井;村委会 8 个:横街、螺门、茅洋新、大展、沙井、黄杨尖、梁横、晓辉	20876
	六横镇	社区居委会 5 个:东靖、蟑螂山、棕榈湾、新民、台门;村委会 30 个:峧头新、石柱头、龙山新、大脉坑、山西、嵩山、积峙、五星、滚龙岙、双塘新、礁潭新、高峰、台门、田岙、梅峙、小湖、小郭巨、平峧、苍洞、悬山、双屿港、和润、岑夏、杜庄、青联、青山、佛渡、洋山新、张家塘新、沙浦新	60712
	桃花镇	社区居委会 1 个:公前;村委会 7 个:公前、盐厂、茅山、沙岙、塔湾、对峙、青龙	15482
	虾峙镇	社区居委会 1 个:灵和;村委会 6 个:黄石、湖泥、晨港、兴港、灵和、东晓	20666
	东极镇	村委会 1 个:东极	5373
	普陀山镇	社区居委会 4 个:合兴、中山、白华、龙沙	5105

1-24 续表 2

县(区)	所辖街道、镇(乡)	所辖居委会、村委会	年末户籍人口(人)
岱山县	高亭镇	社区居委会 10 个:山外、浪激渚、沙涂、安澜、蓬莱、兰亭、闸口、育才、嘉和、竹屿;村委会 21 个:高亭一、高亭二、大岙二、闸口二、大峧山、东海、大岙一、闸口一、小蒲门、大蒲门、江南、南峰、黄官泥岙、板井潭、枫树、石马岙、渔山、官山、塘墩、南浦、大峧	60820
	东沙镇	社区居委会 2 个:东沙、桥头;村委会 3 个:泥峙、司基、桥头	15208
	衢山镇	社区居委会 1 个:瀛洲;村委会 30 个:岛斗、幸福、岛扎、小衢、黄泽、皇坟、枕头山、三弄、太平、塘岙、打水、黄沙、桂花、樟木山、沙塘、沼潭、四平、渔耕碗、石子门、涨网套、凉峙、马足、龙潭、乍浦门、万南、万北、鼠浪、田涂、东岙、高涂	47931
	长涂镇	村委会 4 个:东剑、倭井潭、港南、长西	10937
	岱西镇	村委会 8 个:青黑、后岸、前岸、摇星浦、茶前山、双合、海丰、火箭	13574
	岱东镇	村委会 5 个:涂口、北峰、沙洋、龙头、虎斗	12921
	秀山乡	村委会 3 个:秀东、秀南、秀北	6652
嵊泗县	菜园镇	社区居委会 4 个:东海、沙河、菜圃、海滨;村委会 9 个:基湖、高场湾、青沙、关岙、石柱、小关岙、马迹、金平、绿华	30308
	嵊山镇	村委会 4 个:壁下、箱子岙、陈钱山、泗洲塘	7785
	洋山镇	社区居委会 4 个:城东、圣港、滨海、雄洋;村委会 1 个:滩浒	11489
	五龙乡	村委会 4 个:边礁、黄沙、田岙、会城	4456
	黄龙乡	村委会 4 个:南港、北岙、大岙、峙岙	7991
	枸杞乡	村委会 5 个:龙泉、干斜、里西、东昇、奇观	7637
	花鸟乡	村委会 2 个:花鸟、灯塔	1888

1-25 生育情况

年份	一孩率（%）	二孩及多孩		育龄妇女人数（人）	已婚育龄妇女人数（人）
		出生人数（人）	二孩及多孩率（%）		
1980	64.83	3624	35.17		138497
1985	69.20	3806	30.80	262830	179713
1990	84.09	1821	15.91	280180	213049
1995	87.63	1029	12.36	277735	226501
1999	93.23	461	6.77	285373	231506
2000	93.67	453	6.33	289329	233374
2001	93.82	379	6.18	285746	231727
2002	93.85	379	6.14	287059	230926
2003	94.03	333	5.97	295431	230819
2004	94.66	345	5.34	291096	231998
2005	93.88	363	6.12	286842	226131
2006	94.41	331	5.59	282672	221872
2007	94.40	368	5.60	276572	218192
2008	93.89	393	6.10	265520	213371
2009	92.42	465	7.58	261893	209000
2010	91.45	510	8.55	258681	205133
2011	90.08	625	9.92	255169	201949
2012	88.43	862	11.57	254645	201687
2013	85.78	863	14.22	250244	198176
2014	83.92	1165	16.08	240675	190281
2015	77.09	1397	22.92	234042	173939
2016	72.00	2075	28.00	226661	168344
2017	64.81	2379	35.19	226381	171104
2018	63.86	2011	35.16	221024	167214
2019	64.70	1984	35.30	214097	160447
2020	66.34	1438	33.66	206964	152928
2021	68.65	1179	31.35	199156	144704
2022	71.18	946	28.82	191952	137025

1-26 全社会就业人员数

单位:万人

年 份	舟山市	定海区	普陀区	岱山县	嵊泗县
2007	58.67	24.30	18.86	11.40	4.11
2008	60.52	24.74	19.75	11.81	4.22
2009	62.26	25.00	20.28	12.63	4.35
2010	63.49	26.78	20.56	11.90	4.25
2011	64.80	27.80	21.05	11.95	4.00
2012	67.98	29.28	22.50	12.00	4.20
2013	67.78	29.60	22.01	11.95	4.22
2014	69.64	30.40	22.63	12.21	4.40
2015	70.53	30.81	22.83	12.33	4.56
2016	71.00	30.90	23.10	12.50	4.50
2017	71.25	31.06	22.59	13.24	4.36
2018	71.36	31.12	22.54	13.37	4.33
2019	71.57	31.20	22.60	13.43	4.34
2020	72.14	31.34	22.34	14.10	4.36
2021	72.52	31.49	22.36	14.31	4.36
2022	72.38	31.29	21.98	14.81	4.30

注:2007-2019 年就业人数按照人口普查数据进行了修订。

1-27 分三次产业就业人员数

单位:万人

年　份	舟山市	第一产业	第二产业	第三产业
2007	58.67	12.40	21.09	25.18
2008	60.52	12.02	21.87	26.63
2009	62.26	11.73	22.42	28.11
2010	63.49	11.27	22.93	29.29
2011	64.80	10.66	23.35	30.79
2012	67.98	10.43	25.03	32.52
2013	67.78	10.01	25.20	32.57
2014	69.64	9.84	26.12	33.68
2015	70.53	9.36	27.52	33.65
2016	71.00	9.12	29.01	32.87
2017	71.25	8.80	30.23	32.22
2018	71.36	8.36	30.67	32.33
2019	71.57	8.02	30.88	32.67
2020	72.14	7.56	31.33	33.25
2021	72.52	7.51	31.94	33.07
2022	72.38	7.35	33.09	31.94

注:分三次产业就业人数由浙江省统计局统一测算。

1-28 劳　动　就　业

单位：人

年　份	登记失业人员再就业合　计	安　置　去　向			
		国有单位	集体单位	个体经济单位	其　他
1978	4987	1205	3682		100
1980	5077	1500	1973	153	1451
1985	2453	863	870	94	626
1990	2295	1381	893	15	6
1995	2242	1434	496	256	56
2000	4341	1091	759	2088	403
2002	5890	408	1266	3082	1134
2003	5489	593	848	2831	1217
2004	5667	492	893	3259	1023
2005	5770	542	561	1031	3636
2006	5334	431	519	1408	2976
2007	5654				
2008	3982				
2009	3924				
2010	6019				
2011	4450				
2012	4630				
2013	4695				
2014	4005				
2015	3598				
2016	4635				
2017	4811				
2018	5817				
2019	5047				
2020	4355				
2021	4037				
2022	7850				

注：2007年起，不再开展就业安置。

1-29 失　业　情　况

单位：人

指　标	2010年	2012年	2013年	2014年	2015年	2016年	2017年	2018年	2019年	2020年	2021年	2022年
登记失业人员数	5985	5843	6160	6147	7457	8762	11453	11773	9025	7603	7431	5259
按文化程度分												
高中及以上	2834	3279	3459	3092	4552	6009	6786	7028				
初中及以下	3151	2564	2701	3055	2905	2753	4667	4745				
按性别分												
男	1689	1837	2233	2145	2393	3250	4221	3529	2506	2449	2604	2033
女	4296	4006	3927	4002	5064	5512	7232	8244	6519	5154	4827	3226
失业人员中失业青年	879	1004	775	885	2797	2795	2153	2995				
登记失业率(%)	2.90	2.73	2.70	2.71	2.91	2.98	2.62	2.47	1.76	1.55	1.56	1.40

1-30 主要年份城镇职工离休、退休、退职人数

单位:人

年 份	合 计	离 休	退 休
1990	16092	1031	14446
1993	19333	1280	17348
1994	21111	1848	18496
1995	21305	1151	19412
1996	19563	1084	17924
1997	21715	1038	20020
1998	30682	1027	29034
1999	23608	1122	21676
2000	23040	931	21482
2001	30582	924	27897
2002	33063	890	30177
2003	35548	874	32720
2004	37972	859	36237
2005	42044	807	41237
2006	37515	354	37161
2007	41421	338	41083
2008	44376	321	44055
2009	47505	306	47199
2010	49653	287	49366
2011	56684	270	56414
2012	60956	299	60657
2013	78938	243	78695
2014	83769	200	82712
2015	176860	172	176688
2016	197206	140	197066
2017	212727	125	212602
2018	229834	105	229729
2019	243232	85	243147
2020	253761	77	253684
2021	253375	60	253315
2022	259405	49	259356

注:2005 年起,不再单独统计退职人员,退休人员中含退职人员数。

1-31 规模以上工业企业景气指数

（景气指数临界值=100）

指 标 名 称	一季度	二季度	三季度	四季度
2014 年规模以上工业企业景气指数	119.7	120.2	124.5	120.4
2015 年规模以上工业企业景气指数	113.7	114.5	113.5	119.2
2016 年规模以上工业企业景气指数	109.0	109.7	108.7	110.7
2017 年规模以上工业企业景气指数	127.3	127.9	119.0	120.1
2018 年规模以上工业企业景气指数	122.8	127.6	126.6	132.0
2019 年规模以上工业企业景气指数	130.5	127.3	128.6	134.3
2020年规模以上工业企业景气指数	100.4	114.9	129.4	126.2
2021 年规模以上工业企业景气指数	136.6	132.3	124.5	126.9
2022 年规模以上工业企业景气指数	125.5	126.5	126.5	122.6

1-32　规模以上工业企业家信心指数

（信心指数临界值=100）

指　标　名　称	一季度	二季度	三季度	四季度
2014 年规模以上工业企业家信心指数	116.8	120.4	122.1	116.4
2015 年规模以上工业企业家信心指数	96.6	114.5	96.2	93.9
2016 年规模以上工业企业家信心指数	98.5	103.4	92.9	100.3
2017 年规模以上工业企业家信心指数	114.5	113.7	115.4	115.4
2018 年规模以上工业企业家信心指数	122.0	127.4	128.5	132.5
2019 年规模以上工业企业家信心指数	130.7	127.1	128.0	132.6
2020年规模以上工业企业家信心指数	96.3	116.0	128.5	127.8
2021 年规模以上工业企业家信心指数	136.6	131.4	125.5	127.8
2022 年规模以上工业企业家信心指数	126.5	126.5	126.2	123.2

1-33 浙江自贸试验区舟山片区发展主要指标

指标	计量单位	2019年	2020年	2021年	2022年
一、企业注册情况					
新增注册企业数	家	6927	7357	8954	6725
其中：内资企业	家	6865	7298	8909	6687
内资企业注册资本	亿元	1239.43	870.75	696.10	860.59
外商投资企业	家	62	59	45	38
外商投资企业注册资本	亿元	148.17	50.27	52.05	183.02
其中：新增油品企业	家	2917	1880	1696	2432
新增油品企业注册资本	亿元	942.03	455.86	390.57	652.21
二、进出口情况					
外贸货物进出口总额	亿元	861.29	1236.19	1950.93	3021.76
其中：进口	亿元	636.54	947.33	1433.59	2121.85
其中：油品	亿元	400.61	639.25	969.50	1819.76
其中：出口	亿元	224.75	288.86	517.34	899.91
其中：油品	亿元	171.98	233.86	475.54	836.61
口岸进出口总额	亿元	389.82	393.71	555.58	449.67
其中：进口	亿元	355.26	352.44	535.89	430.06
其中：铁矿砂及其精矿	亿元	290.91	278.99	463.12	352.79
其中：出口	亿元	34.56	41.27	19.69	19.61
三、利用外资情况					
合同外资	万美元	169604	90734	79385	255942
实际利用外资	万美元	10134	23458	26405	26936
办结境外投资项目	个	6	2		6
中方协议投资额	万美元	4005	11050	2675	1046
四、船用燃料油加注情况					
船用燃料油直供量	万吨	410.27	472.39	552.17	602.49
其中:本港直供量	万吨	212.00	288.10	276.65	276.22
跨关区直供量	万吨	198.27	184.29	275.52	326.27
船用燃料油调拨量	万吨	518.90	366.38	318.29	254.34
船用燃料油结算量	万吨	624.57	848.88	1100.17	1183.19
五、金融					
银行机构数	家	69	70	74	74
银行机构营业收入	亿元	39.16	39.67	52.22	56.81
融资租赁企业数	家	266	277		
人民币贷款余额	亿元	1042.14	1160.87	1593.70	1872.60
跨境人民币结算量	亿元	960.36	1048.33	1038.65	249.72
六、港口					
港口货物吞吐量	万吨	20287	23853	26506	26581
其中：铁矿石	万吨	11800	12248	12967	13026
石油	万吨	450	2126	2642	3671
集装箱吞吐量	标箱	28825	271691	346805	572657
七、科技					
新增专利授权	个	322	365	549	622
高新技术企业	家	45	59	70	70
高新技术企业营业收入	亿元	21.99	29.59	37.87	30.56
八、四上企业经营情况					
规模以上工业总产值	亿元	217.28	806.87	1485.73	2411.71
限额以上批发业销售额	亿元	1994.93	2834.65	3452.91	4153.80

主要统计指标解释

国内生产总值（GDP） 指按市场价格计算的一个国家所有常住单位在一定时期内生产活动的最终成果。国内生产总值有三种表现形态，即价值形态、收入形态和产品形态。从价值形态看，它是所有常住单位在一定时期内生产的全部货物和服务价值与同期投入的全部非固定资产货物和服务价值的差额，即所有常住单位的增加值之和；从收入形态看，它是所有常住单位在一定时期内创造并分配给常住单位和非常住单位的初次收入之和；从产品形态看，它是所有常住单位在一定时期内最终使用的货物和服务价值与货物和服务净出口价值之和。在实际核算中，国内生产总值有三种计算方法，即生产法、收入法和支出法。三种方法分别从不同的方面反映国内生产总值及其构成。

对于一个地区来说，称为地区生产总值或地区 GDP。

三次产业 根据国家统计局《三次产业划分规定》和《国民经济行业分类》(GB/T 4754-2017)，我国的三次产业划分是：

第一产业是指农、林、牧、渔业（不含农、林、牧、渔专业及辅助性活动业）。

第二产业是指采矿业（不含开采专业及辅助活动），制造业（不含金属制品、机械和设备修理业），电力、热力、燃气及水生产和供应业，建筑业。

第三产业即服务业，是指除第一、二产业以外的其他行业。

当年价格 指报告期的实际价格，如工厂的出厂价格，农产品的收购价格，商业的零售价格等。按当年价格计算，是指一些以货币表现的物量指标，如工农业总产值、国内生产总值等，按照当年的实际价格来计算总量。使用当年价格计算的数字，是为了使国民经济各项指标互相衔接，便于考察当年社会经济效益，便于对生产和流通，生产和分配，生产和消费进行经济核算和综合平衡。

按当年价格计算的价值指标，在不同年份之间进行对比时，因为包含有各年间价格变动的因素，不能确切地反映实物量的增减变动。必须消除价格变动因素后，才能真实反映经济发展动态。因此，在计算增长速度时都使用按可比价格计算的数字。

可比价格 指在不同时期的价格指标对比时，扣除了价格变动的因素，以确切表示物量的变化。按可比价格计算有两种方法：一种是直接按产品产量乘其不变价格计算；一种是用物价指数换算。

不变价格 用某一时期的同类产品的平均价格作为固定价格，来计算各个时期的产品价格。新中国成立后，随着工农业产品价格水平的变化，国家统计局制定了全国统一的工业产品不变价格和农业产品不变价格，从 1949 年到 1957 年使用 1952 年不变价格，从 1957 年到 1971 年使用 1957 年不变价格，从 1971 年到 1981 年使用 1970 年不变价格，从 1981 年到 1990 年使用 1980 年不变价格，从 1990 年到 1999 年使用 1990 年不变价格，2000 年及以后采用的是物价指数换算。

本《年鉴》所列“国内生产总值指数”是按可比价格计算的。如计算有关年份产值增长情况，可用指数直接进行对比。

平均每年增长速度 在我国计算平均速度有两种方法，一种是习惯上经常使用的“水平法”，又称几何平均法，是以间隔期最后一年的水平同基期水平对比来计算平均每年增长（或下降）速度的。另一种是“累计法”，又称代数平均法或方程法，是以间隔期内各年水平的总和同基期水平对比来计算平均每年增长（或下降）速度的。

在一般正常情况下，两种方法计算的平均每年增长速度比较接近，但在经济发展不平衡，出现大起大落时，两种方法的结果差别较大。

本《年鉴》内所列的平均每年增长速度，除固定资产投资用“累计法”计算外，其余都是用“水平法”计算的。

常住人口数 指户口在本村（居）委会，居住在本村（居）委会的人口，或者户口不在本村（居）委会，居住在本村（居）委会半年以上的人口。计算方法为：用本村（居）委会户籍人口数，加上外来半年以上人口，减去外出半年以上人口数。

性别比 指在总人口中或各组年龄人口中男性人数和女性人数之比。计算公式：

$$性别比=\frac{男性人口人数}{女性人口人数}\times 100\%$$

出生率 指一年内平均每千人所出生的人数比例，一般以千分率表示。计算公式：

$$出生率=\frac{全年出生人数}{年平均人数}\times 1000‰$$

出生人数指活产婴儿，即胎儿脱离母体时（不管怀孕月数），有过呼吸或其他生命现象。年平均人数是年初、年末人口数的平均数。

死亡率 指一年内平均每千人所死亡的人数比例，一般以千分率表示。计算公式：

$$死亡率=\frac{全年死亡人数}{年平均人数}\times 1000‰$$

人口自然增长率　指一年内人口自然增长数(出生人数减死亡人数)与平均人数之比例,一般以千分率表示。计算公式:

$$人口自然增长率 = \frac{年内出生人数 - 年内死亡人数}{年平均人数} \times 1000‰$$

或

$$人口自然增长率 = 人口出生率 - 人口死亡率$$

人口密度　指在一定时点一定地区的人口数与该地区的面积数之比,即一定时点的单位土地面积上的人口数,通常以每平方公里的居民人数来表示。计算公式:

$$人口密度 = \frac{该地区的人口数}{该地区的土地面积}$$

登记失业人员　指年满16周岁(含)至依法享受基本养老保险待遇,有劳动能力、有就业要求并处于无业状态而进行失业登记的人员。

登记失业率　计算公式:

$$城镇登记失业率 = \frac{登记失业人员期末实有人数}{期末从业人员总数 + 登记失业人员期末实有人数} \times 100\%$$

企业家信心指数　亦称宏观经济景气指数,是根据企业决策者对企业外部市场经济环境与宏观政策的认识、看法、判断与预期(对“乐观”“一般”“不乐观”的选择)而编制的指数,反映企业决策者对国家宏观经济发展的信心和预期,是企业决策者对当前宏观经济状况及未来走势的一种感受、体验与期望。

企业景气指数　亦称企业综合生产经营景气指数,是根据企业决策者对本企业当前生产经营情况的判断及未来企业生产经营状况的预期(对“良好”“一般”“不佳”的选择)而编制的指数,是企业决策者对企业生产经营现状及未来景气动向的一种综合评价和判断。

二、渔 业

2-1 渔业基本情况

指 标	单位	2021年	2022年	2022年分县(区)			
				定海	普陀	岱山	嵊泗
渔业乡镇(街道)	个	28	28	6	11	4	7
渔 业 村	个	167	166	11	70	55	30
渔 业 户	户	69376	67456	4899	24368	21484	16705
渔业人口	人	187139	182693	13131	72812	53453	43297
渔业劳动力	人	101884	98012	10976	47500	23141	16395
1.专业劳动力	人	69058	63699	9720	27689	13925	12365
捕 捞	人	45717	41281	5540	16255	11455	8031
养 殖	人	2806	2839	136	735	766	1202
加 工	人	5434	5361	2083	1567	819	892
其 他	人	15101	14218	1961	9132	885	2240
2.兼业劳动力	人	4876	4827	408	2943	482	994
海水苗种							
1.海水鱼苗数	万尾	4300	4282	200	1482	2600	
2.虾类育苗数	亿尾	8.38	9.78	2.60	4.18	3.00	
3.贝类育苗数	万粒	50008	20010		10		20000
4.蟹类育苗数	万只	90825	112385		11385	1000	100000

2-2 历年渔船拥有量

年　份	机动渔船		
	艘数（艘）	总吨位（吨）	总动力（万千瓦）
1955	6	208	0.02
1958	253	6984	0.69
1959	648	19674	2.41
1960	695	21202	2.62
1961	776	23791	3.10
1962	914	26412	3.97
1963	1211	38779	5.74
1964	1417	45578	6.84
1965	1762	57279	8.55
1966	1986	66250	9.71
1967	2211	78251	10.88
1968	2390	87314	11.88
1969	2597	93111	12.52
1970	2730	99121	13.71
1971	2818	109210	14.04
1972	2872	116572	14.93
1973	3030	127155	16.16
1974	3213	135596	17.83
1975	3378	143682	19.40
1976	3512	157867	21.36
1977	3685	168832	23.07
1978	3969	171311	24.75
1979	4243	175255	26.01
1980	4906	198255	31.33
1981	5322	207777	33.54
1982	6022	225637	36.98
1983	6840	230061	38.08
1984	7961	236740	39.27
1985	9170	251001	41.77
1986	10001	275687	44.68
1987	10232	288056	47.75
1988	10252	303089	52.40
1989	10296	308657	58.08
1990	10538	306291	58.85
1991	12088	369467	69.70
1992	12114	417365	80.88
1993	11928	456196	88.91
1994	11552	490473	91.82
1995	12353	635013	115.20
1996	12148	657177	119.48
1997	11991	662076	121.21
1998	11650	719632	131.26
1999	11252	739985	135.74
2000	10910	843338	146.79
2001	10777	892984	152.98
2002	10333	886026	150.99
2003	9841	859367	146.85
2004	9231	826869	141.81
2005	9103	804165	136.99
2006	9107	838470	141.50
2007	8966	849604	141.92
2008	8851	828808	141.71
2009	9091	858778	142.22
2010	8995	871623	141.40
2011	9086	949028	145.22
2012	9132	1059945	156.07
2013	8973	1101121	159.04
2014	8617	1119442	162.48
2015	7758	1147772	162.89
2016	7629	1185040	166.73
2017	7333	1239209	172.58
2018	7286	1274800	182.26
2019	7178	1268296	185.47
2020	7062	1334263	194.81
2021	6583	1265785	180.99
2022	6210	1221353	175.21

2-3 历年水产品总产量

单位:吨

年　份	总产量	海洋捕捞产量	#远洋渔业	#地方渔业	海水养殖	淡水养殖
1955	134117	134021			96	
1958	204099	203856			243	
1959	202508	201404			1023	81
1960	228071	226978			945	148
1961	139924	138367			1526	31
1962	185003	183683			1307	13
1963	191377	189645			1707	25
1964	256932	256151			781	
1965	303734	302666			1055	13
1966	328516	326711			1801	4
1967	366417	363645			2772	
1968	213071	210295			2776	
1969	203655	201016			2622	16
1970	226408	222734			3633	41
1971	263160	258689			4455	16
1972	343635	338773			4836	26
1973	403025	398955			4032	38
1974	478257	472851			5307	99
1975	401618	397230		375113	4301	87
1976	402632	399238		378521	3265	129
1977	375207	370294		346523	4855	58
1978	487793	483433		447770	4291	69
1979	427894	423308		391873	4516	70
1980	396967	393669		350821	3219	79
1981	394705	392770		340579	1865	70
1982	398273	395143		331225	2982	148
1983	343562	340465		295820	2866	231
1984	400202	396056		335544	3918	228
1985	425917	421172		369071	4379	366
1986	478504	471805		394727	6375	324
1987	504562	495707		406781	8485	370
1988	476960	468109		413821	8564	287
1989	484865	476420		396829	8215	230
1990	532103	521681		440113	10210	212
1991	564647	553379	4200	488361	11045	223
1992	599212	581701	21188	507914	17207	304
1993	607421	587020	26562	532064	19779	622
1994	829952	804066	55163	732973	24910	976
1995	979998	954837	90009	887921	23769	1392
1996	1051796	1023640	102421	960630	26322	1834
1997	1174921	1149830	122576	1059009	22572	2519
1998	1325356	1294077	130621	1233492	28893	2386
1999	1328813	1288244	148752	1271291	37749	2820
2000	1349213	1292967	133644	1261576	51891	4355
2001	1293851	1224524	121484	1202614	63427	5900
2002	1246147	1155486	133024	1128381	83774	6887
2003	1244864	1127861	167936	1075498	109484	7519
2004	1304229	1169981	199907	1092772	126264	7984
2005	1240833	1116988	155224	1072969	115399	8446
2006	1252606	1124255	150584	1085952	119461	8890
2007	1238272	1113420	162628	1085446	115861	8991
2008	1255179	1132727	168601	1085085	113797	8655
2009	1237819	1101987	104249	1074030	127402	8430
2010	1311218	1168065	121791	1133562	134210	8943
2011	1419491	1312186	210599	1280769	98627	8678
2012	1483039	1356921	250539	1336030	115931	10187
2013	1553822	1422453	296598	1400682	122453	8916
2014	1669397	1531380	393499	1495272	130218	7799
2015	1764581	1615022	465211	1562372	141701	7858
2016	1563533	1403241	283394	1378785	151780	8512
2017	1672506	1418229	382269	1387209	242276	12001
2018	1736303	1464072	491268	1431776	262788	9443
2019	1755530	1465530	541963	1440004	285043	4957
2020	1791610	1497763	630509	1469732	292221	1626
2021	1828104	1541289	675146	1510417	285539	1276
2022	1883051	1585106	734644	1534875	297382	563

2-4 水 产 品 分

指　标	1980年	1985年	1990年	1995年	2000年	2005年	2010年	2013年	2014年
合　计	**396967**	**425916**	**532103**	**979998**	**1349213**	**1240833**	**1311218**	**1553822**	**1669397**
一、海水产品产量	**396888**	**425550**	**531891**	**978606**	**1344858**	**1232387**	**1302275**	**1544906**	**1661598**
1.鱼　类	360989	346893	418597	596365	818038	660490	723254	736911	704455
#大黄鱼	35139	5984	65	5637	327	1936	252	400	515
小黄鱼	2786	646	354	13094	56801	26326	46794	46205	52423
带　鱼	162572	149611	142364	192651	210323	152366	143797	120806	108104
鲳　鱼	4855	9636	8267	21273	20786	22269	24033	16577	13369
鳓　鱼	1240	1373	1040	829	335	853	959	324	334
鲅鱼(马鲛鱼)	925	3054	8049	1312	2673	3754	5085	4914	5189
马面鲀	16863	39670	74107	10652	141	2551	2375	900	1654
鲐鲹鱼	17539	17488	41120	24554	16021	88610	118837	95297	79285
2.蟹　类	10882	27485	26638	82435	77834	93799	85600	142645	211409
3.虾　类	21825	48415	71759	225285	292894	238737	228662	247691	227761
#对　虾	191	1505	3267	1843	5612	7430	11251	7452	7055
4.藻　类	2568	277	648	3382	3054	2726	1391	2236	2208
#海　带	2430	160	595	3350	3020	1820	870	1321	1150
5.贝壳、头足类	30184	9826	14249	65540	151767	231383	252977	381964	491838
#乌　贼	29560	7346	7582	1102	671	470	868	647	595
二、淡水产品产量	**79**	**366**	**212**	**1392**	**4355**	**8446**	**8943**	**8916**	**7799**
合计中主要作业产量									
灯光围网	16370	16546	15441	18641	15523	77183	127315	107842	82575
机拖虾	1830	11058	51729	316388	368227	235481	200295	246143	257953
底拖网		43034		183572	167958	185133	155638	163261	164077
定置作业	40928	67679		161376	152234	99876	77007	98806	86278

品　　种　　产　　量

单位:吨

2015年	2016年	2017年	2018年	2019年	2020年	2021年	2022年	2022年分县(区)			
								定海	普陀	岱山	嵊泗
1764581	**1563533**	**1672506**	**1736303**	**1755530**	**1791610**	**1828104**	**1883051**	**211988**	**936109**	**304954**	**430000**
1756723	**1555021**	**1660505**	**1726860**	**1750573**	**1789984**	**1826828**	**1882488**	**211857**	**936109**	**304522**	**430000**
725293	697608	697623	702867	679992	643591	617564	623757	72166	218607	172576	160408
623	740	1110	1196	1697	2669	4529	3950	8	3874	18	50
55935	53646	53084	53972	52001	59945	70642	61566	23	11879	30668	18996
117173	119757	114809	105197	86743	80744	84157	84524	1080	26935	43010	13499
15408	21178	24732	22240	21006	26023	21637	20312	68	9014	4335	6895
1665	2925	1187	446	2289	580	1544	787		639	145	3
6427	7693	7100	6795	6998	4646	8166	10676	133	6928	1419	2196
782	756	1062	856	725	1510	813	655	2	560	91	2
61962	73697	65197	59659	47958	39827	42548	45877		12997	14392	18488
183904	174557	174773	144152	132275	124273	123040	106852	558	28115	66190	11989
249789	248582	218570	221697	219636	198821	199135	208349	18918	127024	45400	17007
7671	13220	18908	77590	57586	46720	52166	54824	6073	33612	14193	946
2412	2239	4271	4376	4818	5214	7651	6783		4580	3	2200
1850	1376	3766	3470	4318	4687	4601	4520		4520		
566814	357217	517078	598729	408403	767219	808176	864823	104279	511093	20221	229230
700	739	913	1475	1031	1687	1983	1939	180	828	750	181
7858	**8512**	**12001**	**9443**	**4957**	**1626**	**1276**	**563**	**131**		**432**	
70660	88544	63756	70202	58811	56181	40266	34972		17764		17208
265254	288474	261125	243897	246206	241028	272342	276351	16683	137831	78244	43593
172451	158972	130884	112585	77117	81303	65720	55189		51600	2807	782
87284	75868	62085	74229	347315	70715	61812	83259	1987	14489	9348	57435

2-5 海 水 养 殖

指 标	1990年	1995年	2000年	2005年	2009年	2010年	2013年	2014年
养殖面积合计(公顷)	**2471**	**3813**	**6753**	**9397**	**7978**	**7813**	**6002**	**5864**
#蛏子	39	298	672	1155	773	788	417	419
贻贝	117	145	332	1124	1644	1645	1251	1251
蛤		380	468	880	804	677	347	390
螺		623	1033	701	323	390	225	210
对虾	2130	1655	1976	2109	1959	1909	910	989
海带	58	52	42	30	74	87	110	89
紫菜	24	13	12	36	29	26	36	36
养殖产量合计(吨)	**10210**	**23769**	**51891**	**115399**	**127402**	**134210**	**122453**	**130218**
#蛏子	250	2151	8448	16740	11948	12710	11418	11539
贻贝	4940	11244	17369	50528	76330	81201	78193	84214
蛤		3616	5407	9492	10234	10504	7375	7079
螺		271	665	1572	768	799	386	468
对虾	2937	394	930	4741	3887	4279	4437	4569
海带	595	3350	3020	1820	920	870	1321	1150
紫菜	53	32	34	102	86	71	85	48

注:2003年起,螺指标代替原泥螺指标。

面　积　和　产　量

2015年	2016年	2017年	2018年	2019年	2020年	2021年	2022年	2022年分县(区)			
								定海	普陀	岱山	嵊泗
5779	**4254**	**4377**	**4401**	**4176**	**3977**	**3926**	**3988**	**343**	**1473**	**567**	**1605**
391	214	309	238	250	239	200	195	2	109	84	
1404	1301	1493	1510	1524	1484	1475	1486		25		1461
398	204	322	202	235	222	226	262	25	77	160	
148	152	147	86	82	73	61	61		7	54	
1165	692	614	814	751	718	711	697	267	289	141	
137	63	93	72	94	81	101	92		92		
48	37	35	55	8	28	2	4		2	2	
141701	**151780**	**242276**	**262788**	**285043**	**292221**	**285539**	**297382**	**3717**	**47826**	**18589**	**227250**
10754	6478	23142	21598	23424	19290	16001	13877		10846	3031	
97629	104020	151367	163183	189702	212964	210458	227297		3511		223786
6273	8564	11369	18905	23347	19623	17056	14860	63	7615	7182	
393	720	1298	2676	803	2653	2219	2272		64	2208	
4907	9929	14309	17782	13901	9956	9878	10543	3571	3924	2808	240
1850	1376	3766	3470	4318	4687	4601	4520		4520		
43	118	145	481	120	127	50	63		60	3	

2-6 年末渔业

指　　标	单位	2005 年	2010 年	2011 年	2012 年	2013 年	2014 年	2015 年
一、机动渔船合计	艘	**9103**	**8995**	**9086**	**9132**	**8973**	**8617**	**7758**
	吨	804165	871623	949028	1059945	1101121	1119442	1147772
	千瓦	1369940	1414035	1452248	1560693	1590375	1624760	1628940
1.生产渔船	艘	7949	7866	7947	8011	7875	7540	6698
	吨	693750	721038	770870	858661	884277	889549	921806
	千瓦	1202427	1184751	1212351	1295725	1306919	1297461	1292314
2.辅助渔船	艘	1154	1129	1139	1121	1098	1077	1060
	吨	110415	150585	178158	201284	216844	229893	225966
	千瓦	167513	229284	239897	264968	283456	327299	336626
二、捕捞渔船按功率分								
441 千瓦以上	艘	223	185	223	352	349	364	380
	吨	75221	77611	101941	177523	194481	203254	222985
	千瓦	115346	109454	134919	220555	246490	260869	286781
184–440 千瓦	艘	3927	4162	4022	4018	3857	3887	3822
	吨	515830	590414	617638	632676	633044	643703	661566
	千瓦	882392	959875	963918	966678	943889	946021	935153
44–183 千瓦	艘	1459	589	555	571	569	393	357
	吨	87493	38529	36143	33522	41410	29007	27478
	千瓦	164268	70455	65782	60957	69268	48033	42043
43 千瓦以下	艘	2128	2532	2749	2632	2647	2192	1449
	吨	14682	13310	13982	13594	13869	11861	8004
	千瓦	38536	41868	44637	43949	43377	37572	23285
捕捞渔船合计	艘	7737	7468	7549	7573	7422	6836	6008
	吨	693226	719864	769704	857315	882804	887825	920033
	千瓦	1200542	1181652	1209256	1292139	1303024	1292495	1287262

生　　产　　船　　只

2016年	2017年	2018年	2019年	2020年	2021年	2022年	2022年分县(区)			
							定海	普陀	岱山	嵊泗
7629	**7333**	**7286**	**7178**	**7062**	**6583**	**6210**	**382**	**2316**	**1715**	**1797**
1185040	1239209	1274800	1268296	1334263	1265785	1221353	164915	632683	324674	99081
1667303	1725816	1822601	1854740	1948055	1809923	1752147	256861	883614	462064	149608
6554	6238	6188	6172	6045	5696	5360	347	1897	1437	1679
935650	959206	1004221	1047878	1102342	1062441	1034412	152346	517765	274830	89471
1297736	1307906	1399620	1471288	1547002	1448027	1405338	228287	732386	323258	121407
1075	1095	1098	1006	1017	887	850	35	419	278	118
249390	280003	270579	220418	231921	203344	186941	12569	114918	49844	9610
369567	417910	422982	383452	401053	361896	346809	28574	151228	138806	28201
437	486	561	585	649	622	636	184	433	17	2
246563	312055	358393	398272	456022	431974	449919	138703	305653	4865	698
323839	420162	523610	596381	690820	640991	662262	206594	446389	8349	930
3597	3253	3201	3232	3127	2962	2737	79	1103	1185	370
638535	599541	598498	607965	601458	591736	550112	12657	199149	264526	73780
885381	808084	800710	811729	793631	749390	687271	19741	268628	306831	92071
448	369	349	274	256	270	237	12	97	47	81
39487	34623	34023	26409	22639	24645	20434	603	9041	3461	7329
61650	50960	47499	33939	29877	31189	26311	1233	11269	4546	9263
1353	1404	1276	1281	1202	963	899	72	246	183	398
9251	11019	11343	13152	19812	11028	10426	383	3121	1839	5083
21614	23096	22185	23226	25788	18524	17114	719	4143	3193	9059
5835	5512	5387	5372	5234	4817	4509	347	1879	1432	851
933836	957238	1002257	1045798	1099931	1059383	1030891	152346	516964	274691	86890
1292483	1302302	1394004	1465275	1540116	1440094	1392958	228287	730429	322919	111323

三、农　业

3-1 历年农林牧渔业总产值

单位:万元

年份	农林牧渔业总产值	农业	#种植业	林业	牧业	渔业	农林牧渔专业及辅助性活动产值
1955	6935	2066	1984	49	383	4437	
1960	9443	2177	2094	70	302	6894	
1965	17390	4021	3920	108	834	12427	
1966	19568	4644	4541	197	938	13789	
1967	18660	3313	3216	203	700	14444	
1968	14044	3995	3889	223	628	9198	
1969	14364	4516	4408	91	734	9023	
1970	15479	4670	4561	43	749	10017	
1971	16167	4326	4046	109	1185	10547	
1972	19707	5071	5122	166	1060	13410	
1973	22407	5662	5544	230	1122	15393	
1974	25185	5902	5765	96	1184	18003	
1975	17888	4211	4102	64	904	12709	
1976	18035	4296	4138	85	862	12792	
1977	16770	4141	3965	51	837	11741	
1978	21147	4784	4670	116	944	15303	
1979	26651	6447	6028	147	1727	18330	
1980	30182	8672	7778	151	1747	19612	
1981	30903	8532	7329	209	1588	20574	
1982	34676	8157	7275	195	1605	24719	
1983	31988	6838	5959	207	1771	23172	
1984	55488	13300	10030	379	2882	38927	
1985	81149	16735	10114	544	4202	59666	
1986	92393	19012	10668	863	5537	66981	
1987	119404	22442	13543	855	5142	90965	
1988	145338	26714	15500	877	7911	109836	
1989	149743	25881	15421	1062	9690	113110	
1990	178831	29995	19944	1332	10217	137287	
1991	212163	32273	22041	1631	11300	166959	
1992	239154	33858	20771	1142	12244	191910	
1993	323371	46390	27789	1762	13269	261950	
1994	462626	57012	43717	2779	18975	383860	
1995	576233	69443	54802	3617	22047	481126	
1996	608372	77591	61027	2684	20357	507740	
1997	631836	71702	54897	2556	19985	537593	
1998	647096	73431	55001	2438	19652	551575	
1999	674421	73062	54103	2110	17859	581390	
2000	745242	70861	52604	2394	18444	653543	
2001	738139	74583	55681	2125	20299	641132	
2002	728506	63371	57495	1887	21997	641251	
2003	745276	63444	59487	1743	24817	655272	
2004	834867	57801	54929	1858	25154	750054	
2005	871891	59161	56599	1759	26950	784021	
2006	820064	60281	60112	1661	28516	729606	
2007	872126	65054	64460	1721	38226	767125	
2008	950324	71581	69955	1911	41583	835249	
2009	979913	79726	78072	2614	40095	857478	
2010	1143350	87485	87485	2241	45432	1006246	
2011	1392131	94717	94717	2823	49923	1242332	
2012	1496750	98413	98413	3514	49436	1342662	
2013	1690607	102420	102420	3227	46983	1533550	
2014	1769248	100807	100807	2591	46430	1610157	
2015	1914138	100313	100313	2280	44350	1758808	
2016	2167669	105093	105093	2120	36290	2015139	
2017	2403341	104132	104132	2260	24987	2262231	
2018	2613298	97962	97962	2203	17631	2484989	
2019	2675221	100796	100796	2208	24056	2536836	11325
2020	2808763	102071	102071	2179	41311	2650898	12304
2021	2855458	107796	107796	3142	43915	2687367	13238
2022	3055235	113717	113717	3028	40238	2884194	14057

注:1.2008年起,原蔬菜中的马铃薯作为粮食作物处理,下同。

2.2006—2016年数据根据第三次全国农业普查数据作相应调整。

3.2010年起,农业产值包括粮食、油料、棉花、麻类、糖类、烟草和其他农作物产值,蔬菜、食用菌、花卉盆景园艺作物产值,以及水果、坚果、茶、饮料、香料和中草药材产值。2010-2021年农业产值数据按现行制度要求进行修订,下同。

3-2 历年农林牧渔业总产值构成

单位:%

年份	农林牧渔业总产值	农业产值	林业产值	牧业产值	渔业产值	农林牧渔专业及辅助性活动产值
1955	100	29.8	0.7	5.5	64.0	
1958	100	25.5	1.2	5.0	68.3	
1959	100	28.0	0.7	4.1	67.1	
1960	100	23.1	0.7	3.2	73.0	
1961	100	27.0	0.2	3.3	69.5	
1962	100	28.3	0.4	2.6	68.7	
1963	100	27.0	0.4	3.7	68.9	
1964	100	26.2	0.4	4.4	69.0	
1965	100	23.1	0.6	4.8	71.5	
1966	100	23.7	1.0	4.8	70.5	
1967	100	17.8	1.1	3.8	77.3	
1968	100	28.4	1.6	4.5	65.5	
1969	100	31.4	0.6	5.1	62.9	
1970	100	30.2	0.3	4.8	64.7	
1971	100	26.8	0.7	7.3	65.2	
1972	100	25.7	0.8	5.4	68.1	
1973	100	25.3	1.0	5.0	68.7	
1974	100	23.4	0.4	4.7	71.5	
1975	100	23.5	0.4	5.1	71.0	
1976	100	23.8	0.5	4.8	70.9	
1977	100	24.6	0.3	5.1	70.0	
1978	100	22.6	0.5	4.5	72.4	
1979	100	24.1	0.6	6.5	68.8	
1980	100	28.8	0.4	5.8	65.0	
1981	100	27.6	0.7	5.1	66.6	
1982	100	23.5	0.6	4.6	71.3	
1983	100	21.3	0.6	5.5	72.4	
1984	100	23.9	0.7	5.2	70.2	
1985	100	20.7	0.7	5.2	73.5	
1986	100	20.5	0.9	6.0	72.5	
1987	100	18.8	0.7	4.3	76.2	
1988	100	18.4	0.6	5.4	75.6	
1989	100	17.3	0.7	6.5	75.5	
1990	100	16.8	0.7	5.7	76.8	
1991	100	15.2	0.8	5.3	78.7	
1992	100	14.2	0.5	5.1	80.2	
1993	100	14.4	0.5	4.1	81.0	
1994	100	12.3	0.6	4.1	83.0	
1995	100	12.1	0.6	3.8	83.5	
1996	100	12.8	0.4	3.3	83.5	
1997	100	11.3	0.4	3.2	85.1	
1998	100	11.3	0.4	3.0	85.3	
1999	100	10.8	0.3	2.7	86.2	
2000	100	9.5	0.3	2.5	87.7	
2001	100	10.1	0.3	2.8	86.8	
2002	100	8.7	0.3	3.0	88.0	
2003	100	8.5	0.2	3.3	88.0	
2004	100	6.9	0.2	3.0	89.9	
2005	100	6.8	0.2	3.1	89.9	
2006	100	7.4	0.2	3.5	89.0	
2007	100	7.5	0.2	4.4	88.0	
2008	100	7.5	0.2	4.4	87.9	
2009	100	8.1	0.3	4.1	87.5	
2010	100	7.7	0.2	4.0	88.0	
2011	100	6.8	0.2	3.6	89.2	
2012	100	6.6	0.2	3.3	89.7	
2013	100	6.1	0.2	2.8	90.7	
2014	100	5.7	0.1	2.6	91.0	
2015	100	5.2	0.1	2.3	91.9	
2016	100	4.8	0.1	1.7	93.0	
2017	100	4.3	0.1	1.0	94.1	
2018	100	3.7	0.1	0.7	95.0	
2019	100	3.8	0.1	0.9	94.8	0.4
2020	100	3.6	0.1	1.5	94.4	0.4
2021	100	3.8	0.1	1.5	94.2	0.5
2022	100	3.7	0.1	1.3	94.4	0.5

注:2006-2016 年数据根据第三次全国农业普查数据作相应调整。

3-3 历年农作物播种面积

单位:千公顷

年 份	农作物播种面 积	#粮食作物	#油 料	#蔬 菜	#瓜果类
1950	47.56	37.25	0.45	0.67	0.15
1955	59.35	45.29	0.47	0.01	0.19
1958	53.97	37.01	0.25	1.53	0.09
1959	54.47	36.19	1.53	2.53	0.11
1960	52.50	35.21	1.67	2.20	0.07
1961	47.95	34.49	0.93	0.93	0.07
1962	57.18	41.07	0.44	2.67	0.07
1963	56.96	40.50	0.64	1.80	0.07
1964	55.71	38.49	0.88	1.67	0.07
1965	57.25	37.11	0.73	2.07	0.07
1966	56.72	37.28	0.58	2.00	0.05
1967	52.03	35.15	0.37	1.27	0.13
1968	48.79	36.02	0.24	0.53	0.09
1969	52.15	37.19	0.41	0.67	0.07
1970	52.49	35.93	0.41	0.80	0.07
1971	54.17	36.33	0.64	1.20	0.08
1972	55.67	37.59	0.79	1.87	0.10
1973	58.17	40.78	0.86	2.00	0.09
1974	57.85	41.75	1.16	2.07	0.10
1975	58.29	41.78	1.30	1.93	0.09
1976	59.07	42.46	1.32	2.00	0.09
1977	60.37	43.39	1.60	2.07	0.09
1978	62.98	44.08	1.99	2.80	0.13
1979	61.03	41.03	1.99	4.00	0.20
1980	59.83	39.38	2.43	3.80	0.33
1981	59.44	37.59	3.10	3.80	0.40
1982	57.57	38.10	2.49	3.47	0.27
1983	57.95	38.67	2.54	3.35	0.20
1984	56.44	38.49	2.19	4.59	0.33
1985	54.43	37.29	2.14	5.19	0.95
1986	50.64	34.25	2.29	6.03	1.82
1987	49.94	34.69	2.63	6.19	2.31
1988	47.85	33.43	2.99	6.81	1.78
1989	44.94	32.71	2.38	7.14	1.35
1990	49.52	34.57	4.21	7.92	0.75
1991	50.35	34.51	4.57	7.89	0.99
1992	47.73	32.48	4.35	7.79	1.40
1993	42.80	28.49	3.68	6.60	1.29
1994	42.94	28.96	3.55	8.31	1.04
1995	43.70	30.50	4.16	6.82	1.09
1996	43.00	29.75	4.04	6.98	1.06
1997	41.73	28.30	3.83	7.12	1.19
1998	39.17	25.47	3.63	7.35	1.32
1999	39.53	25.24	3.83	7.72	1.59
2000	35.20	20.27	3.82	8.55	1.66
2001	32.53	15.38	3.40	10.85	2.02
2002	30.45	13.42	3.13	11.03	2.01
2003	28.38	11.97	2.96	10.60	2.01
2004	27.54	12.04	2.72	9.98	1.94
2005	27.23	11.78	2.73	9.95	1.88
2006	26.01	10.88	2.52	9.92	1.92
2007	21.32	6.88	2.23	9.50	1.96
2008	19.76	6.47	2.01	8.32	2.16
2009	20.15	6.55	1.95	8.84	2.11
2010	18.09	5.29	1.87	8.21	1.95
2011	17.52	4.86	1.80	8.21	1.98
2012	17.59	5.26	1.74	7.97	1.90
2013	16.81	4.75	1.67	7.76	1.86
2014	15.56	4.92	0.82	7.33	1.70
2015	15.81	4.71	1.46	7.14	1.72
2016	16.16	5.08	1.43	7.20	1.68
2017	16.18	5.13	1.40	7.24	1.70
2018	15.41	4.88	1.29	6.83	1.63
2019	15.77	4.97	1.62	6.87	1.56
2020	15.54	5.26	1.60	6.92	1.51
2021	15.29	5.29	1.64	6.86	1.24
2022	15.79	5.82	1.61	7.02	1.11

注:2008 年起,原蔬菜中的马铃薯作为粮食作物处理,下同。

3-4 历年粮食总产量

年 份	粮食作物		大 麦 （吨）	早 稻 （吨）	晚 稻 （吨）	番 薯 （吨）
	总产量 （万吨）	公顷产量 （公斤）				
1950	6.50	1740	1945	24950	21135	11040
1955	9.30	2055	3995	29510	23870	28610
1958	10.51	2835	6710	42020	18710	33925
1959	11.69	3225	5700	33395	34200	38740
1960	9.81	2790	5375	36210	22225	30170
1961	7.59	2250	4940	33745	12765	20305
1962	11.06	2700	5575	32145	26925	42615
1963	9.66	2385	4175	35445	14900	38820
1964	12.06	3135	5445	46580	24920	38700
1965	11.97	3225	6175	50870	22260	35840
1966	14.79	3960	6490	60795	31875	44565
1967	10.52	3000	7560	62080	11900	20315
1968	12.67	3510	9000	45285	25970	40025
1969	13.50	3630	6725	47185	34275	42955
1970	14.20	3945	5365	56800	33970	42030
1971	13.39	3690	8660	56940	22615	39235
1972	16.89	4500	9300	65760	35005	52375
1973	18.17	4455	9210	69285	45135	51790
1974	17.47	4185	13675	69755	34405	47220
1975	15.48	3705	7805	62745	37655	38895
1976	16.40	3855	9735	65605	37490	41770
1977	15.88	3660	7030	59565	37345	46750
1978	18.38	4170	11960	67660	48640	44300
1979	15.91	3870	12350	74265	33155	29325
1980	16.57	4215	9100	68420	43630	35765
1981	13.81	3675	6130	71310	27535	24730
1982	17.30	4545	8180	71440	52890	28880
1983	13.05	3375	7985	58910	29165	24440
1984	18.01	4680	8170	73775	56930	28100
1985	17.35	4650	11134	69954	53349	25055
1986	15.07	4395	8662	65177	45081	18959
1987	15.34	4425	8758	59482	49126	23667
1988	15.10	4515	6138	63001	52358	18163
1989	15.19	4650	1640	60245	56106	21761
1990	16.37	4740	2995	64336	58665	22957
1991	16.94	4905	2255	65074	64519	22676
1992	15.21	4681	1682	63166	55119	18503
1993	13.94	4849	586	47988	60542	16738
1994	14.57	5031	657	54914	63862	13937
1995	14.52	4761	421	49781	63902	14984
1996	14.45	4858	535	57676	53399	13679
1997	13.22	4673	381	50376	48639	14318
1998	12.41	4873	183	31042	61862	13519
1999	12.31	4876	293	26417	62492	14378
2000	8.84	4363	239	8134	47596	12843
2001	7.55	4907	150	3506	49140	11142
2002	6.60	4923	63	1985	43709	9716
2003	5.38	4497	2	907	33842	8795
2004	5.93	4927		1234	38714	8904
2005	5.20	4415	17	343	32174	8644
2006	5.22	4795	18	372	32833	8525
2007	3.20	4651	9	248	21818	2338
2008	3.01	4649	239	24	19423	2585
2009	3.10	4731	41	42	17719	2735
2010	2.54	4789	71	30	13338	2603
2011	2.42	4983	38	45	12197	2476
2012	2.70	5134	19	18	11947	3174
2013	2.27	4780	199	28	10143	2260
2014	2.45	4980	13		13325	3322
2015	2.36	5012	9		11978	3923
2016	2.54	5001	24	10	13458	3525
2017	2.55	4976	105	9	13786	3246
2018	2.61	5347	15	10	14010	3060
2019	2.65	5333	11		14941	2967
2020	2.87	5461	89		17482	4051
2021	2.86	5416	…	805	16161	3677
2022	2.92	5016	40	1062	15772	2434

3-5 农业机械年末拥有量

（2022年）

指　标	单位	全市	指　标	单位	全市
一、农业机械总动力	**千瓦**	**1206833**	（四）收获机械		
其中：柴油发动机动力	千瓦	1145395	其中：1.脱粒机	台	78
汽油发动机动力	千瓦	15790	2.谷物联合收割机	台	116
电动机动力	千瓦	45648	3.油菜籽收获机	台	23
二、拖拉机及配套机械			4.采茶机	台	18
（一）拖拉机	台	294	5.饲料（草）收获机械	台	3
其中：1.小型（22.1千瓦及以下）	台	126	6.秸秆粉碎还田机	台	3
2.中型（22.1-73.5千瓦）	台	141	**四、农产品初加工机械**	**台（套）**	**1283**
3.大型及以上（73.5千瓦及以上）	台	27	（一）粮食初加工机械	台（套）	283
（二）拖拉机配套农具	台	454	（二）油料初加工机械	台	59
三、种植业机械			（三）棉花初加工机械	台	23
（一）耕整地机械			（四）果蔬初加工机械	台（套）	48
其中：1.耕整机	台	112	（五）茶叶初加工机械	台（套）	406
2.微型耕耘机	台	971	**五、畜牧机械**	**台（套）**	**1298**
3.犁	台	55	（一）饲料（草）加工机械	台（套）	227
4.旋耕机	台	305	（二）饲养设备	台（套）	981
5.耙	台	7	（三）畜禽粪污资源化利用设备	台（套）	34
（二）种植施肥机械			**六、水产机械**	**台**	**12581**
其中：1.播种机械	台	25	（一）水产养殖机械	台	10421
2.栽植机械	台	107	（二）捕捞机械设备	台	1259
（三）排灌机械			**七、农田基本建设机械**	**台**	**510**
其中：1.农用水泵	台	6302	**八、农用航空器**	**架**	**30**
2.节水灌溉类机械	台（套）	1703	（一）植保无人驾驶航空器	架	29
			（二）其他无人驾驶航空器	架	1

3-6　农机作业情况

（2022 年）

指　标	单位	全　市
一、农作物生产机械化作业总体情况		
（一）机耕面积	亩	139078
（二）机播面积	亩	45301
（三）机电灌溉面积	亩	113268
（四）机械植保面积	亩	106086
（五）机收面积	亩	65849
二、畜牧养殖机械化作业情况		
（一）机械收获饲草秸秆量	吨	315
（二）机械饲喂的畜禽数量（折算为羊单位）	个	75296
（三）机械清粪的畜禽数量（折算为羊单位）	个	72467
（四）机械环控的畜禽数量（折算为羊单位）	个	94713
（五）机械捡蛋的蛋禽数量（折算为羊单位）	个	1650
三、水产养殖机械化作业情况		
（一）池塘养殖		
1.机械投饲池塘养殖产量	吨	921
2.机械水质调控池塘养殖产量	吨	33246
3.机械起捕池塘养殖产量	吨	256
4.机械清淤池塘养殖产量	吨	3625
（二）网箱养殖		
1.机械投饲网箱养殖产量	吨	4520
2.机械清洗网箱养殖产量	吨	6248
3.机械起捕网箱养殖产量	吨	320
（三）工厂化养殖		
1.机械投饲工厂化养殖产量	吨	1434
2.机械起捕工厂化养殖产量	吨	267
（四）筏式吊笼与底播养殖		
1.机械投苗养殖产量	吨	107848
2.机械采收养殖产量	吨	207848
四、设施农业（种植）机械化作业情况		
（一）机械耕整地面积	亩	8559
（二）机械种植面积	亩	2710
（三）机械采运面积	亩	1300
（四）机械灌溉施肥面积	亩	5210
（五）机械调控环境面积	亩	3215

3-7 分县(区)主要农作物播种面积和产量

指 标	单位	2021年	2022年	2022年分县(区)			
				定海	普陀	岱山	嵊泗
农作物播种面积	亩	**229306**	**236840**	**119633**	**65080**	**48393**	**3734**
1.大麦面积	亩	1.31	175.80	12.40	23.00	140.40	
总 产	吨	0.39	39.50	4.50	6.90	28.10	
2.早稻面积	亩	2787	3324	1371	1408	545	
总 产	吨	805	1062	326	538	198	
3.晚稻面积	亩	33565	33777	24249	6123	3405	
总 产	吨	16161	15772	11908	2430	1434	
4.玉米面积	亩	6262	9039	4888	1653	2219	279
总 产	吨	1769	2774	1484	514	702	75
5.番薯面积	亩	10207	6542	3624	1735	734	449
总 产	吨	3677	2434	1363	654	269	148
6.油菜籽面积	亩	16650	16859	6172	7181	3506	
总 产	吨	2094	2206	906	802	497	
7.棉花面积	亩	15					
总 产	吨	1					
8.蔬菜面积	亩	102924	105267	52298	28517	21635	2817
总 产	吨	118636	123399	67396	29296	23907	2801
9.果用瓜的面积	亩	18603	16549	6952	5772	3816	9
总 产	吨	27703	26772	11981	10125	4660	5

3-8 分县(区)农林牧渔业总产值及构成

指　标	单位	2017 年	2018 年	2019 年	2020 年	2021 年	2022 年
一、农林牧渔业总产值	**万元**	**2403341**	**2613298**	**2675221**	**2808763**	**2855458**	**3055235**
定海区	万元	166079	180309	188496	227815	236833	246290
普陀区	万元	957546	1085591	1161430	1298607	1346337	1485278
岱山县	万元	803631	820608	767765	702552	667439	661629
嵊泗县	万元	476085	526790	557530	579789	604850	662037
一、农林牧渔业总产值构成	**%**	**100**	**100**	**100**	**100**	**100**	**100**
定海区	%	6.9	6.9	7.1	8.1	8.3	8.1
普陀区	%	39.8	41.5	43.4	46.2	47.1	48.6
岱山县	%	33.4	31.4	28.7	25.0	23.4	21.6
嵊泗县	%	19.8	20.2	20.8	20.6	21.2	21.7

3-9　农作物分品种播种面积和产量

指　　标	单位	2021 年	2022 年
农作物播种面积合计	**亩**	**229306**	**236840**
一、粮食作物面积	**亩**	**79326**	**87262**
亩产量	公斤	361	334
总产	吨	28640	29180
1.春粮面积	亩	20151	25651
亩产量	公斤	249	216
总产	吨	5013	5553
# 小麦面积	亩	5989	8972
亩产量	公斤	261	197
总产	吨	1565	1771
# 大麦面积	亩	1	176
亩产量	公斤	296	225
总产	吨	0.4	40
2.早稻面积	亩	2787	3324
亩产量	公斤	289	319
总产	吨	805	1062
3.晚稻面积	亩	33565	33777
亩产量	公斤	481	467
总产	吨	16161	15772
4.番薯面积	亩	10207	6542
亩产量	公斤	360	372
总产	吨	3677	2434
5.玉米面积	亩	6262	9039
总产	吨	1769	2774
6.大豆面积	亩	4412	7083
总产	吨	717	1218
二、棉花面积	**亩**	**15**	
亩产量	公斤	67	
总产	吨	1	
三、油菜籽面积	**亩**	**16650**	**16859**
亩产量	公斤	126	131
总产	吨	2094	2206
四、花生面积	**亩**	**7494**	**6955**
总产	吨	1618	1478
五、芝麻面积	**亩**	391	358
总产	吨	40	41
六、蔬菜面积	**亩**	**102924**	**105267**
总产	吨	118636	123399
七、瓜果类面积	**亩**	**18603**	**16549**
总产	吨	27703	26772
# 西瓜面积	亩	12807	11033
总产	吨	21972	21161
# 草莓面积	亩	1803	1712
总产	吨	1780	1985

3-10 畜 牧 业 生 产

指　　标	单位	1985 年	1990 年	1995 年	2000 年	2005 年	2010 年	2015 年	2017 年	2018 年	2019 年	2020 年	2021 年	2022 年
一、生猪年末存栏	**万头**	**10.43**	**11.52**	**9.11**	**8.68**	**12.45**	**17.06**	**10.21**	**4.41**	**3.42**	**3.06**	**6.30**	**6.96**	**7.90**
能繁殖的母猪	万头	0.61	0.67	0.65	0.67	1.19	1.74	0.74	0.33	0.32	0.49	0.55	0.48	0.63
肥猪出栏头数	万头	8.08	13.68	13.47	14.66	20.72	24.63	18.7	6.88	4.45	4.52	5.60	10.34	9.55
全年饲养量	万头	18.51	26.66	22.58	23.34	33.17	41.69	28.91	11.29	7.58	7.57	11.90	17.30	17.45
二、牛年末存栏	**头**	**5544**	**3235**	**1942**	**1438**	**1137**	**801**	**299**	**144**	**291**	**327**	**302**	**336**	**164**
#乳牛	头	448	303	179	217	446	228	5	2	7	9			
年内出栏数	头	339	200	298	355	291	225	93	129	56	66	74	78	59
三、羊年末存栏	**万只**	**1.15**	**1.34**	**1.39**	**1.72**	**1.88**	**1.55**	**1.27**	**1.30**	**0.83**	**0.59**	**0.76**	**0.71**	**0.75**
年内出栏数	万只	0.89	1.13	1.18	1.52	1.95	1.72	1.37	1.23	0.82	0.66	0.43	0.50	0.46
四、家禽年末存栏	**万只**	**103.96**	**91.73**	**127.11**	**126.93**	**122.60**	**102.27**	**66.73**	**29.25**	**33.90**	**36.09**	**30.43**	**20.97**	**22.50**
年内出栏	万只	78.65	119.06	151.61	163.16	139.84	122.37	60.68	39.40	38.15	42.06	47.88	42.97	36.86
五、兔年末存栏	**万只**	**7.49**	**0.46**	**0.15**	**6.53**	**1.87**	**2.83**	**5.66**	**0.31**	**0.25**	**0.16**	**0.14**	**0.13**	**0.06**
年内出栏	万只	0.84	0.16	0.05	3.07	3.00	6.55	9.44	0.12	0.21	0.08	0.07	0.02	0.07
六、畜禽产品产量														
1.肉产量	吨	6207	10294	10699	12158	18646	22508	17365	6658	4261	4685	5566	9455	8412
#猪　肉	吨	4935	7953	7912	9019	15379	19118	15562	5557	3612	3593	4494	8293	7558
牛　肉	吨	30	42	42	61	47	50	17	35	7	10	14	13	12
羊　肉	吨	79	135	164	217	286	287	201	184	101	59	71	87	77
禽　肉	吨	1156	2163	2581	2814	2855	2952	1462	880	541	1023	987	1062	765
2.禽蛋产量	吨	4484	5503	8321	7208	8324	6599	4535	2462	1096	955	1059	713	672

3-11 茶叶、水果及食用坚果生产情况

指　　标	单位	2021 年	2022 年
一、茶叶产量	**吨**	**55**	**62**
二、园林水果产量	**吨**	**43168**	**36230**
（一）梨	吨	1753	1244
（二）柑橘类水果	吨	19012	14196
（三）其他水果	吨	22403	20791
1.桃	吨	3633	3211
2.猕猴桃	吨	178	152
3.葡萄	吨	4863	4011
4.柿子	吨	285	362
5.枇杷	吨	640	793
6.杨梅	吨	6526	5154
7.李子	吨	4128	5312
8.其他	吨	2150	1796
三、果用瓜产量	**吨**	**27703**	**26772**
四、年末实有茶园面积	**亩**	**5573**	**5182**
五、年末果园面积	**亩**	**58045**	**49661**
（一）梨园	亩	1684	1328
（二）柑橘园	亩	16707	14294
（三）桃园	亩	3271	2766
（四）猕猴桃园	亩	328	264
（五）葡萄园	亩	3381	2807
（六）柿子园	亩	428	420
（七）枇杷园	亩	1807	1680
（八）杨梅园	亩	23080	19134
（九）李子园	亩	4943	4816
（十）其他果园	亩	2416	2153
六、年末实有桑园面积	**亩**	**100**	**80**
七、果用瓜面积	**亩**	**18603**	**16549**

3-12 林业生产情况

指　　标	单位	1980年	1985年	1990年	1995年	2000年	2005年	2010年	2015年	2017年	2018年	2019年	2020年	2021年	2022年
一、造林面积	公顷	1497.5	513.4	165.5	496	807	579	162	139	106	52	84	593	238	122
用 材 林	公顷	1365.9	43.3	14.9	4										
经 济 林	公顷	77.2	263.1		292	652	24	7			10	8	54		
防 护 林	公顷	4.7	51.5	45.6	125	151	555	155	139	106	22	76	538	238	122
薪 炭 林	公顷	49.7		103.5	74										
其 他 林	公顷	116.4	155.5	1.5	1	4					20		1		
二、迹地更新面积	公顷	569.3	7.0	62.7	198	604									
三、年末封山育林面积	公顷	393.3	4994.7	8924.2	6233	3660	8756	12498	2539	1877	201				
四、四旁植树	万株	61.5	34.2	33.9	41.2	32.7	27.5	36.2	29.81	13.34	19.45	18.11	6.00	7.00	8.00
五、育苗面积	公顷	40.4	37.2	13.2	20	80	384	455	410	421	412		374	161	141
六、幼林抚育作业面积	公顷	4249.2	1426.8	2125.3	2017	3235	1406	2259		552	701	466	400	460	1017
七、有林地造林面积	公顷						2261	333	86						
八、低产林改造	公顷	2.2	4.0	3.9	23	449	193	358	38						
九、年末实有母树林面积	公顷	3.7	10.4	10.5		20	18	18							
十、年末实有种子园面积	公顷	1.0	6.3	2.7				18							
十一、木材采伐量	立方米	3577	2789	7175	9880	7679	45		400	1276	726	824	301	291	
十二、毛竹采伐量	万根	11.9	6.5	18.5	24.9	14.4	0.9								
十三、林木种子采集	吨	28.4	2.4				2								
十四、主要产品产量															
油 菜 籽	吨	17.4	19.4	7.7	2		6	3	3	2	1	3	2	3	2
棕　　片	吨	2.7	25.2	24.6	17	5									
竹 笋 干	吨	1207	82.1	69	62	38	92	46	40	18	36	38	32	12	
板　　栗	吨						43	27	12	3	1	1	1	1	
中 药 材	吨								1509	1895	1027				

3-13　历年农田水利基本情况

年份	水库年末实有数（座）	正常库容（万立方米）	总灌溉面积（千公顷）	水闸（座）	机电井（眼）	堤防长度（公里）	有效灌溉面积（千公顷）	除涝面积（千公顷）	治理水土流失面积（千公顷）
1980	163	7209	11.39	69	130	312	14.55	4.13	8.47
1985	169	8129	12.49	78	62	317	14.96	4.37	9.01
1990	161	8698	12.47	99	62	323	14.41	4.39	9.10
1995	181	10796	13.74	110	62	329	13.48	4.54	9.45
2000	197	12392	13.86	298	93	391	13.56	4.78	15.70
2005	199	12612	13.02	356	102	453	12.57	4.85	23.46
2010	210	14252	13.30	523	102	492	12.85	5.35	31.06
2011	211	14252	13.98	529	105	494	13.71	5.35	32.12
2012	210	14634	14.20	529	105	506	13.93	5.45	32.30
2013	214		12.36	816	18	779	10.62	5.97	54.48
2014	209		15.37	815	18	699	15.07	6.17	54.23
2015	209	14137	15.41	815	18	695	15.12	6.20	55.24
2016	209	14110	15.49	815	18	949	15.22	6.20	56.24
2017	209	14126	15.58	832	18	939	15.58	6.20	56.24
2018	208	14087	15.63	832	17	939	15.63	6.20	56.57
2019	209	14107	14.83	834	17	941	14.83	6.20	56.81
2020	209	14116	14.83	832	18	941	14.83	6.20	57.22
2021	209	14129	14.83	834	18	941	14.83	6.20	58.42
2022	209	15142	14.84	840	18	941	14.83	6.23	58.59

3-14 分县(区)农田水利基本情况

(2022 年)

指标	单位	市本级	定海区	普陀区	岱山县	嵊泗县
一、有效灌溉面积	**千公顷**		**6.38**	**6.042**	**2.38**	**0.03**
二、除涝面积	**千公顷**		**3.40**	**2.13**	**0.70**	
三、治理水土流失面积	**千公顷**		**24.01**	**17.10**	**13.31**	**4.00**
四、堤防长度	**公里**		**346.90**	**456.40**	**123.70**	**13.79**
五、已建成水库	**座**		**89**	**55**	**58**	**7**
六、水闸	**座**		**316**	**295**	**217**	**6**
七、机电井	**眼**		**2**		**7**	**9**
八、水利工程年供水量	**万立方米**		**7228**	**5822**	**12560**	**503**
1.农业供水	万立方米		805	601	796	5
2.工业供水	万立方米		2473	1859	10459	24
3.城乡生活供水	万立方米		3950	3362	1305	474
九、本年水利总投入	**万元**	**43994**	**96537**	**44536**	**72645**	**53247**
1.中央	万元		836	1898	469	85
2.省级	万元	3607	17633	18508	14010	13180
3.市、县区	万元	7426	65068	24130	17372	39982
4.其他	万元	32961	13000		40794	

主要统计指标解释

农林牧渔业总产值 指以货币表现的农林牧渔业全部产品产量。它用价值量形式综合反映一定时期(通常一年)农林牧渔业生产的总成果和总规模。

农、林、牧、渔业的统计范围是:

①农业:包括种植业和其他农业。

种植业包括粮食、油料、棉花、麻类、糖料、烟叶、药材、蔬菜、瓜类、饲料作物和茶、桑、果等的生产。

其他农业包括野生植物的果实、纤维、油料以及野生药材、菌类、柴草等采集,以及农民家庭兼营手工业商品部分。

②林业:包括人工植树造林,森林抚育、迹地更新,村及村以下竹、木材采伐,油桐籽、油茶籽、核桃等林品的采集。

③牧业:包括猪、牛、羊等饲养和放牧业,鸡、鸭、鹅等家禽养殖业以及兔、蚕、蜂等小动物饲养,野生动物的狩猎、诱捕、猎物饲养、野生动物产品的采集。

④渔业:包括利用海水进行鱼、虾、贝、藻类等水生动、植物的养殖和对海洋水生动、植物的捕捞,内陆水域进行鱼、虾、蟹、贝类、珍珠等水生动物的养殖和捕捞。

农业总产值的计算方法,一般采用“产品法”进行计算,即凡是有产品产量的,都按产品产量乘以其产品单价求得一种农产品的产值,然后将四业产品的产值相加求得。

1957年以前的农业总产值中包括了厩肥和农民自给性手工业(如农民自制衣服、鞋、袜,自己从事粮食初步加工等)。1958年及以后的农业总产值,林业增加了村及村以下竹林采伐产值;牧业中取消了厩肥产值;副业中取消了农民自制性手工业产值,增加了村及村以下办的工业产值;渔业中增加了机械化补鱼产值。1980年以后的农业总产值,在副业中增加了农民商品性家庭手工业的产值。从1958年起村及村以下办工业产值划归工业。1993年取消副业产值,将副业产值中的采集野生植物和农民家庭兼营工业产值划入农业产值中的其他农业,捕猎野兽、野禽产值划入牧业产值统计,并对1993年以前的农业总产值数字均按此口径作调整。2010年开始将农业中采集野生植物调整到林业中,将林业中坚果生产调整到种植业中。

粮食产量 指全社会的产量。包括国有农场等全民所有制经营的产量、集体统一经营的和农民家庭经营的产量,还包括工矿企业家属办的农场和其他生产单位的产量。粮食除包括稻谷、小麦、大麦、玉米、高粱、谷子及其他杂粮外,还包括薯类和大豆。其产量计量方法,豆类按去豆荚后的豆干计算,薯类按5公斤鲜薯折1公斤粮食计算。其他粮食一律按脱粒后的原粮计算。

造林面积 指本年度内在荒山、荒地、沙地沙丘等一切可以造林的土地上,采用人工播种、植苗、飞机播种等方法,新植的成片乔木林和灌木林,经过检查验收,符合“造林技术规程”要求的株数,成活率达85%以上(1986年以前成活率按40%以上计算)的面积。四旁植树在四行以上,连续面积在一亩以上,应统计在造林面积内,但不包括补植面积,重造面积、迹地更新面积、低产林改造面积和零星植树折算面积。

迹地更新面积 指在采伐或火灾毁损后的林地上进行人工更新或人工促进天然更新的面积,不包括天然更新面积。

肥猪出栏头数 指年内农村合作经济组织、农民、国有农场、机关、团体、工矿企业、部队等单位以及城镇居民饲养的,供屠宰并已出栏的全部肉猪头数,包括交售给国家、集市上出售和农民自食的部分。

猪、牛、羊肉产量 指当年出栏中已屠宰的猪、牛、羊的肉产量。即屠宰后除去头蹄下水后带骨的(即胴体中)重量。

有效灌溉面积 指具有一定的水源、地块比较平整、灌溉工程或设备已经配套,在一般年景下当年能够进行正常灌溉的耕地面积。

农业机械总动力 指主要用于农、林、牧、渔业的耕作机械、排灌机械、收获机械、农产品加工机械、运输机械、植保机械、林业机械、渔业机械和其他农业机械等各种动力机械的动力总和。电动机械功率按千瓦计算,内燃机功率按引擎马力折成千瓦计算。

四、工业、能源

4-1 规模以上工业企业单位数、总产值和增加值

（2022 年）

行　业	企业单位（个）	工业总产值（万元）	工业增加值（万元）
总　计	464	33501220	6178832
按登记注册类型分			
内资企业	438	31236842	5695165
国有企业	4	544960	175407
集体企业	1	7095	797
股份合作企业	1	3929	223
有限责任公司	77	26180899	4616471
股份有限公司	9	333733	79032
私营企业	346	4166227	823235
港、澳、台商投资公司	8	1369339	251371
外商投资企业公司	18	895039	232296
按轻重工业分			
轻工业	150	2275655	224047
重工业	314	31225565	5954784
按规模分			
大型企业	6	24173803	4293843
中型企业	47	4284381	926564
小型企业	373	4828348	839514
微型企业	38	214689	118911
按工业行业分			
采矿业	**8**	**319659**	**108555**
非金属矿采选业	8	319659	108555
制造业	**431**	**32101855**	**5649697**
农副食品加工业	115	1997250	165480
# 水产品加工	107	1146592	144168

4-1 续表

行　　业	企业单位数（个）	工业总产值（万元）	工业增加值（万元）
食品制造业	4	22407	6262
酒、饮料和精制茶制造业	1	6012	2517
纺织业	3	53002	10094
纺织服装、服饰业	3	9549	2297
家具制造业	1	1188	403
造纸和纸制品业	5	74617	3452
印刷和记录媒介复制业	1	3232	1141
文教、工美、体育和娱乐用品制造业	2	6383	1698
石油、煤炭及其他燃料加工业	14	24749160	4318127
化学原料和化学制品制造业	3	33158	14793
医药制造业	3	21310	2199
化学纤维制造业	8	27921	10757
橡胶和塑料制品业	45	423553	55852
非金属矿物制品业	2	11867	1190
有色金属冶炼和压延加工业	1	2888	411
金属制品业	20	581417	43881
通用设备制造业	21	289748	71743
专用设备制造业	53	577806	187201
汽车制造业	14	290987	95267
铁路、船舶、航空航天和其他运输设备制造业	28	1423133	203995
# 金属船舶制造	16	13200112	190618
电气机械和器材制造业	18	173917	50112
计算机、通信和其他电子设备制造业	8	47105	13023
仪器仪表制造业	8	27340	7625
废弃资源综合利用业	2	11841	6570
金属制品、机械和设备修理业	48	1235068	373609
电力、热力、燃气及水生产和供应业	**25**	**1079707**	**420580**
电力、热力生产和供应业	15	861456	292555
燃气生产和供应业	6	159073	102800
水的生产和供应业	4	59178	25225

4-2 分县(区)规模以上工业企业单位数和总产值

（2022年）

分　类	全　市	定海区	普陀区	岱山县	嵊泗县
工业企业单位数(个)	**464**	**231**	**151**	**69**	**13**
#大中型工业企业	53	22	19	12	
按登记注册类型分组					
国有企业	4	2	1		1
有限责任公司	77	45	15	15	2
股份有限公司	9	6	2	1	
私营企业	346	168	124	44	10
外商及港、澳、台商投资公司	26	10	8	8	
其他	2		1	1	
按轻重工业分					
轻工业	150	54	82	9	5
重工业	314	177	69	60	8
工业总产值(万元)	**33501220**	**5727755**	**2707928**	**24953555**	**111982**
#大中型工业企业	28458184	2799509	1565125	24093550	
按登记注册类型分组					
国有企业	544960	199039	317901		28020
有限责任公司	26180899	1757322	709366	23672076	42135
股份有限公司	333733	150753	171919	11061	
私营企业	4166227	2009589	1348887	765924	41828
外商及港、澳、台商投资公司	2264377	1611053	155927	497398	
其他	11024		3928	7096	
按轻重工业分					
轻工业	2275655	1301131	879923	81195	13406
重工业	31225565	4426624	1828005	24872359	98577

4-3 大、中、小、微型规模以上工业

类 别	企业亏损面(%)	每百元固定资产原值实现产值	每百元固定资产原值实现利税	每百元工业总产值实现利税
1995 年				
全部工业企业	33.29	147.58	10.85	6.61
大型企业		168.26	16.98	8.85
中型企业	26.30	108.36	11.78	10.74
小型企业	34.00	176.53	8.36	4.08
2000 年				
全部工业企业	15.46	121.26	11.66	9.62
大型企业	16.67	144.26	14.87	13.31
中型企业	16.67	72.83	7.34	10.08
小型企业	15.34	157.71	14.50	9.14
2005 年				
全部工业企业	17.19	276.7	13.85	5.00
大型企业		243.8	15.39	6.31
中型企业	6.45	173.0	12.41	7.17
小型企业	18.23	446.1	15.15	3.40
2010 年				
全部工业企业	18.36	260.84	17.49	6.70
大型企业		305.48	16.79	5.50
中型企业	14.58	215.08	18.15	8.44
小型企业	18.81	337.04	16.42	4.87
2014 年				
全部工业企业	27.99	211.10	3.55	1.68
大型企业	25.00	217.76	-6.87	-3.16
中型企业	22.03	224.58	8.27	3.68
小型企业	28.86	294.89	4.82	1.63
微型企业	32.14	39.10	2.91	7.44
2015 年				
全部工业企业	26.67	231.87	4.86	2.10
大型企业	30.00	265.06	-2.99	-1.13
中型企业	20.97	241.85	9.44	3.91
小型企业	27.18	285.93	4.25	1.49
微型企业	35.00	74.71	5.94	7.95
2016 年				
全部工业企业	23.47	244.08	6.75	2.76
大型企业	22.22	248.29	-0.96	-0.39
中型企业	25.86	267.27	11.18	4.18
小型企业	22.34	329.47	7.03	2.13
微型企业	30.77	49.39	5.23	10.59
2017 年				
全部工业企业	23.08	128.35	5.20	4.05
大型企业	50.00	123.48	-7.16	-5.80
中型企业	17.65	84.43	7.32	8.67
小型企业	21.85	241.04	10.53	4.37
微型企业	41.67	209.00	5.59	2.67
2018 年				
全部工业企业	24.36	93.78	3.69	3.93
大型企业	33.33	54.41	-6.43	-11.82
中型企业	19.05	84.05	5.21	6.20
小型企业	23.43	125.76	6.86	5.45
微型企业	47.37	78.30	3.90	4.98
2019 年				
全部工业企业	23.40	112.01	4.90	4.37
大型企业	50.00	123.73	3.57	2.88
中型企业	18.37	78.12	1.57	2.02
小型企业	23.00	165.83	12.31	7.42
微型企业	33.33	119.90	4.96	4.14
2020 年				
全部工业企业	28.39	102.97	13.76	14.17
大型企业	-	99.69	20.45	20.38
中型企业	21.74	141.09	3.82	5.40
小型企业	27.42	67.91	11.76	7.99
微型企业	53.33	327.03	5.30	17.33
2021 年				
全部工业企业	27.53	120.46	22.86	18.98
大型企业		140.85	36.37	25.82
中型企业	15.56	76.57	3.94	5.14
小型企业	29.59	130.46	10.22	7.84
微型企业	28.57	43.05	5.19	12.05
2022 年				
全部工业企业	26.51	107.23	11.59	10.81
大型企业		111.79	13.18	11.79
中型企业	14.89	87.71	6.90	7.87
小型企业	27.61	132.25	9.99	7.56
微型企业	34.21	19.84	6.50	32.75

注:2018 年及以前"每百元营业收入实现利税"为"每百元主营业务收入实现利税","每百元营业成本实现利税"为"每百元主营业务成本实现利税",下同。

企业主要经济效益指标比较

单位:元

每百元营业收　入实现利税	每百元营业成　本实现利税	平均每一个职　工实现利税	平均每一个职工占有固定资产原值
6.58	8.03	4124	38000
6.97	8.46	6303	37146
9.15	11.24	7438	63103
4.77	5.80	2372	28381
7.80	8.99	13711	117556
8.13	9.57	14419	96964
5.12	5.83	11825	161041
10.13	11.87	15543	100295
5.55	6.35	18816	135875
6.21	7.17	14263	225976
7.21	8.37	31393	437561
4.16	4.69	14337	94621
7.48	8.47	63974	365799
6.18	7.10	65044	387448
9.02	10.22	146366	806535
5.77	6.46	26892	163739
2.26	2.43	29875	841696
-3.75	-3.85	-53910	784459
5.32	5.80	69531	840530
2.19	2.38	26359	547380
9.24	11.07	313367	10774001
2.86	3.08	38766	797707
-1.72	-1.78	-23212	776231
5.12	5.53	65689	695539
2.00	2.16	25446	598473
9.83	12.13	631005	10625428
3.75	4.09	64617	957733
-0.62	-0.67	-8810	915901
5.36	5.82	102813	919390
2.89	3.15	45734	650346
12.21	15.25	469007	8964822
4.23	4.48	52976	1019539
-5.83	-6.12	-84696	1182939
7.99	8.25	106716	1458420
5.25	5.79	54128	513889
3.20	3.20	112213	2008327
4.02	4.56	42449	1151483
-14.75	-15.39	-93154	1448402
6.48	7.40	71101	1364084
5.31	6.09	60101	876742
3.96	4.83	87650	2248637
4.65	5.37	51121	1044194
6.24	7.46	55626	1559162
1.92	2.15	19945	1266539
6.51	7.64	79580	646663
3.90	4.53	53945	1087221
14.25	18.32	294195	2137287
23.12	32.75	1268912	6206466
4.92	5.76	66741	1744893
7.00	8.36	88784	754785
12.05	16.39	242873	4582550
19.74	26.97	558577	2442974
30.04	47.10	1911063	5254857
4.62	5.31	79274	2013645
6.71	7.85	102011	997982
10.57	13.73	323946	6246493
10.63	12.36	446417	3850725
11.96	13.89	1487811	11290068
7.53	8.80	134010	1941640
6.71	7.73	100873	1009579
22.08	30.66	1068468	16442684

4-4　按登记注册类型分的规模以上工业企业主要财务指标

（2022 年）　　单位:万元

指标	总计	国有企业	集体企业	股份合作企业	有限责任公司	股份有限公司	私营企业	外商及港、澳、台商投资公司
企业单位数（个）	464	4	1	1	77	9	346	26
亏损企业	123				26	2	90	5
工业总产值（当年价格）	33501220	544960	7095	3929	26180899	333733	4166227	2264378
#新产品产值	25094791	138067	1095	196	23677792	124051	981216	172375
资产总计	48588225	1473321	3992	3012	35455395	3060665	5919395	2672445
#流动资产合计	16867587	814678	3992	2881	9203386	2156521	3565895	1120234
固定资产原价	31241320	928164		463	24817162	933950	2500062	2061521
累计折旧	5650323	258484		331	3045585	443528	993586	908810
负债合计	34722441	999584	3111	1058	24539319	3816188	3964440	1398741
所有者权益合计	13865783	473737	881	1955	10916076	-755523	1954953	1273704
实收资本	10012758	323181	500	218	7228643	783496	856057	820664
营业收入	34061715	576253	7095	3964	26394143	439677	4355561	2285022
营业成本	29293117	464978	6389	3751	22872640	367443	3644126	1933791
销售费用	175734	7678		42	52072	9026	98139	8777
管理费用	471080	30366	367	208	107152	44176	222071	66740
研发费用	799325	15198		22	659821	13782	84043	26460
财务费用	658516	1318	1	17	557309	7042	79629	13199
利润总额	856689	35661	270	16	513982	-114138	232165	188734
利税总额	3621826	43532	581	128	3004912	-103413	328540	347546
银行贷款余额	17955286	306140		300	16356891	75011	840286	376659
应付职工薪酬	1091969	78614	204	175	461591	48284	388591	114511

4-5 规模以上工业企业主要财务指标

（2022年）

单位：万元

指标名称	企业单位数（个）	工业总产值（当年价格）	资产总计	流动资产合计	其中：应收账款	固定资产原价
总　　计	**464**	**33501220**	**48588225**	**16867587**	**2026633**	**31241320**
轻工业	150	2275655	2733844	1736238	207647	805491
重工业	314	31225565	45854381	15131349	1818985	30435828
采矿业	**8**	**319659**	**883729**	**419521**	**20249**	**204679**
非金属矿采选业	8	319659	883729	419521	20249	204679
制造业	**431**	**32101855**	**43330910**	**15665489**	**1741458**	**26915100**
农副食品加工业	115	1997250	2413031	1574129	165091	609985
#水产品加工	107	1146592	1378065	840719	117229	471329
食品制造业	4	22407	75163	29895	5899	47851
酒、饮料和精制茶制造业	1	6012	8907	4975		6194
纺织业	3	53002	46246	27024	5111	24368
纺织服装、服饰业	3	9549	8851	8187	2580	2033
家具制造业	1	1188	1108	462	114	1066
造纸和纸制品业	5	74617	68858	33090	9037	35838
印刷和记录媒介复制业	1	3232	4941	2368	726	3969
文教、工美、体育和娱乐用品制造业	2	6383	3553	2438	81	3338
石油、煤炭及其他燃料加工业	14	24749160	29479483	7235782	142493	21196589
化学原料和化学制品制造业	3	33158	31513	16346	3980	20525
医药制造业	3	21310	17405	13468	887	12897
化学纤维制造业	8	27921	40982	28462	9676	22217
橡胶和塑料制品业	45	423553	610727	408626	262445	192483
非金属矿物制品业	2	11867	7416	6440	5635	1412
有色金属冶炼和压延加工业	1	2888	2683	2388	858	384
金属制品业	20	581417	501741	311943	146853	176565
通用设备制造业	21	289748	463898	316193	77691	127846
专用设备制造业	53	577806	1409038	659574	153365	612738
汽车制造业	14	290987	462343	306878	144977	156615
铁路、船舶、航空航天和其他运输设备制造业	28	1423133	5147518	3311162	228597	2416707
#金属船舶制造	16	1320011	4819135	3170074	181672	2254445
电气机械和器材制造业	18	173917	203389	132798	58772	62623
计算机、通信和其他电子设备制造业	8	47105	93071	41637	12346	36733
仪器仪表制造业	8	27340	37711	30903	9804	8199
废弃资源综合利用业	2	11841	53608	17168	8470	24514
金属制品、机械和设备修理业	48	1235068	2137729	1143153	285971	1111413
电力、热力、燃气及水生产和供应业	**25**	**1079707**	**4373586**	**782577**	**264925**	**4121541**
电力、热力生产和供应业	15	861456	3298151	607566	251171	3251505
燃气生产和供应业	6	159073	747307	120720	8822	567752
水的生产和供应业	4	59178	328129	54291	4933	302284

单位:万元

指标名称	累计折旧	负债合计	流动负债合计	所有者权益合计	实收资本	销售费用
总　　计	**5650323**	**34722441**	**18672713**	**13865783**	**10012758**	**175734**
轻工业	310454	1980560	1795006	753285	557546	40989
重工业	5339869	32741881	16877707	13112498	9455213	134745
采矿业	**72691**	**658707**	**267325**	**225022**	**160213**	**6804**
非金属矿采选业	72691	658707	267325	225022	160213	6804
制造业	**4483662**	**31299012**	**17743214**	**12031898**	**8780325**	**152060**
农副食品加工业	228936	1802887	1630027	610144	466960	29212
#水产品加工	172202	891731	737385	486334	279950	26478
食品制造业	14315	23929	19116	51234	28667	2983
酒、饮料和精制茶制造业	3416	4855	4855	4052	500	210
纺织业	13154	38348	37615	7898	3920	608
纺织服装、服饰业	1535	7346	7254	1505	1085	97
家具制造业	783	784	784	324	500	
造纸和纸制品业	8142	48382	43086	20476	28698	1792
印刷和记录媒介复制业	2242	2764	2764	2176	550	133
文教、工美、体育和娱乐用品制造业	2238	2299	2299	1254	682	400
石油、煤炭及其他燃料加工业	2077429	20075506	7728505	9403977	5794148	17270
化学原料和化学制品制造业	9056	12464	11075	19049	6200	4667
医药制造业	9773	8106	8106	9299	1650	170
化学纤维制造业	12572	14910	13760	26072	3954	545
橡胶和塑料制品业	100681	451239	426300	159488	101211	15743
非金属矿物制品业	436	7303	7303	113	192	93
有色金属冶炼和压延加工业	39	132	132	2551	250	72
金属制品业	36550	357393	335797	144348	132398	5999
通用设备制造业	61666	216757	198093	247140	50016	12190
专用设备制造业	213372	873455	709963	535583	244350	14751
汽车制造业	63715	121044	110551	341299	41793	12362
铁路、船舶、航空航天和其他运输设备制造业	1071259	5670922	4965642	-523404	1333771	9201
#金属船舶制造	1029493	5430794	4726025	-611659	1248800	7625
电气机械和器材制造业	26808	97748	96090	105640	39146	4287
计算机、通信和其他电子设备制造业	9519	52983	34230	40088	23053	1123
仪器仪表制造业	3136	21618	21618	16092	7219	1225
废弃资源综合利用业	7217	32571	26175	21037	21630	407
金属制品、机械和设备修理业	505675	1353266	1302075	784463	447781	16521
电力、热力、燃气及水生产和供应业	**1093970**	**2764723**	**662174**	**1608864**	**1072221**	**16871**
电力、热力生产和供应业	893890	2261068	482135	1037084	760559	
燃气生产和供应业	91386	308894	80466	438413	227761	3019
水的生产和供应业	108694	194762	99573	133367	83900	13851

4–5 续表 2

单位:万元

指标名称	管理费用	营业收入	营业成本	税金及附加	利润总额	利税总额
总　　计	**471080**	**34061715**	**29293117**	**2005713**	**856689**	**3621826**
轻工业	64911	2679447	2491386	8063	33979	62183
重工业	406168	31382269	26801731	1997650	822710	3559643
采矿业	**20284**	**341947**	**194806**	**11374**	**53297**	**75169**
非金属矿采选业	20284	341947	194806	11374	53297	75169
制造业	**429133**	**32421598**	**28034343**	**1987141**	**671171**	**3367932**
农副食品加工业	50662	2376704	2234144	5674	25776	40939
#水产品加工	45230	1293165	1175706	4483	20726	32698
食品制造业	1630	31136	23680	315	533	1899
酒、饮料和精制茶制造业	1271	6622	4203	501	291	1114
纺织业	1802	54731	49136	280	1690	2788
纺织服装、服饰业	546	9796	8972	28	–116	210
家具制造业	84	1201	1064	14	24	125
造纸和纸制品业	2806	75599	72400	363	–4307	–849
印刷和记录媒介复制业	406	4138	3106	28	224	448
文教、工美、体育和娱乐用品制造业	392	6482	5435	32	98	367
石油、煤炭及其他燃料加工业	45051	24333997	20964125	1941370	445348	3002673
化学原料和化学制品制造业	2317	32044	16758	351	6516	8834
医药制造业	724	30832	29679	100	732	1123
化学纤维制造业	3205	29535	22285	282	2461	4135
橡胶和塑料制品业	18806	443899	394448	2447	–1988	18308
非金属矿物制品业	481	11495	10431	15	180	510
有色金属冶炼和压延加工业	101	2888	2491	42	129	256
金属制品业	12145	663038	620640	1814	10809	17309
通用设备制造业	18663	321415	259832	1594	26589	36489
专用设备制造业	39568	660607	526443	5830	45029	68369
汽车制造业	14915	300922	222134	1595	46764	53572
铁路、船舶、航空航天和其他运输设备制造业	83270	1423995	1258363	13472	–79590	–70867
#金属船舶制造	77004	1321132	1164476	12009	–80020	–73710
电气机械和器材制造业	15189	202510	160906	779	16067	22107
计算机、通信和其他电子设备制造业	4589	50919	37317	177	4381	5378
仪器仪表制造业	2292	28414	20981	133	2290	3631
废弃资源综合利用业	1275	45937	40396	331	4008	5981
金属制品、机械和设备修理业	106947	1272741	1044976	9575	117232	143085
电力、热力、燃气及水生产和供应业	**21663**	**1298171**	**1063968**	**7197**	**132222**	**178726**
电力、热力生产和供应业	9185	1014503	873527	5294	62760	87353
燃气生产和供应业	6457	216191	142355	739	50366	69365
水的生产和供应业	6021	67477	48085	1164	19095	22008

4-6 规模以上工业企业主要经济效益指标

（2022 年）

行　　业	成本费用利润率(%)	每百元固定资产原值实现利税(元)	每百元营业收入实现利税(元)	总资产贡献率(%)	新产品产值率(%)
总　　计	**2.73**	**11.59**	**10.63**	**8.47**	**74.91**
轻工业	1.28	7.72	2.32	3.21	6.92
重工业	2.86	11.70	11.34	8.79	79.86
采矿业	**19.26**	**36.73**	**21.98**	**13.90**	**0.14**
非金属矿采选业	19.26	36.73	21.98	13.90	0.14
制造业	**2.24**	**12.51**	**10.39**	**8.67**	**77.85**
农副食品加工业	1.09	6.71	1.72	2.60	3.68
#水产品加工	1.61	6.94	2.53	3.84	6.04
食品制造业	1.73	3.97	6.10	3.26	23.84
酒、饮料和精制茶制造业	4.95	17.99	16.82	14.55	
纺织业	3.20	11.44	5.09	7.56	6.28
纺织服装、服饰业	-1.20	10.33	2.14	2.49	
家具制造业	2.09	11.72	10.41	12.39	
造纸和纸制品业	-5.31	-2.37	-1.12	0.35	70.24
印刷和记录媒介复制业	5.69	11.28	10.82	10.58	
文教、工美、体育和娱乐用品制造业	1.53	10.99	5.66	10.68	21.89
石油、煤炭及其他燃料加工业	2.01	14.17	12.34	11.30	94.73
化学原料和化学制品制造业	25.47	43.04	27.57	28.77	1.31
医药制造业	2.37	8.71	3.64	6.59	15.75
化学纤维制造业	9.04	18.61	14.00	10.87	14.88
橡胶和塑料制品业	-0.45	9.51	4.12	4.44	8.41
非金属矿物制品业	1.59	36.10	4.43	8.37	
有色金属冶炼和压延加工业	4.67	66.74	8.87	12.46	
金属制品业	1.66	9.80	2.61	3.88	6.33
通用设备制造业	8.68	28.54	11.35	8.30	32.14
专用设备制造业	7.29	11.16	10.35	5.28	56.94
汽车制造业	18.19	34.21	17.80	11.86	32.43
铁路、船舶、航空航天和其他运输设备制造业	-5.71	-2.93	-4.98	-1.26	42.94
#金属船舶制造	-6.21	-3.27	-5.58	-1.42	41.99
电气机械和器材制造业	8.57	35.30	10.92	11.46	40.37
计算机、通信和其他电子设备制造业	9.13	14.64	10.56	6.84	38.03
仪器仪表制造业	8.65	44.28	12.78	10.39	46.78
废弃资源综合利用业	9.29	24.40	13.02	11.75	
金属制品、机械和设备修理业	9.93	12.87	11.24	7.04	8.12
电力、热力、燃气及水生产和供应业	**11.04**	**4.34**	**13.77**	**5.40**	**9.62**
电力、热力生产和供应业	6.54	2.69	8.61	4.02	0.68
燃气生产和供应业	30.07	12.22	32.08	10.80	61.63
水的生产和供应业	27.02	7.28	32.62	6.99	

4-7 规模以上国有控股工业企业主要财务指标

（2022 年）

单位：万元

行　　业	企业单位数（个）	工业总产值（当年价格）	资产总计	流动资产合计	其中：应收账款	固定资产原价
总　　计	**34**	**3326867**	**6190633**	**2038409**	**491464**	**4870296**
轻工业	9	236240	528927	212506	22608	215933
重工业	25	3090627	5661706	1825903	468856	4654363
采矿业	**1**	**141379**	**358535**	**30497**	**1371**	**90973**
非金属矿采选业	1	141379	358535	30497	1371	90973
制造业	**18**	**2256269**	**2217795**	**1308808**	**241878**	**1334015**
农副食品加工业	7	220574	478890	196724	18625	180451
#水产品加工	7	220574	478890	196724	18625	180451
食品制造业	2	15666	50037	15783	3983	35482
石油、煤炭及其他燃料加工业	1	1255175	350342	229705	61890	365216
非金属矿物制品业	2	13235	20792	14698	12809	1917
金属制品业	2	141998	219467	102975	73520	96474
通用设备制造业	1	82799	148336	120108	27153	27821
铁路、船舶、航空航天和其他运输设备制造业	1	317901	383578	198183	19283	415970
#金属船舶制造	1	317901	383578	198183	19283	415970
金属制品、机械和设备修理业	2	208922	566353	430633	24614	210684
电力、热力、燃气及水生产和供应业	**15**	**929218**	**3614303**	**699104**	**248216**	**3445309**
电力、热力生产和供应业	8	820711	3155006	576329	239575	3074768
燃气生产和供应业	3	49330	131168	68484	3709	68257
水的生产和供应业	4	59178	328129	54291	4933	302284

4-7 续表 1　　　　单位:万元

指标名称	累计折旧	负债合计	流动负债合计	所有者权益合计	实收资本	销售费用
总　　计	**1591640**	**4084390**	**1843366**	**2106244**	**1537225**	**34098**
轻工业	53552	269379	164402	259549	129637	7651
重工业	1538088	3815011	1678964	1846695	1407589	26447
采矿业	**19850**	**243702**	**32521**	**114833**	**79733**	**498**
非金属矿采选业	19850	243702	32521	114833	79733	498
制造业	**628325**	**1387406**	**1213570**	**830390**	**657346**	**17046**
农副食品加工业	43290	264352	159954	214539	104637	6567
# 水产品加工	43290	264352	159954	214539	104637	6567
食品制造业	10262	5027	4448	45010	25000	1084
石油、煤炭及其他燃料加工业	272850	174626	152086	175717	75850	692
非金属矿物制品业	489	18088	15235	2705	2950	127
金属制品业	10134	168549	167213	50918	48550	52
通用设备制造业	15709	26624	26446	121712	15000	4167
铁路、船舶、航空航天和其他运输设备制造业	219392	285227	259121	98351	280000	3511
# 金属船舶制造	219392	285227	259121	98351	280000	3511
金属制品、机械和设备修理业	56199	444914	429067	121439	105359	846
电力、热力、燃气及水生产和供应业	**943464**	**2453282**	**597275**	**1161021**	**800146**	**16554**
电力、热力生产和供应业	811474	2216274	471046	938732	706659	
燃气生产和供应业	23296	42246	26656	88922	9587	2703
水的生产和供应业	108694	194762	99573	133367	83900	13851

4-7 续表 2

单位:万元

指标名称	管理费用	营业收入	营业成本	税金及附加	利润总额	利税总额
总　　计	**74060**	**3626284**	**3126380**	**126052**	**170470**	**348107**
轻工业	15584	345341	312465	2058	1210	5214
重工业	58476	3280944	2813915	123995	169260	342894
采矿业	**2238**	**143248**	**83556**	**5014**	**37412**	**47075**
非金属矿采选业	2238	143248	83556	5014	37412	47075
制造业	**56605**	**2359983**	**2070144**	**115232**	**59684**	**204043**
农副食品加工业	14638	325390	297355	1846	-550	2702
# 水产品加工	14638	325390	297355	1846	-550	2702
食品制造业	946	19951	15110	212	1760	2512
石油、煤炭及其他燃料加工业	4533	1240072	1084488	106401	36849	166156
非金属矿物制品业	526	14413	13605	41	-298	136
金属制品业	3497	147993	138621	755	2518	4329
通用设备制造业	5276	90077	70579	228	6786	9297
铁路、船舶、航空航天和其他运输设备制造业	10153	306153	262660	4216	2779	7067
# 金属船舶制造	10153	306153	262660	4216	2779	7067
金属制品、机械和设备修理业	17036	215933	187726	1533	9841	11846
电力、热力、燃气及水生产和供应业	**15217**	**1123054**	**972680**	**5806**	**73374**	**96989**
电力、热力生产和供应业	7879	959080	833629	4466	51849	72188
燃气生产和供应业	1317	96498	90966	176	2430	2793
水的生产和供应业	6021	67477	48085	1164	19095	22008

4-8 规模以上国有控股工业企业主要经济效益指标

（2022 年）

行　业	成本费用利润率(%)	每百元固定资产原值实现利税(元)	每百元营业收入实现利税(元)	总资产贡献率(%)	新产品产值率(%)
总　计	**5.08**	**7.15**	**9.60**	**6.60**	**6.02**
轻工业	0.34	2.41	1.51	2.09	19.28
重工业	5.63	7.37	10.45	7.02	5.01
采矿业	**37.10**	**51.75**	**32.86**	**15.76**	**0.31**
非金属矿采选业	37.10	51.75	32.86	15.76	0.31
制造业	**2.75**	**15.30**	**8.65**	**9.51**	**8.86**
农副食品加工业	-0.17	1.50	0.83	1.78	18.90
# 水产品加工	-0.17	1.50	0.83	1.78	18.90
食品制造业	9.56	7.08	12.59	5.02	24.62
石油、煤炭及其他燃料加工业	3.38	45.50	13.40	48.13	
非金属矿物制品业	-2.06	7.08	0.94	0.61	
金属制品业	1.73	4.49	2.92	1.96	4.72
通用设备制造业	8.12	33.41	10.32	5.83	35.63
铁路、船舶、航空航天和其他运输设备制造业	0.98	1.70	2.31	1.88	29.95
# 金属船舶制造	0.98	1.70	2.31	1.88	29.95
金属制品、机械和设备修理业	4.79	5.62	5.49	1.94	11.00
电力、热力、燃气及水生产和供应业	**6.79**	**2.82**	**8.64**	**3.91**	
电力、热力生产和供应业	5.67	2.35	7.53	3.66	
燃气生产和供应业	2.54	4.09	2.89	2.28	
水的生产和供应业	27.02	7.28	32.62	6.99	

4-9　规模以上私营工业企业主要财务指标

（2022年）　　　　单位：万元

指标名称	企业单位数（个）	工业总产值（当年价格）	资产总计	流动资产合计	其中：应收账款	固定资产原价
总　　计	**346**	**4166227**	**5919395**	**3565895**	**1062569**	**2500062**
轻工业	116	993238	985410	662480	106895	387244
重工业	230	3172989	4933986	2903415	955674	2112818
采矿业	**6**	**159184**	**503100**	**377699**	**17288**	**92592**
非金属矿采选业	6	159184	503100	377699	17288	92592
制造业	**335**	**3976794**	**5297011**	**3162947**	**1034141**	**2272591**
农副食品加工业	90	845097	821803	570149	77717	285361
#水产品加工	85	732094	734707	521537	74186	247451
食品制造业	1	4499	12553	5540	1849	8894
纺织业	3	53002	46246	27024	5111	24368
纺织服装、服饰业	2	5688	5520	5352	1622	688
家具制造业	1	1188	1108	462	114	1066
造纸和纸制品业	3	7040	12984	9945	3338	3860
印刷和记录媒介复制业	1	3232	4941	2368	726	3969
文教、工美、体育和娱乐用品制造业	2	6383	3553	2438	81	3338
化学原料和化学制品制造业	9	53887	72964	41355	19118	44187
医药制造业	2	7797	10003	6709	1517	5587
化学纤维制造业	2	11764	12429	8638	678	12686
橡胶和塑料制品业	8	27921	40982	28462	9676	22217
非金属矿物制品业	32	321639	405196	317386	213482	136812
黑色金属冶炼和压延加工业	1	8903	4845	3870	3090	1412
有色金属冶炼和压延加工业	1	2888	2683	2388	858	384
金属制品业	15	384117	186230	120934	38158	71491
通用设备制造业	17	152962	226682	161243	43219	70559
专用设备制造业	47	380941	571674	388486	91752	229318
汽车制造业	12	225970	287415	221982	129258	88394
铁路、船舶、航空航天和其他运输设备制造业	17	526446	1235532	579257	104937	670432
#金属船舶制造	7	453626	997828	513198	97359	537974
电气机械和器材制造业	15	139025	152982	97711	48175	50374
计算机、通信和其他电子设备制造业	6	34012	74194	33240	8084	26666
仪器仪表制造业	8	27340	37711	30903	9804	8199
废弃资源综合利用业	1	10620	27259	11092	5334	11711
金属制品、机械和设备修理业	39	734437	1039525	486014	216443	490620
电力、热力、燃气及水生产和供应业	**5**	**30249**	**119284**	**25249**	**11141**	**134879**
电力、热力生产和供应业	5	30249	119284	25249	11141	134879

4-9 续表1

单位:万元

指标名称	累计折旧	负债合计	流动负债合计	所有者权益合计	实收资本	销售费用
总　　计	**993586**	**3964440**	**3595248**	**1954953**	**856057**	**98139**
轻工业	178994	686803	635044	298607	188926	21473
重工业	814592	3277637	2960204	1656347	667131	76666
采矿业	**40013**	**392069**	**213851**	**111031**	**76680**	**6131**
非金属矿采选业	40013	392069	213851	111031	76680	6131
制造业	**907091**	**3530620**	**3366701**	**1766390**	**740177**	**92008**
农副食品加工业	123703	580054	534129	241749	155884	18165
# 水产品加工	108831	516336	485586	218371	142274	16368
食品制造业	3839	13255	9022	-703	1000	1215
纺织业	13154	38348	37615	7898	3920	608
纺织服装、服饰业	510	5184	5184	335	166	34
家具制造业	783	784	784	324	500	
造纸和纸制品业	2372	9444	8948	3541	3240	109
印刷和记录媒介复制业	2242	2764	2764	2176	550	133
文教、工美、体育和娱乐用品制造业	2238	2299	2299	1254	682	400
化学原料和化学制品制造业	23952	41207	40205	31757	11028	3707
医药制造业	3581	2691	2691	7313	4200	
化学纤维制造业	9708	3583	3583	8846	650	92
橡胶和塑料制品业	12572	14910	13760	26072	3954	545
非金属矿物制品业	81535	285091	284429	120105	56091	11439
黑色金属冶炼和压延加工业	436	4653	4653	192	192	93
有色金属冶炼和压延加工业	39	132	132	2551	250	72
金属制品业	25364	126768	115107	59462	51763	5794
通用设备制造业	33771	132511	122064	94170	25251	3227
专用设备制造业	114069	325173	291905	246500	46578	9891
汽车制造业	37764	83517	76274	203898	26805	11836
铁路、船舶、航空航天和其他运输设备制造业	140883	1083424	1079211	152108	170936	3313
# 金属船舶制造	118340	857040	853147	140788	139710	1809
电气机械和器材制造业	22031	69895	68788	83086	24728	3396
计算机、通信和其他电子设备制造业	6699	44451	28186	29743	12199	1041
仪器仪表制造业	3136	21618	21618	16092	7219	1225
废弃资源综合利用业	3645	20032	20032	7226	7820	407
金属制品、机械和设备修理业	239064	618830	593318	420694	124572	15265
电力、热力、燃气及水生产和供应业	**46481**	**41751**	**14696**	**77533**	**39200**	
电力、热力生产和供应业	46481	41751	14696	77533	39200	

4-9　续表 2　　单位:万元

指标名称	管理费用	营业收入	营业成本	税金及附加	利润总额	利税总额
总　　计	**222071**	**4355561**	**3644126**	**26369**	**232165**	**328540**
轻工业	35709	1045301	941576	3388	27584	39729
重工业	186363	3310260	2702550	22981	204581	288811
采矿业	**16891**	**179570**	**99006**	**5716**	**12700**	**23630**
非金属矿采选业	16891	179570	99006	5716	12700	23630
制造业	**204048**	**4134456**	**3514965**	**19955**	**211610**	**293883**
农副食品加工业	28083	887191	804223	2375	22650	29321
# 水产品加工	25902	773559	700712	2203	20262	26492
食品制造业	377	9166	7654	79	–975	–709
纺织业	1802	54731	49136	280	1690	2788
纺织服装、服饰业	249	5895	5420	17	–117	29
家具制造业	84	1201	1064	14	24	125
造纸和纸制品业	560	6974	6248	19	–140	81
印刷和记录媒介复制业	406	4138	3106	28	224	448
文教、工美、体育和娱乐用品制造业	392	6482	5435	32	98	367
化学原料和化学制品制造业	5437	59646	42136	329	3641	6042
医药制造业	958	7363	5490	74	719	873
化学纤维制造业	526	11998	10989	93	893	1221
橡胶和塑料制品业	3205	29535	22285	282	2461	4135
非金属矿物制品业	12899	326417	291334	1627	–352	15515
黑色金属冶炼和压延加工业	481	8975	7828	14	264	593
有色金属冶炼和压延加工业	101	2888	2491	42	129	256
金属制品业	6084	423494	399702	953	5668	9428
通用设备制造业	9340	154836	125684	911	16886	22527
专用设备制造业	24174	397904	313508	2392	33076	48908
汽车制造业	7904	232270	167575	1186	44117	49167
铁路、船舶、航空航天和其他运输设备制造业	21465	528363	458906	4026	9278	6400
# 金属船舶制造	17273	451813	390083	2846	10318	5507
电气机械和器材制造业	10560	140586	106909	674	14516	19781
计算机、通信和其他电子设备制造业	3238	36582	26089	166	3657	4467
仪器仪表制造业	2292	28414	20981	133	2290	3631
废弃资源综合利用业	795	36012	34670	264	941	2604
金属制品、机械和设备修理业	62640	733394	596100	3946	49973	65888
电力、热力、燃气及水生产和供应业	**1132**	**41534**	**30155**	**699**	**7855**	**11028**
电力、热力生产和供应业	1132	41534	30155	699	7855	11028

4-10 规模以上私营工业企业主要经济效益指标

（2022 年）

指标名称	成本费用利润率(%)	每百元固定资产原值实现利税(元)	每百元营业收入实现利税(元)	总资产贡献率(%)	新产品产值率(%)
总　　计	**5.62**	**13.14**	**7.54**	**6.91**	**23.55**
轻工业	2.69	10.26	3.80	5.59	5.44
重工业	6.59	13.67	8.72	7.17	29.22
采矿业	**7.89**	**25.52**	**13.16**	**12.02**	
非金属矿采选业	7.89	25.52	13.16	12.02	
制造业	**5.38**	**12.93**	**7.11**	**6.35**	**24.53**
农副食品加工业	2.60	10.28	3.30	5.16	3.11
#水产品加工	2.66	10.71	3.42	5.19	3.59
食品制造业	-9.55	-7.97	-7.73	-1.97	32.99
纺织业	3.20	11.44	5.09	7.56	6.28
纺织服装、服饰业	-2.03	4.14	0.48	0.97	
家具制造业	2.09	11.72	10.41	12.39	
造纸和纸制品业	-1.95	2.09	1.15	2.38	
印刷和记录媒介复制业	5.69	11.28	10.82	10.58	
文教、工美、体育和娱乐用品制造业	1.53	10.99	5.66	10.68	21.89
化学原料和化学制品制造业	6.73	13.67	10.13	9.64	13.94
医药制造业	10.84	15.63	11.86	8.66	5.43
化学纤维制造业	7.51	9.63	10.18	9.79	28.52
橡胶和塑料制品业	9.04	18.61	14.00	10.87	14.88
非金属矿物制品业	-0.11	11.34	4.75	5.34	6.77
黑色金属冶炼和压延加工业	3.03	41.98	6.60	14.53	
有色金属冶炼和压延加工业	4.67	66.74	8.87	12.46	
金属制品业	1.36	13.19	2.23	6.21	4.27
通用设备制造业	11.54	31.93	14.55	10.73	34.11
专用设备制造业	8.94	21.33	12.29	9.26	65.92
汽车制造业	23.07	55.62	21.17	17.40	37.05
铁路、船舶、航空航天和其他运输设备制造业	1.84	0.95	1.21	0.83	78.75
#金属船舶制造	2.41	1.02	1.22	0.86	80.92
电气机械和器材制造业	11.44	39.27	14.07	13.64	43.53
计算机、通信和其他电子设备制造业	10.74	16.75	12.21	7.00	41.50
仪器仪表制造业	8.65	44.28	12.78	10.39	46.78
废弃资源综合利用业	2.58	22.23	7.23	10.71	
金属制品、机械和设备修理业	7.33	13.43	8.98	6.81	0.03
电力、热力、燃气及水生产和供应业	**23.06**	**8.18**	**26.55**	**10.49**	**19.42**
电力、热力生产和供应业	23.06	8.18	26.55	10.49	19.42

4-11 规模以上外商和港澳台商投资工业企业主要财务指标

（2022年）

单位:万元

指标名称	企业单位数（个）	工业总产值（当年价格）	资产总计	流动资产合计	其中：应收账款	固定资产原价
总　　计	**26**	**2264378**	**2672445**	**1120234**	**120243**	**2061521**
轻工业	10	181272	202859	121929	10234	90601
重工业	16	2083106	2469586	998305	110009	1970920
制造业	**23**	**2157029**	**2038318**	**1065140**	**114679**	**1523387**
农副食品加工业	9	177411	199527	119094	9276	89256
#水产品加工	9	177411	199527	119094	9276	89256
纺织服装、服饰业	1	3861	3331	2835	958	1345
石油、煤炭及其他燃料加工业	2	1265754	397206	255781	61890	386164
橡胶和塑料制品业	1	2965	2571	2571	2545	
专用设备制造业	1	61121	306483	68960	53	219415
铁路、船舶、航空航天和其他运输设备制造业	3	323708	502420	381849	1992	307790
#金属船舶制造	2	309043	492141	374012	694	295824
计算机、通信和其他电子设备制造业	1	4515	4172	2666	819	1473
金属制品、机械和设备修理业	5	317694	622608	231386	37147	517944
电力、热力、燃气及水生产和供应业	**3**	**107349**	**634126**	**55094**	**5564**	**538134**
电力、热力生产和供应业	1	4293	19781	4154	451	39750
燃气生产和供应业	2	103056	614345	50939	5113	498385

4-11　续表 1

单位:万元

指标名称	累计折旧	负债合计	流动负债合计	所有者权益合计	实收资本	销售费用
总　　计	**908810**	**1398741**	**1105147**	**1273704**	**820664**	**8777**
轻工业	30767	108199	73579	94659	28211	4526
重工业	878043	1290542	1031568	1179044	792453	4251
制造业	**805680**	**1131115**	**1056970**	**907203**	**590790**	**8462**
农副食品加工业	29743	106037	71510	93490	27292	4463
# 水产品加工	29743	106037	71510	93490	27292	4463
纺织服装、服饰业	1025	2162	2069	1170	919	63
石油、煤炭及其他燃料加工业	273254	180731	157214	216475	117070	692
橡胶和塑料制品业		2650	2650	-79		
专用设备制造业	35984	225065	220228	81417	106000	
铁路、船舶、航空航天和其他运输设备制造业	214493	275591	273933	226830	41388	1936
# 金属船舶制造	204845	275326	273668	216815	35589	1936
计算机、通信和其他电子设备制造业	748	2711	2711	1461	1461	52
金属制品、机械和设备修理业	250435	336168	326656	286440	296660	1256
电力、热力、燃气及水生产和供应业	**103130**	**267626**	**48177**	**366500**	**229874**	**315**
电力、热力生产和供应业	35672	1327	-5322	18454	12700	
燃气生产和供应业	67458	266299	53499	348046	217174	315

4-11 续表 2

单位:万元

指标名称	管理费用	营业收入	营业成本	税金及附加	利润总额	利税总额
总　　计	**66740**	**2285022**	**1933791**	**114171**	**188734**	**347546**
轻工业	9874	197883	175700	859	4192	6413
重工业	56866	2087139	1758091	113312	184542	341133
制造业	**61744**	**2164411**	**1885085**	**113496**	**137870**	**277052**
农副食品加工业	9577	193982	172148	848	4192	6232
# 水产品加工	9577	193982	172148	848	4192	6232
纺织服装、服饰业	297	3901	3552	11	1	182
石油、煤炭及其他燃料加工业	5516	1249485	1093528	106411	36450	165766
橡胶和塑料制品业		2520	2603	1	-84	-83
专用设备制造业	6455	77426	60474	1335	1236	7991
铁路、船舶、航空航天和其他运输设备制造业	16996	305682	287893	365	34120	32624
# 金属船舶制造	15995	290991	274289	322	34062	32330
计算机、通信和其他电子设备制造业	719	5426	4373	7	118	143
金属制品、机械和设备修理业	22185	325990	260514	4519	61838	64197
电力、热力、燃气及水生产和供应业	**4996**	**120611**	**48706**	**675**	**50864**	**70495**
电力、热力生产和供应业	123	7685	3729	124	2892	3953
燃气生产和供应业	4873	112926	44977	551	47971	66542

4-12 规模以上外商和港澳台商投资工业企业主要经济效益指标

（2022 年）

行　　业	成本费用利润率(%)	每百元固定资产原值实现利税(元)	每百元营业收入实现利税(元)	总资产贡献率(%)	新产品产值率(%)
总　　计	**9.21**	**16.86**	**15.21**	**13.84**	**7.61**
轻工业	2.13	7.08	3.24	3.87	5.61
重工业	9.96	17.31	16.34	14.65	7.79
制造业	**6.97**	**18.19**	**12.80**	**14.11**	**3.45**
农副食品加工业	2.18	6.98	3.21	3.85	5.74
#水产品加工	2.18	6.98	3.21	3.85	5.74
纺织服装、服饰业	0.02	13.50	4.65	5.00	
石油、煤炭及其他燃料加工业	3.31	42.93	13.27	42.33	0.84
橡胶和塑料制品业	-3.22		-3.29	-3.23	
专用设备制造业	1.64	3.64	10.32	2.61	
铁路、船舶、航空航天和其他运输设备制造业	11.08	10.60	10.67	6.82	
#金属船舶制造	11.61	10.93	11.11	6.91	
计算机、通信和其他电子设备制造业	2.23	9.73	2.64	4.22	84.21
金属制品、机械和设备修理业	21.32	12.39	19.69	11.13	15.67
电力、热力、燃气及水生产和供应业	**72.85**	**13.10**	**58.45**	**12.95**	**91.33**
电力、热力生产和供应业	61.59	9.94	51.43	22.64	
燃气生产和供应业	73.66	13.35	58.93	12.64	95.13

4-13 大中型工业企业主要财务指标

（2022年）　　单位:万元

指标名称	企业单位数（个）	工业总产值（当年价格）	资产总计	流动资产合计	其中：应收账款	固定资产原价
总　　计	**53**	**28458184**	**38292529**	**11776564**	**877260**	**26508449**
轻工业	8	268823	497544	226513	23448	214459
重工业	45	28189361	37794985	11550051	853812	26293990
采矿业	**1**	**141379**	**358535**	**30497**	**1371**	**90973**
非金属矿采选业	1	141379	358535	30497	1371	90973
制造业	**49**	**27591110**	**36645752**	**11518319**	**810022**	**24886137**
农副食品加工业	6	215554	454370	198715	18029	184093
# 水产品加工	6	215554	454370	198715	18029	184093
纺织业	1	27907	21664	18161	2955	15428
化学原料和化学制品制造业	2	24522707	28976515	7043163	121899	20964285
医药制造业	1	25362	21510	9638	2463	14938
通用设备制造业	3	157706	261890	177572	51051	61345
专用设备制造业	7	224012	678131	259036	53736	395335
汽车制造业	5	242403	391101	255555	113580	127937
铁路、船舶、航空航天和其他运输设备制造业	6	1070237	3877430	2485913	168235	2157368
# 金属船舶制造	6	1070237	3877430	2485913	168235	2157368
电气机械和器材制造业	2	71460	80900	53364	30602	21451
金属制品、机械和设备修理业	16	1033762	1882241	1017203	247470	943958
电力、热力、燃气及水生产和供应业	**3**	**725695**	**1288242**	**227748**	**65867**	**1531340**
电力、热力生产和供应业	2	687973	1121501	210235	63323	1352510
水的生产和供应	1	37722	166741	17513	2544	178830

4-13 续表 1

单位:万元

指标名称	累计折旧	负债合计	流动负债合计	所有者权益合计	实收资本	销售费用
总　　计	**4450868**	**27484934**	**14274474**	**10807595**	**7868531**	**83708**
轻工业	75030	290016	190847	207528	94977	11062
重工业	4375838	27194918	14083628	10600068	7773554	72646
采矿业	**19850**	**243702**	**32521**	**114833**	**79733**	**498**
非金属矿采选业	19850	243702	32521	114833	79733	498
制造业	**3722274**	**26313513**	**13878735**	**10332239**	**7382926**	**70853**
农副食品加工业	56885	266099	169051	188271	89977	6061
#水产品加工	56885	266099	169051	188271	89977	6061
纺织业	12671	14145	13412	7519	3000	333
化学原料和化学制品制造业	2047283	19716589	7524968	9259925	5655850	8471
医药制造业	5474	9773	8384	11737	2000	4667
通用设备制造业	28823	107992	98286	153898	23469	9950
专用设备制造业	122454	392912	362315	285219	166132	5096
汽车制造业	50450	94081	84477	297020	36993	11277
铁路、船舶、航空航天和其他运输设备制造业	992220	4593832	4535220	-716402	1023394	7256
#金属船舶制造	992220	4593832	4535220	-716402	1023394	7256
电气机械和器材制造业	8942	20107	20079	60793	3674	1735
金属制品、机械和设备修理业	397073	1097983	1062545	784258	378437	16006
电力、热力、燃气及水生产和供应业	**708743**	**927719**	**363218**	**360523**	**405872**	**12357**
电力、热力生产和供应业	649047	831626	314431	289875	350672	
水的生产和供应	59696	96093	48787	70648	55200	12357

4-13 续表 2

单位:万元

指标名称	管理费用	营业收入	营业成本	税金及附加	利润总额	利税总额
总 计	**265274**	**28305945**	**24346925**	**1955004**	**579732**	**3186734**
轻工业	16711	365574	324827	2179	2391	8674
重工业	248564	27940372	24022098	1952825	577341	3178060
采矿业	**2238**	**143248**	**83556**	**5014**	**37412**	**47075**
非金属矿采选业	2238	143248	83556	5014	37412	47075
制造业	**252024**	**27412844**	**23525728**	**1945402**	**566469**	**3149521**
农副食品加工业	14214	312087	289505	1724	–5547	–2300
# 水产品加工	14214	312087	289505	1724	–5547	–2300
纺织业	1138	28805	24054	179	2141	3014
化学原料和化学制品制造业	37651	24122618	20786279	1918424	457151	2989383
医药制造业	1359	24681	11268	276	5797	7961
通用设备制造业	9561	186518	152483	662	8585	12755
专用设备制造业	18875	293629	236487	3217	14357	27738
汽车制造业	11720	249544	179716	1384	44376	49525
铁路、船舶、航空航天和其他运输设备制造业	67379	1059762	926202	10982	–85743	–83444
# 金属船舶制造	67379	1059762	926202	10982	–85743	–83444
电气机械和器材制造业	4104	71635	52197	405	11025	14507
金属制品、机械和设备修理业	86025	1063564	867537	8149	114326	130382
电力、热力、燃气及水生产和供应业	**11012**	**749854**	**737641**	**4588**	**–24149**	**–9862**
电力、热力生产和供应业	7031	705084	710815	4009	–34016	–21708
水的生产和供应	3981	44770	26826	579	9868	11846

4-14　大中型工业企业主要经济效益指标

（2022年）

指标名称	成本费用利润率(%)	每百元固定资产原值实现利税(元)	每百元营业收入实现利税(元)	总资产贡献率(%)	新产品产值率(%)
总　　计	**2.24**	**12.02**	**11.26**	**9.31**	**84.96**
轻工业	0.65	4.04	2.37	3.12	13.89
重工业	2.26	12.09	11.37	9.39	85.64
采矿业	**37.10**	**51.75**	**32.86**	**15.76**	**0.31**
非金属矿采选业	37.10	51.75	32.86	15.76	0.31
制造业	**2.26**	**12.66**	**11.49**	**9.54**	**87.63**
农副食品加工业	-1.71	-1.25	-0.74	0.79	16.18
#水产品加工	-1.71	-1.25	-0.74	0.79	16.18
纺织业	8.08	19.53	10.46	17.16	8.74
化学原料和化学制品制造业	2.09	14.26	12.39	11.44	94.88
医药制造业	30.59	53.29	32.25	38.13	0.04
通用设备制造业	4.74	20.79	6.84	5.35	32.07
专用设备制造业	5.17	7.02	9.45	4.57	49.94
汽车制造业	21.40	38.71	19.85	12.81	38.42
铁路、船舶、航空航天和其他运输设备制造业	-8.30	-3.87	-7.87	-2.04	44.38
#金属船舶制造	-8.30	-3.87	-7.87	-2.04	44.38
电气机械和器材制造业	18.06	67.63	20.25	18.10	59.97
金属制品、机械和设备修理业	11.73	13.81	12.26	7.06	9.68
电力、热力、燃气及水生产和供应业	**-3.07**	**-0.64**	**-1.32**	**1.06**	
电力、热力生产和供应业	-4.58	-1.60	-3.08	0.12	
水的生产和供应	22.48	6.62	26.46	7.40	

4-15　分县（区）规模以上工业企业主要经济指标

（2022年）

指　　标	单位	舟山市	定海区	普陀区	岱山县	嵊泗县
企业个数	家	464	231	151	69	13
亏损企业	家	123	57	46	17	3
工业总产值（当年价格）	万元	33501220	5727755	2707928	24953555	111982
# 新产品产值	万元	25094791	1081840	321108	23691582	262
资产总计	万元	48588225	8288191	5076696	33974900	1248439
流动资产合计	万元	16867587	4161535	2548376	9957674	200003
固定资产原价	万元	31241320	4152697	2975235	23062258	1051130
累计折旧	万元	5650323	1550629	1362951	2674576	62166
负债合计	万元	34722441	5334923	3714541	24791878	881099
所有者权益合计	万元	13865783	2953267	1362155	9183022	367340
所有者权益合计	万元	10012758	1725162	1296575	6834106	156915
营业收入	万元	34061715	6330487	2873744	24674583	182901
营业成本	万元	29293117	5489183	2547054	21153977	102904
销售费用	万元	175734	87896	45465	41121	1252
管理费用	万元	471080	194370	120012	154745	1953
研发费用	万元	799325	106725	44538	646506	1556
财务费用	万元	658516	62480	46001	519965	30070
利润总额	万元	856689	319811	72235	419376	45267
利税总额	万元	3621826	559900	124369	2889088	48469
银行贷款余额	万元	17955286	1676922	1169508	14340263	768594

4-16 历年全市电网用电情况

单位:万千瓦时

类　别	1990年	2000年	2005年	2010年	2014年	2015年	2016年	2017年	2018年	2019年	2020年	2021年	2022年
全社会用电量	**36158**	**87411**	**184522**	**410770**	**454339**	**460291**	**489112**	**525234**	**556666**	**654955**	**1033848**	**1347965**	**1826150**
按产业分:													
第一产业	1289	1138	1346	2373	2968	3142	3608	3889	3446	3531	3937	3985	4424
第二产业	27878	55822	117619	261761	246021	242763	244127	262383	267899	347634	715120	991327	1439446
第三产业	2814	14843	34106	88207	128774	134777	149663	163141	184074	198272	205563	235630	243848
按主要行业分:													
一、全行业用电	31981	71803	153071	352341	377762	380681	397398	429413	455419	549437	924619	1230942	1687719
1.农牧林渔业	1289	1138	1346	2373	2968	3142	3608	3889	3998	4222	4531	4469	4946
#农业	933	566	156	320	734	810	1021	1127	1221	1226	1239	1169	1377
2.工业	27686	55136	114500	253129	234986	234522	234674	243918	239318	259501	644225	975601	1422682
#交通运输设备制造业				99613	77182	85687	78122	74349	57322	60082	66939	70095	86061
食品、饮料和烟草制造业	10531	14523	24893	29535	34737	34915	35445	35832	38701	38404	41726	47693	47018
电力、热力生产和供应业	5984	20118	34708	40705	26274	24993	28052	29306	29400	38459	53764	48788	58729
3.建筑业	192	685	3119	8631	11035	8241	9453	18465	28830	88597	71639	16681	17666
4.交通运输仓储邮政业	626	2283	5136	30210	42301	41222	44335	48793	58500	67198	68890	78864	80150
5.商业、住宿和餐饮业	713	5728	9598	21860	33360	34784	37907	40006	42760	44438	43861	51255	51694
6.其他	1475	6833	19372	36138	53112	58770	67421	74341	82013	85482	91474	104072	110580
二、城乡居民生活用电	4177	15608	31451	58430	76576	79610	91714	95821	101247	105518	109229	117023	138431

4-17 规模以上工业企业能源消费量

（2022 年）　　单位：吨标准煤

行　　业	综合能源消费量（等价值）	综合能源消费量（当量值）	万元产值能耗（当量）
	2022 年	2022 年	2022 年
总　　计	**37084233**	**37573473**	**1.1008**
非金属矿采选业	38115	18249	0.0569
农副食品加工业	176313	128305	0.0658
食品制造业	2343	1616	0.0721
酒、饮料和精制茶制造业	730	648	0.1078
纺织业	16654	12287	0.2318
纺织服装、服饰业	314	165	0.0244
造纸和纸制品业	52231	40667	0.5448
印刷和记录媒介复制业	509	250	0.0772
文教、工美、体育和娱乐用品制造业	1044	830	0.1301
石油加工、炼焦和核燃料加工业	35715439	34124228	1.4082
化学原料和化学制品制造业	164479	143959	0.6426
医药制造业	4801	3514	0.1042
化学纤维制造业	9432	4085	0.1917
橡胶和塑料制品业	2582	1134	0.0499
非金属矿物制品业	47921	32662	0.0814
有色金属冶炼和压延加工业	233	173	0.0598
金属制品业	18187	9177	0.0163
通用设备制造业	21306	9910	0.0353
专用设备制造业	45417	20709	0.0362
汽车制造业	46467	34863	0.1198
铁路、船舶、航空航天和其他运输设备制造业	121060	65360	0.0466
电气机械和器材制造业	14754	6498	0.0410
计算机、通信和其他电子设备制造业	3919	1697	0.0360
仪器仪表制造业	1610	710	0.0260
废弃资源综合利用业	2062	1099	0.0928
金属制品、机械和设备修理业	131082	69277	0.0572
电力、热力生产和供应业	414342	2827903	1.4401
燃气生产和供应业	13229	5811	0.0365
水的生产和供应业	17658	7684	0.1327

4-18 规模以上工业主要产品产量

（2022 年）

产品名称	单位	2022 年	产品名称	单位	2022 年
建筑用天然石料	万立方米	110	铸铁件	吨	27063
饲料	吨	87024	铝材	吨	1108
精制食用植物油	吨	232944	钢结构	吨	187010
冷冻水产品	吨	481058	金属门窗及类似制品	吨	320
速冻食品	吨	23	锻件	吨	4123
酱油	吨	669	泵	台	7224655
食用盐	吨	102049	气体压缩机	台	8
食品添加剂	吨	28	#非制冷设备用压缩机	台	8
饮料酒	千升	5578	齿轮	吨	476
#黄酒	千升	5578	钢铁铰接链（工业链条）	吨	8323
印染布	万米	1837	包装专用设备	台	561
亚麻纱（含亚麻≥50%）	吨	4163	金属密封件	万件	437
亚麻布（含亚麻≥50%）	万米	218	金属紧固件	吨	40054
口罩	万个（只）	65	减速机	台	1292
服装	万件	155	塑料加工专用设备	台	5588
#针织服装	万件	155	模具	套	163
机制纸及纸板（外购原纸加工除外）	吨	182845	饲料生产专用设备	台	523
纸制品	吨	25513	纺织专用设备	台	1015
其中：瓦楞纸箱	吨	19901	民用钢质船舶	载重吨	1245521
多色印刷品	对开色令	11489	其中：钢质机动货船	载重吨	1177461
化学试剂	吨	1185	钢质机动非货船	载重吨	68060
化学药品原药	吨	1498	高压开关板	面	903
化学纤维	吨	25153	低压开关板	面	1043
#合成纤维	吨	25153	安全、自动化监控设备	台（套）	462
#涤纶纤维	吨	25153	电力电缆	千米	5072
塑料制品	吨	1429	电子元件	万只	286984
#泡沫塑料	吨	199	工业自动调节仪表与控制系统	台（套）	620
水泥	吨	1776093	船舶修理	载重吨	189479932
其中：散装水泥	吨	1059935	自来水生产量	万立方米	11450
商品混凝土	立方米	6199608	发电量	万千瓦时	2218427
预应力混凝土桩	米	1057637	其中：火力发电量	万千瓦时	1860231
砖	万块	10562	风力发电量	万千瓦时	356477

主要统计指标解释

工业 我国的工业,包括①自然资源的开采,如采矿、晒盐、森林采伐等(但不包括禽兽捕猎和水产捕捞);②对农副产品的加工、再加工,如:粮油加工、食品加工、轧花、缫丝、纺织、制革等。③对采掘品的加工、再加工,如冶金加工、石油加工、化学加工、机械加工、木材加工等,以及电力、煤气及水的生产和供应等。④对工业品的修理、翻新,如:机器设备的修理、交通运输工具(包括小汽车)的修理等。

本年鉴中涉及的企业登记注册类型:

(1)国有企业:指企业全部资产归国家所有,并按《中华人民共和国企业法人登记管理条例》规定登记注册的非公司制的经济组织。不包括有限责任公司中的国有独资公司。

(2)集体企业:指企业资产归集体所有,并按《中华人民共和国企业法人登记管理条例》规定登记注册的经济组织。

(3)股份合作企业:指以合作制为基础,由企业职工共同出资入股,吸收一定比例的社会资产投资组建,实行自主经营,自负盈亏,共同劳动,民主管理,按劳分配与按股分红相结合的一种集体经济组织。

(4)私营企业:指由自然人投资设立或由自然人控股,以雇佣劳动为基础的营利性经济组织。包括按照《公司法》、《合伙企业法》以及《个人独资企业法》规定登记注册的私营独资企业、私营合伙企业、私营有限责任公司、私营股份有限公司和个人独资企业。

(5)港、澳、台商投资企业:指企业注册登记类型中的港、澳、台资合资、合作、独资经营企业和股份有限公司之和。

(6)外商投资企业:指企业注册登记类型中的中外合资、合作、外商企业和外商投资股份有限公司之和。

(7)其他企业:指除国有企业、集体企业、私营企业、外商及港、澳、台商投资企业以外的其他类型工业企业(单位)。包括联营企业、股份有限公司、有限责任公司及其他企业。

规模以上工业企业 指年主营业务收入2000万元及以上的工业企业。

工业总产值(当年价格) 指工业企业在本年内生产的以货币形式表现的工业最终产品和提供工业劳务活动的总价值量。

1.工业总产值计算应遵循的原则

(1)工业生产的原则。即凡是企业在本年内生产的最终产品和提供的劳务,均应包括在内。其中的最终产品,不管是否在本年内销售,只要是本年内生产的,就应包括在内。凡不是工业生产的产品,均不得计入工业总产值。

(2)最终产品的原则。即企业生产的成品价值必须是本企业生产的,经检验合格不需再进行任何加工的最终产品。企业对外销售的半成品也应视为最终产品计入工业总产值。而在本企业内各车间转移的半成品和在制品只能计算其期末期初差额价值。

(3)"工厂法"原则。即以法人工业企业作为一个整体计算工业总产值,是其本年内生产的最终产品和提供劳务的总价值量。

2.工业总产值的内容包括三部分:生产的成品价值、对外加工费收入、自制半成品在制品期末期初差额价值。

(1)成品价值:指企业在本年内生产,并在本年内不再进行加工,经检验合格、包装入库的已经销售和准备销售的全部工业成品(包括半成品)价值合计。成品价值中包括企业生产的自制设备及提供给本企业在建工程、其他非工业部门和生活福利部门等单位使用的成品价值,但不包括用订货者来料加工的成品(半成品)价值。

●工业总产值是按现行价格计算的。成品价值按成品实物量乘以本年不含应交增值税(销项税额)的产品实际销售平均单价计算。会计核算中按成本价格转账的自制设备和自产自用的成品,按成本价格计算生产成品价值。

(2)对外加工费收入:指企业在报告期内完成的对外承做的工业品加工(包括用订货者来料加工生产)的加工费收入和对外工业品修理作业所收取的加工费收入和对内非工业部门提供的加工修理、设备安装等收入。对外加工费收入按不含应交增值税(销项税额)的价格计算。

●对于以对外加工生产为主,对外加工费收入所占比重较大的企业,如果对外加工费收入出现跨年度支付的情况,为保证总产值生产口径计算的准确性,则应将对外加工费收入按实际情况调整,记录本年应实际收取的对外加工费收入。

(3)自制半成品在制品期末期初差额价值。为了使工业总产值与工业中间投入中的物耗价值一致,以便同口径地计算工业增加值,规定本指标的计算原则是:凡是企业会计产品成本核算中计算半成品、在制品成本,则工业总产值中必须包括自制半成品在制品期末期初差额价值。反之则不包括。

●自制半成品在制品期末期初差额价值等于自制半成品在制品期末价值减去期初价值后的余额,如果期末价值小于期初价值,该指标为负值,企业在计算产值时,应按负值计算，不能作为零处理。

轻工业 指提供生活的消费品和制作手工业工具的工业。按其使用的原料不同，可分为两大类：

（1）以农产品为原料的轻工业，是指直接或间接以农产品为基本原料的轻工业。主要包括食品制造、饮料制造、烟草加工、纺织、缝纫、皮革和毛皮制作、造纸以及印刷等工业。

（2）以非农产品为原料的轻工业，是指以工业品为原料的轻工业。主要包括文教体育用品、化学药品制造、合成纤维制造、日用化学制品、日用玻璃制品、日用金属制品、手工工具制造、医疗器械制造、文化和办公用机械制造等工业。

重工业 指提供生产资料的工业，是为国民经济各部门提供物质技术基础的工业。按其生产的产品用途，可分为以下三类：

（1）采掘（伐）工业，是指对自然资源的开采、非金属矿开采和木材采伐等工业。

（2）原料工业，是指提供国民经济各部门使用的原料、动力和燃料的工业。包括金属冶炼及加工、炼焦及焦炭、化学、化工原料、水泥、人造板、电力、石油加工等。

（3）制造工业，是指对原材料进行加工制造的工业。包括装备国民经济各部门和机械设备制造工业、金属结构、水泥制品等工业，以及为农业提供的生产资料和化肥、农药等工业。

根据上述划分原则，修理业中修理作业对象是重工业的划分为重工业，否则划分为轻工业。

轻重工业总产值的划分按"工厂法"计算，即一个工业企业在正常情况下生产的主要产品的性质属于轻工业，则该企业的全部总产值作为轻工业总产值；一个工业企业生产的主要产品的性质属于重工业，则该企业的全部总产值作为重工业总产值。

大、中、小微型企业 大、中、小微型企业划分标准根据从业人员数、营业收入指标是否同时满足一定条件划分。工业行业具体为：大型企业从业人员数在1000人及以上（含1000人），营业收入在40000万元及以上（含40000万元）；中型企业从业人员数在300–1000人以下（含300），营业收入在2000–40000万元以下（含2000）；小型企业从业人员数在20–300人以下（含20），营业收入在300–2000万元以下（含300）；微型企业从业人员数在20人以下，营业收入在300万元以下。

工业企业主要财务指标

（1）固定资产原价，指固定资产的成本，包括企业在购置、自行建造、安装、改建、扩建、技术改造某项固定资产时所发生的全部支出总额。

（2）流动资产合计，资产满足以下条件之一应归为流动资产：①预计在一个正常营业周期中变现、出售或耗用，主要包括存货、应收账款等；②主要为交易目的而持有；③预计在资产负债表日起一年内（含一年）变现；④自资产负债表日起一年内，交换其他资产或清偿负债的能力不受限制的现金或现金等价物。包括货币资金、应收票据、应收账款、存货等项目。

（3）利润总额，指企业在一定会计期间的经营成果，是生产经营过程中各种收入扣除各种耗费后的盈余，反映企业在报告期内实现的盈亏总额。

（4）利税总额，指工业企业的营业税金及附加、应交增值税和利润总额三项之和。不包括计入企业生产成本的各项税金。

（5）营业收入，指企业从事销售商品、提供劳务和让渡资产使用权等生产经营活动形成的经济利益流入。包括"主营业务收入"和"其他业务收入"。

（6）管理费用，指企业为组织和管理企业生产经营所发生的费用，包括企业在筹建期间内发生的开办费、董事会和行政管理部门在企业经营管理中发生的，或者应当由企业统一负担的公司经费等。

（7）财务费用，指企业为筹集生产经营所需资金等而发生的筹资费用，包括企业生产经营期间发生的利息支出（减利息收入）、汇兑损失（减汇兑收益）以及相关的手续费等。

五、交通、邮电

5-1 历年全社会客货运输量

年 份	旅客运输量（万人）	水 运	陆 运	货物运输量（万吨）	水 运	陆 运
1955	58	18	40	50	16	34
1958	194	53	141	96	35	61
1959	255	50	205	165	82	83
1960	296	52	244	186	113	73
1961	264	60	204	95	75	20
1962	281	59	222	59	43	16
1963	276	64	212	89	53	36
1964	271	59	212	83	54	29
1965	293	57	236	95	59	36
1966	353	71	282	85	53	32
1967	403	75	328	93	58	35
1968	332	75	257	78	50	28
1969	80	35	45	53	41	12
1970	315	62	253	100	72	28
1971	358	61	297	128	91	37
1972	474	66	408	182	126	56
1973	565	83	482	165	119	46
1974	651	99	552	140	101	39
1975	669	91	578	140	92	48
1976	710	101	609	134	89	45
1977	764	99	665	162	109	53
1978	966	109	857	214	152	62
1979	1154	128	1026	229	170	59
1980	1368	162	1206	243	181	62
1981	1488	195	1293	240	177	63
1982	1691	231	1460	292	215	77
1983	1880	252	1628	286	210	76
1984	2060	329	1731	301	227	74
1985	2502	399	2103	339	279	60
1986	2893	849	2044	1072	474	598
1987	2860	970	1890	1152	471	681
1988	3032	1030	2002	1568	671	897
1989	2747	933	1814	1240	554	686
1990	2769	985	1784	964	498	466
1991	3093	1151	1942	1115	586	529
1992	3320	1221	2099	1274	701	573
1993	4415	1217	3198	1649	820	829
1994	5628	1190	4438	1789	955	834
1995	6034	1361	4673	2221	1379	842
1996	6516	1247	5269	1999	1029	970
1997	6670	1354	5316	2457	1371	1086
1998	6789	1304	5485	2357	1275	1082
1999	7132	1480	5652	2597	1443	1154
2000	7518	1560	5958	2947	1679	1268
2001	7579	1479	6100	3101	1795	1306
2002	7781	1583	6198	3265	1942	1323
2003	7479	1533	5946	3777	2438	1339
2004	7990	1730	6260	5430	3991	1439
2005	8832	1880	6914	6717	4911	1806
2006	10374	2140	8202	8202	6112	2090
2007	10274	2433	7807	9299	6986	2313
2008	10603	2698	7905	10205	7799	2406
2009	15474	2759	12715	12184	8069	4115
2010	15073	2128	12945	13829	9570	4259
2011	15555	2256	13299	17887	13470	4417
2012	16108	2224	13884	19941	15244	4697
2013	4923	1839	3084	21814	16364	5450
2014	6550	3655	2895	22284	16663	5621
2015	5372	2515	2857	25068	18551	6517
2016	5233	2589	2644	28176	20932	7244
2017	5435	2806	2629	31705	23245	8460
2018	5506	2922	2584	38130	27756	10374
2019	5684	3234	2450	41977	31623	10354
2020	3642	2480	1162	39200	31965	7235
2021	5461	2830	2631	40901	31021	9880
2022	3750	1714	2036	43043	30862	12181

注：自 2013 年起，陆运旅客运输量不包括城市运量。

5-2 历年全社会客货运输周转量

年　　份	旅客周转量（万人公里）	水运	陆运	货物周转量（万吨公里）	水运	陆运
1955	1147	551	596	1155	1076	79
1958	3653	1927	1726	4211	4087	124
1959	4188	1785	2403	12449	12288	161
1960	4713	1858	2855	17047	16879	168
1961	4405	1822	2583	10753	10674	79
1962	4409	1716	2693	5941	5876	65
1963	4287	1806	2481	9338	8245	93
1964	4040	1660	2380	9247	9148	99
1965	4192	1674	2518	10042	9868	174
1966	5039	2119	2920	9227	9026	201
1967	6064	2681	3383	8531	8312	219
1968	5476	2766	2710	7622	7473	149
1969	1998	1505	493	7699	7653	46
1970	4982	2303	2679	12513	12357	156
1971	5540	2396	3144	19038	18832	206
1972	6824	2758	4066	23037	22783	254
1973	8062	3242	4820	22512	22241	271
1974	9953	4604	5349	18667	18414	253
1975	10243	4514	5729	19854	19593	261
1976	12501	6504	5997	18709	18439	270
1977	12514	6186	6328	21712	21373	339
1978	14527	6910	7617	29485	29103	382
1979	17389	8232	9157	38351	37966	385
1980	21047	9887	11160	42430	42033	397
1981	23251	10995	12256	43993	43594	399
1982	29391	14720	14671	51995	51561	434
1983	32780	16525	16255	63499	63083	416
1984	40417	22793	17624	65777	65365	412
1985	52131	30356	21775	91678	91282	396
1986	61144	33936	27208	140964	133024	7940
1987	72349	40860	31489	169600	160006	9594
1988	74692	43544	31148	235769	224404	11365
1989	77120	42597	34523	234883	222335	12548
1990	77371	42684	34687	232209	223543	8666
1991	87049	47581	39468	300443	291022	9421
1992	94171	49545	44626	369090	358692	10398
1993	106200	51209	54991	515475	492335	23140
1994	113381	50876	62511	707716	684551	23165
1995	128033	58626	69407	1114437	1094443	19994
1996	142622	59372	83520	846866	828722	18144
1997	141952	56719	85233	1029263	1009689	19574
1998	137381	51663	85718	875917	857405	18512
1999	143955	54595	89360	1005555	983735	21820
2000	148569	55786	92783	1164924	1141675	23249
2001	147442	52649	94793	1222137	1196238	25899
2002	155691	49687	106004	1365575	1333806	31769
2003	148085	44069	104016	1964420	1932174	32246
2004	172600	59270	113330	3473373	3440069	33304
2005	181400	62483	118917	5051782	5015122	36660
2006	185427	54478	130949	6675073	6631946	43127
2007	197314	56788	140526	7822059	7772619	49440
2008	203609	61070	142539	8999529	8947408	52121
2009	245294	61740	183554	10057786	9209845	847941
2010	241117	47446	193671	12916966	12038499	878467
2011	250211	50072	200139	17219446	16251268	968178
2012	249938	46927	203011	19761010	18705209	1055801
2013	123573	37418	86155	19687409	18595708	1091701
2014	127682	38695	88987	22691335	21571021	1120314
2015	137279	43944	93335	24890580	23696847	1193733
2016	153307	44914	108393	28082825	26777436	1305389
2017	154184	48805	105379	31228651	29727253	1501398
2018	161043	48649	112394	35042443	33279029	1763414
2019	172542	52561	119981	37497011	35640480	1856531
2020	89784	34876	54908	34577590	33320108	1257482
2021	102636	36446	66190	33773441	32389753	1383688
2022	71500	26373	45127	35150279	33731411	1418868

注:1955-1985 年为交通部门系统数据。

5-3 全社会海上运输船舶年末拥有量

指 标	单位	1990年	1995年	2000年	2005年	2010年	2015年	2016年	2017年	2018年	2019年	2020年	2021年	2022年
机动船合计														
艘 数	艘	835	972	1025	1582	1711	1470	1472	1528	1599	1561	1568	1435	1326
净载重量	吨位	115422	421381	696356	1878351	4504053	5416083	5547692	6084264	7484385	7682309	7949534	8327042	8516191
功 率	千瓦	121604	257874	417426	828185	1371805	1574264	1631005	1746662	2030756	2094456	2196754	2256767	2275958
1.货 船														
艘 数	艘	712	783	759	1228	1560	1442	1439	1485	1552	1513	1521	1387	1280
净载重量	吨位	96695	381702	542197	1509441	4014435	5416083	5547692	6084264	7484385	7682309	7949534	8327042	8516191
功 率	千瓦	78753	185066	254427	522865	1163024	1473683	1512480	1601810	1879360	1930098	2036676	2089040	2104201
#油 船														
艘 数	艘	16	34	110	172	318	428	415	406	424	431	455	430	400
净载重量	吨位	16761	34933	149852	348374	675437	1176055	1196919	1246638	1351088	1514266	1681437	1713589	1812643
功 率	千瓦	10332	22726	76171	132690	205452	330260	336873	347726	386863	443615	500129	511786	553688
2.拖 船														
艘 数	艘	13	3	6	11	15	28	33	43	47	48	47	48	46
功 率	千瓦	5002	663	6099	22778	61802	100581	118525	144852	151396	164358	160078	167727	171757

注:1985 年仅指交通部门船只。

5-4 舟山港主要货物吞吐量

（2022 年）

分　　类	单位	合计		出港		进港	
			外贸		外贸		外贸
港口货物吞吐量合计	万吨	**62412**	**18009**	**32094**	**1226**	**30319**	**16783**
# 煤炭及制品	万吨	3684	488	958		2726	488
石油、天然气及制品	万吨	13283	6297	5870	409	7413	5888
金属矿石	万吨	17672	8822	8842		8830	8822
钢铁	万吨	93	13	16	1	77	12
水泥	万吨	253	62	85		168	62
木材	万吨	1				1	
粮食	万吨	1668	939	737	10	930	929

5-5 舟山港主要指标完成情况

指　　标	单位	1995年	2000年	2005年	2010年	2012年	2013年	2014年	2015年	2016年	2017年	2018年	2019年	2020年	2021年	2022年
一、分航线进出港																
旅客吞吐量	万人	547	617	940	368	241	192	171	166	153	157	176	174	159	167	133
二、全港分货类吞吐量	**万吨**	**883**	**3189**	**9052**	**22084**	**29099**	**31387**	**34700**	**37925**	**42590**	**45782**	**50787**	**53596**	**57142**	**60065**	**62412**
#煤炭及制品	万吨	69	328	752	2115	3115	3213	3184	2699	2601	2485	2711	2675	2899	3913	3684
石油、天然气制品	万吨	471	1786	2574	4503	5038	4878	5062	4951	6396	6994	7119	8810	12749	13252	13283
钢　铁	万吨	27	15	62	216	115	153	211	275	422	371	87	373	183	84	93
水　泥	万吨	16	21	191	224	142	133	271	231	196	133	365	744	973	876	253
木　材	万吨	9	14	15	2		0.1	0.1	24	76	49	0.1	2	0.3	0.2	0.5
金属矿石	万吨				7541	9651	11114	13928	13846	14362	15852	18019	17566	17279	17752	175672
粮　食	万吨	9	9	175	539	706	629	782	849	868	828	681	727	900	1541	1668
三、公用码头吞吐量	**万吨**	**214**	**441**	**960**	**1238**	**2918**	**3738**	**4346**	**4059**	**2979**	**3146**	**3091**	**3696**	**3336**	**3683**	**3354**

5-6 公 路 基 本 情 况

指　标	单位	1995年	2000年	2005年	2010年	2013年	2014年	2015年	2016年	2017年	2018年	2019年	2020年	2021年	2022年
公路通车里程	**公里**	**864.8**	**960.9**	**952.0**	**1706.3**	**1869.1**	**1897.3**	**1924.9**	**1948.4**	**1930.8**	**1921.8**	**1907.1**	**1928.5**	**1967.2**	**1934.8**
按区域分:															
普陀山	公里	25.2	25.2	25.1	25.5	25.5	25.5	25.5	133.2	134.3	131.5	115.1	115.1	111.3	109.8
定海	公里	333.7	373.5	348.5	671.8	739.8	745.5	763.0	777.8	763.3	775.9	793.6	800.1	839.7	816.0
普陀	公里	197.9	266.1	273.5	496.3	548.2	554.5	553.4	444.4	440.9	432.9	432.0	440.9	442.2	434.6
岱山	公里	172.8	187.5	203.8	363.3	389.2	401.3	406.0	413.4	413.2	401.0	385.9	388.3	389.9	389.9
嵊泗	公里	135.2	89.9	101.1	149.4	166.4	170.5	177.0	176.7	179.2	180.5	180.5	184.1	184.1	184.5
按行政等级分:															
国道	公里	27.3	27.3	43.2	88.5	88.5	88.5	88.5	188.5	188.5	196.2	215.2	215.2	214.1	214.1
省道	公里	34.3	34.4	30.3	24.4	24.4	24.4	24.6	29.3	29.3	29.3	29.3	29.3	57.7	57.7
县道	公里	437.1	501.3	559.5	697.9	733.8	750.4	749.0	653.0	654.3	663.2	673.3	680.5	683.6	686.7
乡道	公里	207.1	251.4	266.8	227.3	269.1	262.2	278.0	283.0	283.9	279.1	262.5	264.5	265.9	266.6
专用道	公里	158.9	146.5	52.1	46.4	46.6	46.6	46.6	46.6	39.6	39.5	39.5	39.5	34.5	32.6
村道	公里				621.9	706.7	725.3	738.2	748.0	735.1	714.5	687.3	699.4	711.3	677.1
按技术等级分:															
高速公路	公里					32.1	41.9	41.9	41.9	41.9	41.9	41.9	41.9	69.6	69.6
一级公路	公里		15.6	45.0	197.5	220.6	210.7	214.0	238.0	232.6	256.3	279.0	277.6	299.2	294.6
二级公路	公里	40.7	65.5	137.8	191.4	219.6	219.6	248.3	251.9	260.4	265.4	262.5	276.0	255.8	267.6
三级公路	公里	96.6	180.1	177.6	207.6	213.2	218.4	227.9	212.1	221.9	224.6	224.3	228.1	240.1	250.3
四级公路	公里	320.6	291.4	328.0	1000.9	1100.1	976.8	1126.3	1147.8	1174.0	1133.5	1096.7	1104.9	1102.5	1052.6
等外公路	公里	406.9	408.3	263.6	108.9	83.5	146.7	66.4	57.1						
按路面等级分:															
高级路面	公里	83.6	205.4	498.6	1541.4	1724.7	1794.3	1835.1	1871.1	1878.0	1871.6	1864.5	1928.5	1967.2	1934.8
简易路面	公里	217.5	413.4	420.9	147.4	135.9	94.5	81.7	69.2	50.3	48.0	40.4			
未铺装路面	公里	563.7	342.1	32.5	17.5	8.5	8.5	8.2	8.2	2.2	2.2	2.2			
按构造物分:															
桥梁	座	67	93	165	270	295	295	303	303	309	320	344	342	364	629
	延米	1065.80	1679.46	6198.9	35273.0	42810.6	43501.6	44099.0	45796.0	46164.3	50655.1	70443.5	69100.0	94469.9	165873.2
隧道	座	7	13	21	40	61	61	66	75	79	85	98	102	108	108
	延米	1930	4361	8059.4	17394.1	37441.1	37474.2	40494.0	47431.0	49213.2	53696.2	75454.2	77143.2	80925.2	80925.2

注:2007年起,村道纳入管养里程。

5-7 全社会民用车辆年末拥有量

单位:辆

指 标	1985年	1990年	1995年	2000年	2005年	2010年	2014年	2015年	2016年	2017年	2018年	2019年	2020年	2021年	2022年
一、大中型汽车	**969**	**1239**	**1716**	**1750**	**2981**	**9605**	**9599**	**8098**	**8128**	**8796**	**9336**	**9695**	**9709**	**10011**	**10042**
#客 车	162	274	290	245	600	2837	3010	2913	2976	3132	3210	3262	3237	3208	3182
货 车	797	870	1293	1333	2110	6768	6589	5185	5152	5664	6126	6433	6472	6803	6860
二、小型汽车	**662**	**2081**	**4907**	**6434**	**15442**	**49654**	**98621**	**112741**	**130858**	**150932**	**169488**	**185133**	**200003**	**212385**	**224832**
#客 车	357	922	2890	4388	10992	41313	89514	104722	122570	141001	158236	172760	186727	198740	211098
货 车	289	896	1780	1773	3787	8341	9107	8019	8288	9931	11252	12373	13276	13645	13734
三、其他车辆	**174**	**538**	**1002**	**1252**	**186**	**4698**	**1832**	**985**	**963**	**969**	**1031**	**1107**	**1213**	**1306**	**1326**
四、摩托车	**317**	**1715**	**3229**	**19732**	**56548**	**67398**	**57243**	**51280**	**30107**	**37570**	**30642**	**24071**	**23575**	**24555**	**31346**
#轻便摩托车	303	357	1130	5009	13934	6092	3421	3037	1537	2309	1640	559	777	1114	2158

5-8 分县(区)全社会民用车辆年末拥有量

(2022年末)

单位:辆

项 目	全 市	市属、新城、定海	普陀区	普陀山	岱山县	嵊泗县
一、大中型汽车	10042	6347	1917	209	1241	328
二、小型汽车	224832	123534	69032	168	25886	6212
三、其他车辆	1326	857	233	7	153	76
四、摩托车	31346	18179	8159	20	2706	2282
五、挂车	2464	1870	77		502	15

注:普陀山区域单指普陀山上。

5-9　海岛交通及轮渡通航情况

指　　标	单位	1995年	2000年	2005年	2010年	2013年	2014年	2015年	2016年	2017年	2018年	2019年	2020年	2021年	2022年
一、“鸭白线”轮渡通航情况															
航　次	次	18409	30161	44025	46654	15554	15229	14928	14074	14899	14886	16182	13461	14029	12487
车运量	辆次	317745	583929	1138890	1018630	307045	271216	253489	198923	223601	234513	234889	169119	175876	129953
客　　车	辆次	44431	331591	752407	374370	177976	157043	150797	130585	142963	138382	118423	71679	79704	53974
旅客运量	万人	311.0	395.0	678.0	206.0	95.0	99.0	100.0	81.0	81.0	79.0	76.0	51.7	54.9	37.9
货　　车	辆次	151801	236520	386483	644260	110672	95096	86813	53955	80638	96131	116466	97440	96172	75979
货物运量	万吨	179	295	637	436	107	103	91	51		93	187	166	254	
二、“沙岙—郭巨”线通航情况															
航　次	次	2545	4837	7029	10621	10811	10723	11322	12986	10992	10711	23475	23489	23847	17821
车运量	辆次	12192	18429	48133	206310	280186	296132	302542	276729	279108	282759	311232	328826	284722	220433
客　　车	辆次	2458	6675	21131	114268	167371	187207	201316	200912	209004	205087	212181	215255	201370	136540
旅客运量	万人	14.3	17.2	26.3	71.8	65.3	69.6	70.2	50.6	56.9	57.5	57.4	82.2	78.0	53.5
货　　车	辆次	6719	11754	27002	92042	101836	96704	101226	75812	70104	77672	87445	91766	83352	64228
货物运量	万吨	6.0	8.8	37.4	122.4	168.1	177.7	179.2						263	
三、“白峰—沙岙”线通航情况															
航　次	次														629
车运量	辆次														11836
客　　车	辆次														4379
旅客运量	万人														3
货　　车	辆次														7457

注:2022年11月起,“沙岙—郭巨”航线停运,由“白峰—沙岙”航线营运。

5-10 分县(区)海上货物运输企业(本部)主要经济指标

(2022年)

指标	单位	全市	定海区	普陀区	岱山县	嵊泗县
年末企业单位数	家	198	76	84	29	9
#亏损企业	家	99	31	46	15	7
资产总计	万元	3041992	887636	1550870	477081	126404
固定资产原价	万元	2676610	855697	1386706	352536	81671
本年折旧	万元	130954	49825	44709	29794	6626
营业收入	万元	1519601	542026	680252	236347	60976
营业成本	万元	1362725	484534	616811	192824	68557
营业税金及附加	万元	7527	1562	4748	815	402
费用合计	万元	172537	51840	77116	33543	10038
销售费用	万元	19063	6946	3864	8254	
管理费用	万元	104029	33200	46430	16776	7624
财务费用	万元	49445	11694	26822	8514	2414
#利息支出	万元	46820	13264	25371	5894	2291
营业利润	万元	-10608	8371	-12145	10622	-17455
利润总额	万元	-12186	-1705	-7874	12588	-15196
所得税费用	万元	18260	6370	5142	6355	393
应付职工薪酬	万元	279246	102577	113384	42686	20599
应交增值税	万元	41780	14276	22293	3691	1519
期末用工人数	人	16779	5737	7439	2450	1153

注:本表范围为海上货物运输企业本部,不包括挂靠船舶和个体船舶。

5-11 邮电业务

项　　目	单位	2010年	2015年	2019年	2020年	2021年	2022年	2022年为2021年%	2022年分县(区)				
									市本级	定海区	普陀区	岱山县	嵊泗县
一、邮电业务收入	**万元**	**145111**	**148499**	**163176**	**172422**	**250873**	**268017**	**106.8**	**16375**	**126452**	**77347**	**31801**	**16043**
邮政行业业务收入	万元		27534	52081	58851	72299	74990	103.7		38344	24790	7991	3865
快递业务收入	万元		13977	33759	40487	52242	52793	101.1		28109	17922	4814	1948
邮政行业业务总量	万元		28017	52905	63027	63990	62572	97.8		33527	18225	7470	3351
快递业务量	万件		882	1691	2136	2672	2554	95.6		1617	765	126	46
函　件	万件	1433	517	86.77	74.8	69.6	83.6	120.2		46.4	25.5	7.2	4.6
包　件	万件	14.9	15.7	205.6	276.4	388.1	414.9	106.9		271.7	136.2	5.3	1.7
特　快	万件	41.9	8.6	7.4	5.7	9.3	12.0	128.1		1.4	5.5	4.7	0.3
汇　票	万张	29.84	12.09	5.10	0.40	0.33	0.14	42.4		0.06	0.06	0.01	0.01
订销报刊期发份数	万份	22.7	21.8	13.9	13.8	15.0	16.2	108.2		9.2	3.6	2.1	1.3
订销报刊累计份数	万份	2888	2835	2215	2220	2150	2177	101.3		1277	480	261	160
二、年末邮路长度	**公里**	**1316**	**1144**	**4345**	**2131**	**1494**	**1867**	**125.0**		**1540**	**129**	**94**	**104**
三、固定电话用户数	**户**	**551779**	**363012**	**238109**	**221288**	**275688**	**266215**	**96.6**	**20012**	**121341**	**79122**	**31874**	**13866**
固定电话普及率	户/百人	57.0	31.5	20.3	19.1	23.7	22.8	96.2		23.9	20.5	15.1	21.0
四、移动电话用户数	**户**	**1310334**	**1676173**	**1743937**	**1927205**	**1814923**	**1873444**	**103.2**	**70070**	**1017169**	**471609**	**211260**	**103336**
#3G及以上移动电话用户	户	86415	1298172	1501731	1771046	1499911	1569059	104.6	64552	863538	384437	172700	83832
移动电话普及率	户/百人	135.4	145.5	148.3	166.3	155.8	160.1	102.8		200.6	122.3	99.9	156.6
五、互联网宽带接入用户数(固定)	**户**	**230247**	**399628**	**562462**	**599090**	**629140**	**688956**	**109.5**	**21570**	**326095**	**202558**	**89918**	**48815**

注:1.移动互联网用户数包括移动上网卡和手机上网用户。

2.2014年及以前年份,“3G以上移动电话用户”为“3G移动电话用户”。

主要统计指标解释

公路里程 指在一定时期内实际达到《公路工程技术标准 JTG B01-2003》规定的技术等级的公路，并经公路主管部门正式验收交付使用的公路里程数。包括大、中城市的郊区公路，以及公路通过小城镇（指县城、集镇）街道的公路里程和公路桥梁长度、隧道长度、渡口的宽度以及分期修建的公路已验收交付使用的里程。不包括大、中城市的街道、厂矿、林区生产用道和农业生产用道路的里程。两条或多条公路共同经由同一路段，只计算一次，不得重复计算里程长度。按公路技术等级分为等级公路和等外公路，其中等级公路分为高速公路、一级公路、二级公路、三级公路和四级公路。

货（客）运量 指在一定时期内，各种运输工具实际运送的货物（旅客）数量。是反映运输业为国民经济和人民生活服务的数量指标，是制定和检查运输生产计划、研究运输发展规模和速度的重要指标。货运按吨计算，客运按人计算。货物不论运输距离长短、货物类别，均按实际重量统计。旅客不论行程远近或票价多少，均按一人一次客运量统计；半价票、小孩票也按一人统计。

货物（旅客）周转量 指在一定时期内，由各种运输工具运送的货物（旅客）数量与其相应运输距离的乘积之总和。是反映运输业生产总成果的重要指标，也是编制和检查运输生产计划、计算运输效率、劳动生产率以及核算运输单位成本的主要基础资料。通常按发出站与到达站之间的最短距离，即计费距离计算。计算公式：货物（旅客）周转量 = Σ货物（旅客）运输量 × 运输距离。

港口货物吞吐量 指经由水运进出港区范围，并经过装卸的货物数量。包括邮件及办理托运手续的行李、包裹以及补给运输船舶的燃料、物料和淡水。按货物流向分为进口吞吐量和出口吞吐量；按货物交流性质分为外贸货物吞吐量和国内贸易货物吞吐量。货物吞吐量的货类构成及其流向，是衡量港口生产能力大小的重要指标。

邮电业务总量 指以货币表现的邮电部门为用户传递信息和提供其他邮电服务的总量（包括计费和不计费两部分）。它用各种邮电分类业务量，如函件件数、电报份数、长话张数、市内电话和农村电话年平均户数、订销报刊累计份数等，分别乘以相应的平均单价（不变价格），加总后再加上电路和设备的收入、代用户的维护电话交换机和线路等设备的收入、其他业务收入求得。邮电业务总量综合反映了一定时期邮电工作的总成果，是研究邮电业务量构成和发展趋势的重要指标。

六、固定资产投资、建筑业

6-1 固 定 资 产 投 资

指　　标	2020年比上年增长(%)	2021年比上年增长(%)	2022年比上年增长(%)
一、本年投资总额	**1.5**	**5.1**	**4.0**
其中:建筑安装工程	-7.3	33.2	-1.1
其中:基础设施	3.4	-15.7	33.4
1.按项目范围分			
房地产开发	6.0	-8.8	-2.9
项目投资	0.1	9.6	5.9
2.按投资主体分			
国有及国有控股	29.7	-15.2	35.1
民间投资	-7.8	6.6	-8.7
港澳台与外商	-19.7	1.8倍	-3.7
3.按构成分			
建筑安装工程	-7.3	33.2	-1.1
设备工器具购置	-12.5	-10.1	24.4
其他	39.3	-30.8	1.8
4.按三次产业分			
一产	-78.7	-6.6	-20.5
二产	17.2	20.2	-12.3
三产	-10.3	-11.2	27.9
二、新增固定资产	**-33.8**	**39.0**	**19.7**

6-2 分县（区）固定资产投资增速

（2022年）

指　　标	计量单位	全市	定海区	普陀区	岱山县	嵊泗县	高新区	新城
固定资产投资	**%**	**4.0**	**17.8**	**25.2**	**-9.8**	**8.2**	**1.2倍**	**1.0**
项目投资	%	5.9	38.7	84.5	-10.1	8.2	1.2倍	-12.1
第三产业投资	%	27.9	19.8	19.7	59.7	4.8倍	1.3倍	1.0
建筑安装工程投资	%	-1.1	-6.2	25.8	-9.7	18.9	1.0倍	-11.8
基础设施投资	%	33.4	56.9	57.5	56.9	-4.9	72.8	-15.8
房地产开发投资	%	-2.9	-10.7	-18.3	7.8	6.8		6.5
工业投资	%	-12.0	18.5	1.4倍	-17.1	-45.4	1.2倍	49.7
其中:工业技术改造	%	57.7	16.6	71.4	1.2倍	4.9倍	95.6	28.5
制造业投资	%	-13.0	56.2	80.2	-20.0		1.3倍	71.9
民间投资	%	-8.7	0.3	-3.6	-15.2	15.7倍	73.8	-25.7
交通投资	%	97.8	1.1倍	42.9	79.3	3.9倍	21.6倍	26.8
高新技术产业投资	%	-7.6	1.0倍	91.0	-11.8		39.7	-40.3
生态环保、城市更新和水利设施投资	%	35.8	17.4	1.0倍	53.9	6.2倍	-4.0	-16.7

6-3 项目投资主要指标

指　　标	2020年比上年增长(%)	2021年比上年增长(%)	2022年比上年增长(%)
一、本年完成投资	**0.1**	**9.6**	**5.9**
其中:国有投资	13.0	-10.0	37.0
其中:非国有投资	-5.3	19.4	-5.9
其中:民间投资	-5.3	18.5	-7.0
其中:投资项目	0.1	9.6	5.9
其中:基础设施投资	3.4	-15.7	33.4
其中:公共服务投资	-41.3	-6.0	1.3倍
其中:工业投资	16.3	20.2	-12.0
其中:工业企业技术改造投资	-0.6	38.8	57.7
1.按三次产业分			
第一产业	-78.7	-6.6	-20.5
第二产业	17.2	20.2	-12.3
第三产业	-22.6	-13.7	61.5
2.按构成分			
建筑安装工程	-9.8	36.0	2.2
设备工器具购置	-12.3	-10.0	24.7
其中:购置旧设备	-70.7	94.1	-100.0
其他费用	67.9	-23.6	-6.5
其中:建设用地费	-28.3	-11.8	48.5
3.按国民经济行业分			
农、林、牧、渔业	-78.7	-7.5	-12.0
#渔业	-79.3	-2.8	-71.2
采矿业	1.3	-0.4	-88.3
制造业	5.7	27.3	-13.0
#化学原料及化学制品制造业	-9.1	31.1	-12.7
电力、热力、燃气及水的生产和供应业	96.6	-7.8	-4.6
批发和零售业	5.3	-84.8	26.8
交通运输、仓储和邮政业	-24.7	-2.3	72.9
住宿和餐饮业	-53.0	73.0	3.8
信息传输、软件和信息技术服务业	10.2倍	2.2倍	-37.8
房地产业	-47.1	-22.6	71.8
租赁和商务服务业	-18.3	-67.3	-35.4
科学研究和技术服务业	-79.0	5.5倍	3.0倍
水利、环境和公共设施管理业	-10.5	-17.3	20.8
居民服务和其他服务业	8.2倍	-15.4	1.9倍
教育	-26.8	-4.9	78.7
卫生和社会工作	-23.7	59.7	3.2倍
文化、体育和娱乐业	-81.0	-26.8	2.0倍
公共管理和社会组织	88.4	-92.5	1.4倍
二、本年新增固定资产	**-66.6**	**91.6**	**75.9**
三、项目个数			
1.施工项目个数	10.6	0.9	30.5
2.本年投产项目个数	-33.3	50.0	36.9
四、本年资金来源			
本年实际到位资金	19.0	3.9	11.2
国家预算内资金	38.1	18.5	80.6
国内贷款	19.2	19.4	-13.4
自筹资金	-3.3	-26.2	77.5
其他资金来源	1.8倍	-76.7	4.2倍

6-4 工业项目投资主要指标

指　　标	2020 年比上年增长(%)	2021 年比上年增长(%)	2022 年比上年增长(%)
一、本年完成投资	**16.3**	**20.2**	**-12.0**
其中:国有投资	153.0	-1.7	-20.1
其中:非国有投资	5.0	24.6	-10.7
其中:民间投资	5.0	24.6	-11.7
其中:投资项目	16.3	20.2	-12.0
其中:基础设施投资	96.6	-7.8	-4.6
其中:工业企业技术改造投资	-0.6	38.8	57.7
1.按登记注册类型分			
内资企业	15.6	20.5	-13.2
国有企业	-90.2	294.0	1.2 倍
集体企业		9.3	74.8
有限责任公司	22.5	20.6	-15.6
股份有限公司	5.1 倍	38.4	2.4 倍
私营企业	-47.8	7.9	27.5
港、澳、台商投资企业	22.2	-43.7	79.1
外商投资企业	4.0 倍	-10.8	167.0
2.按构成分			
建筑安装工程		77.2	-10.2
设备工器具购置	-7.5	-13.3	9.2
其中:购置旧设备	-70.7	53.4	-100.0
其他费用	3.0 倍	-26.3	-60.5
其中:建设用地费	34.2	0.6	-50.6
3.按国民经济行业分			
采矿业	1.3	-0.4	-88.3
制造业	5.7	27.3	-13.0
农副食品加工业	-58.1	57.8	79.6
食品制造业			4.5
纺织业	-67.0	-100.0	
木材加工及木、竹、藤、棕、草制品业	-100.0		
家具制造业			
造纸及纸制品业	-100.0		
印刷业和记录媒介的复制业			
文教体育用品制造业		-97.2	-100.0
石油加工、炼焦及核燃料加工业	2.6 倍	8.1	-51.9
化学原料及化学制品制造业	-9.1	31.1	-12.7
化学纤维制造业			
橡胶和塑料制品业		-30.2	-8.4
非金属矿制品业	1.4	3.0 倍	13.2
黑色金属冶炼和压延加工业	-100.0		
金属制品业	-79.7	-24.1	8.5 倍
通用设备制造业	1.2 倍	-14.3	90.3
专用设备制造业	-14.8	1.7 倍	66.5
汽车制造业	2.8	1.3 倍	2.9 倍
铁路、船舶、航空航天等制造业	28.7	-33.4	44.9
电气机械及器材制造业	-61.1	65.5	2.4 倍
计算机、通信和其他电子设备制造业	3.9 倍	58.2	26.8
仪器仪表制造业	13.4	-92.3	-100.0
其他制造业		-98.8	-100.0
废弃资源综合利用业	-43.2	7.4 倍	30.6
金属制品、机械和设备修理业	-54.7	-6.8	66.6
电力、热力、燃气及水的生产和供应业	96.6	-7.8	-4.6
电力、热力的生产和供应业	1.4 倍	-9.2	-8.6
燃气生产和供应业	-36.0	-38.4	35.4
水的生产和供应业	15.4	5.3 倍	28.8
二、本年新增固定资产	**-23.8**	**1.3 倍**	**59.2**
三、项目个数			
1.施工项目个数		3.0	30.3
其中:本年新开工	-12.9	5.2	40.7
2.本年投产项目个数	5.3	-2.2	42.2
四、本年资金来源			
本年实际到位资金	36.1	18.6	-10.5
# 国内贷款	34.9	22.3	-20.5
自筹资金	33.6	-2.8	82.1
其他资金来源	3.5 倍	-60.6	2.4 倍

6-5 房地产开发投资主要指标

指　　标	2020年	2021年	2022年
一、投资总额(万元)	**2236062**	**2038271**	**1978596**
1.按构成分			
建筑安装工程	1093372	1360572	1190197
设备工器具购置	14803	12017	9952
其他费用	1127887	665682	778447
2.按房屋用途分			
住宅	1675462	1590492	1434368
办公楼	38011	12259	14287
商业营业用房	201377	165457	146348
其他	321212	270063	383593
二、本年新增固定资产(万元)	**669520**	**714533**	**412763**
固定资产交付使用率(%)	29.9	35.1	20.9
三、房屋建筑面积(万平方米)			
施工面积	926.22	1025.50	965.53
#住宅	701.04	758.97	675.11
竣工面积	64.71	90.27	51.98
#住宅	55.88	67.43	42.36
商品房销售面积	129.72	112.20	104.96
#住宅	116.78	97.34	89.06
待售面积	65.19	63.54	71.66
#住宅	28.22	29.67	43.45
四、商品房销售额(万元)	**1805884**	**1664087**	**1366516**

6-6　分县（区）房地产投资主要指标

（2022 年）

指　　标	全市	定海区	普陀区	岱山县	嵊泗县
一、投资总额（万元）	**1978596**	**1231290**	**623704**	**119281**	**4321**
1.按构成分					
建筑安装工程	1190197	691423	402922	91650	4202
设备工器具购置	9952	6882	2586	484	
其他费用	778447	532985	218196	27147	119
2.按房屋用途分					
住宅	1434368	927314	422080	81666	3308
办公楼	14287	6446		7791	50
商业营业用房	146348	66510	73193	6370	275
其他	383593	231020	128431	23454	688
二、本年新增固定资产（万元）	**412763**	**282876**	**3**	**129884**	
固定资产交付使用率（%）	20.9	23.0		108.9	
三、房屋建筑面积（万平方米）					
施工面积	965.53	593.31	264.96	70.14	37.12
#住宅	675.11	414.81	182.32	55.42	22.55
竣工面积	51.98	27.49		24.48	
#住宅	42.36	19.21		23.15	
商品房销售面积	104.96	51.95	45.29	6.77	0.95
#住宅	89.06	49.44	31.92	6.75	0.95
待售面积	71.66	29.32	12.44	28.49	1.41
#住宅	43.45	9.57	7.27	25.87	0.73
四、商品房销售额（万元）	**1366516**	**791420**	**510941**	**53115**	**11040**

6-7 房地产开发企业主要财务指标

单位:万元

指 标	2020 年	2021 年	2022 年	2022 年比上年增长(%)
流动资产合计	13006223	13361417	13329215	-0.2
其中:存货	9381178	9085371	9300826	2.4
资产总计	14650032	15818196	15846671	0.2
负债合计	11867272	12072777	12662228	4.9
所有者权益合计	2782760	3745419	3184444	-15.0
营业收入	2177162	2415550	1775513	-26.5
其中:商品房销售收入	1917212	2178825	1525066	-30.0
营业成本	1748613	2047513	1638360	-20.0
税金及附加	53756	81117	62004	-23.6
其他业务利润	4815	401	-5602	
销售费用	84574	98039	75947	-22.5
管理费用	83546	95252	78061	-18.0
财务费用	80380	19171	38774	102.3
其中:利息支出	79218	21346	18675	-12.5
营业利润	140295	103104	-120940	
营业外收入	11447	9089	9981	9.8
营业外支出	7674	38761	5987	-84.6
利润总额	141025	72847	-116944	
应付职工薪酬	51838	52470	48662	-7.3
全部从业人员年均人数(人)	3143	3077	2623	-14.8

6-8 民间投资主要指标

指　　标	2020年比上年增长(%)	2021年比上年增长(%)	2022年比上年增长(%)
一、本年完成投资	**-7.8**	**6.6**	**-8.7**
其中:房地产开发投资	-14.4	-26.8	-16.3
其中:投资项目	-5.3	18.5	-7.0
其中:基础设施投资	-39.2	-12.4	76.2
其中:公共服务投资	-43.5	-18.4	1.9倍
其中:工业投资	5.0	24.6	-11.7
#工业企业技术改造投资	-35.6	45.6	74.2
1.按三次产业分			
第一产业	-74.9	-23.2	-77.2
第二产业	5.8	24.8	-11.8
第三产业	-23.7	-24.9	0.9
2.按构成分			
建筑安装工程	-14.1	41.4	-12.8
设备工器具购置	-26.5	-10.3	33.1
#购置旧设备	-70.7	94.1	-100.0
其他费用	35.5	-35.1	-40.8
#建设用地费	-33.0	-38.6	-3.4
3.按国民经济行业分			
农、林、牧、渔业	-74.9	-23.2	-77.2
#渔业	-74.5	-20.5	-77.2
采矿业	-79.4	-91.6	-100.0
制造业	6.0	27.0	-16.2
#化学原料及化学制品制造业	-9.1	31.1	-12.7
电力、热力、燃气及水的生产和供应业	-2.4	-18.9	1.3倍
批发和零售业	-74.8	-81.7	1.9倍
交通运输、仓储和邮政业	-40.4	46.4	50.6
住宿和餐饮业	-63.1	2.5倍	5.6
房地产业	-15.1	-27.4	-13.8
租赁和商务服务业	-10.9	-69.6	-35.3
水利、环境和公共设施管理业	-51.3	-48.1	-10.6
教育	84.3	-56.8	21.9
卫生和社会工作	-50.4	44.6	1.2倍
文化、体育和娱乐业	-96.9	9.6倍	2.7倍
公共管理和社会组织	81.6	-100.0	
二、本年新增固定资产	**1.9倍**	**22.1**	**8.6**
三、项目个数			
1.施工项目个数	-2.0	-3.6	21.3
其中:本年新开工	-20.0	-7.5	55.4
2.本年投产项目个数	-23.9	3.7	53.6
四、本年资金来源合计			
本年实际到位资金	7.0	3.7	-11.0
#国家预算内资金	-100.0		2.3倍
国内贷款	22.5	13.8	-14.1
自筹资金	-33.9	-28.7	28.5
其他资金来源	9.2	-3.3	-22.7

6-9　重点领域投资主要指标

指　　标	2020 年比上年增长(%)	2021 年比上年增长(%)	2022 年比上年增长(%)
民间投资	**-7.8**	**6.6**	**-8.7**
交通投资	**-25.1**	**-23.9**	**97.8**
道路运输业	-31.2	-36.6	6.5
水上运输业	-22.7	22.4	1.6 倍
航空运输业	-61.4	45.1	-69.2
多式联运和运输代理业	-100.0		
装卸搬运业	3.3 倍	-72.3	14.5 倍
生态环保、城市更新和水利设施投资	**-8.8**	**-4.7**	**35.8**
水利管理业	-37.7	-48.1	39.9
其中:防洪除涝设施管理	20.9	-20.1	9.5
水资源管理	-7.9	-100.0	
天然水收集与分配	-71.2	90.4	-11.6
其他水利管理业	-61.9	-58.0	64.6
生态保护和环境治理业	30.9	1.9 倍	-20.6
其中:生态保护	-33.3	461.9 倍	-16.6
环境治理业	31.1	118.7	-21.9
城市更新	**9.6**	**-12.6**	**61.2**
公共设施管理业	-7.8	-33.6	40.8
其中:市政设施管理	-0.9	-8.3	49.0
环境卫生管理	-68.3	-62.8	21.7
城乡市容管理	7.4 倍	-60.2	16.7
绿化管理	-46.7	-65.7	32.8
城市公园管理	1.3 倍	-36.3	58.5
游览景区管理	-42.2	-75.7	-54.2
高新技术产业	**-8.5**	**33.9**	**-7.6**
高新技术产业制造业	-8.6	31.4	-8.7
高新技术产业服务业	-7.2	1.1 倍	14.4

6-10　资质等级以上建筑企业主要经济指标

（2022 年）

指　　标	计　量 单　位	总　计			经　济　类　型		
			一、二 级企业	三级以下 企业	国有经济	集体经济	其他经济
企业单位数	个	241	104	137	8	4	229
建筑业总产值	万元	2535805	1941253	594553	96132	198471	2241202
# 建筑工程产值	万元	2160593	1650063	510529	21739	20536	2118318
# 装饰装修产值	万元	83639	70981	12658			83639
# 在外省完成的产值	万元	206759	164158	42602	24168		182591
竣工产值	万元	1401937	1125482	276456	70716	176845	1154377
房屋建筑施工面积	万平方米	1066.98	956.46	110.52		0.72	1066.26
房屋建筑竣工面积	万平方米	242.79	200.15	42.63			242.79
年末自有机械设备(总台数)	台	7457	5513	1944	870	371	6216
年末自有机械设备(总功率)	万千瓦	17.37	11.61	5.76	3.49	0.18	13.70
年末自有机械设备(净值)	万元	40203	19951	20253	15906	1254	23044
流动资产合计	万元	2406215	1823656	582558	140851	161804	2103559
固定资产原价	万元	378533	261076	117457	39094	57127	282312
累计折旧	万元	166696	123067	43630	14641	10869	141186
资产总计	万元	3491751	2193831	1297920	182670	253281	3055800
负债合计	万元	2652273	1698546	953727	95290	190053	2366930
实收资本	万元	699012	380151	318862	48189	23677	627146
主营业务收入	万元	2219700	1684157	535543	94308	239627	1885765
主营业务成本	万元	2063616	1573184	490433	76283	214096	1773237
主营业务税金及附加	万元	8532	6034	2498	1174	633	6726
管理费用	万元	163498	78785	84713	9944	20250	133304
财务费用	万元	13788	10899	2888	-133	82	13838
利润总额	万元	6311	17634	-11323	10465	2358	-6512
年末从业人员	万人	6.88	5.30	1.59	0.09	0.11	6.68
按总产值计算全员劳动生产率	万元 / 人	38.04	37.78	38.93	114.85	196.70	34.58
从业人员平均人数	万人	6.67	5.14	1.53	0.08	0.10	6.48

6-11 国有建筑企业主要经济指标

指　标	计量单位	1990年	1995年	2000年	2005年	2010年	2013年	2014年	2015年	2016年	2017年	2018年	2019年	2020年	2021年	2022年
企业单位数	个	1	7	7	12	6	8	7	7	6	7	6	7	8	9	8
建筑业总产值	万元	2551	28192	11934	109858	53862	52357	100213	67408	44375	16368	51659	34096	41305	57979	96132
竣工产值	万元			7786	92501	44958	52870	67282	50561	49042	9534	22998	28061	56584	45061	70716
年末自有机械设备总台数	台	576	990	494	1961	1048	1070	889	824	702	174	347	425	175	622	870
年末自有机械设备总功率	万千瓦	0.31	1.73	0.90	4.05	1.52	1.77	2.37	2.20	3.12	2.31	2.67	2.62	1.36	2.87	3.49
固定资产原价	万元	1214	8602	3483	32161	15937	21922	18899	23062	20870	6827	7489	11648	9688	31330	39094
利润总额	万元	63	296	469	1844	1121	1013	3929	1207	3699	2072	325	1335	775	6785	10465
从事建筑业活动的平均人数	万人	0.18	0.43	0.20	0.89	0.15	0.17	0.29	0.20	0.19	0.04	0.13	0.14	0.06	0.08	0.08
按总产值计算全员劳动生产率	万元/人	1.28	6.56	5.97	12.85	35.93	30.28	35.03	33.35	23.18	38.69	40.87	24.87	72.59	71.58	114.85

注：2002年起，国有建筑企业指国有、国有控股及国有独资企业。

主要统计指标解释

固定资产投资　指固定资产投资中计划总投资500万元及以上的固定资产投资项目和房地产开发项目的投资。固定资产投资额是指以货币形式表现的在一定时期内建造和购置固定资产的工作量以及与此有关的费用的总称。它是反映固定资产投资规模、速度、比例关系和使用方向的综合性指标。固定资产投资按经济类型可分为国有、集体、个体、联营、股份制、外商、港澳台商、其他等,也可以简单划分为国有投资、民间投资、港澳台与外商投资;按照管理渠道,可分为基本建设、更新改造、房地产开发投资和其他固定资产投资四个部分。

房地产开发投资　指各种登记注册类型的房地产开发公司、商品房建设公司及其他房地产开发单位统一开发的包括统代建、拆迁还建的住宅、厂房、仓库、饭店、宾馆、度假村、写字楼、办公楼等房屋建筑物和配套的服务设施、土地开发工程,如道路、给水、排水、供电、供热、通讯、平整场地等基础设施工程。包括实际从事房地产开发或经营活动的附营房地产开发单位的开发投资。

固定资产投资项目投资　指固定资产投资中计划总投资500万元及以上的固定资产投资项目(不含房地产开发项目)的投资。

国有投资　指固定资产投资中国有、国有绝对或相对控股企业(单位)的固定资产投资。

民间投资　指固定资产投资中除国有经济投资和港澳台与外商投资外的企业(单位)的固定资产投资。

港澳台与外商投资　指固定资产投资中非国有控股的港澳台与外商投资企业(单位)的固定资产投资。

七、批发零售、住宿餐饮、外经和旅游

7-1 历年社会消费品零售总额

单位:万元

年 份	社会消费品零售总额	市 属	定 海	普 陀	岱 山	嵊 泗
1955	5697	53	1743	1889	1233	779
1960	8019		2447	2866	1707	999
1965	9507	710	2580	3067	2040	1110
1966	10384	1885	2486	2539	2222	1252
1967	11370	2400	2617	2716	2428	1209
1968	11093	2337	2719	2453	2357	1227
1969	9332	1827	2635	1652	1978	1240
1970	9043	480	2503	2710	1904	1446
1971	11241	2225	2228	2993	2651	1144
1972	13606	2714	2553	3892	2753	1694
1973	14532	978	4232	4347	2923	2052
1974	16476	1232	4723	4805	3085	2631
1975	18004	1557	4991	4983	3423	3050
1976	18959	1572	5236	5540	3687	2924
1977	19171	1569	5732	5314	3708	2848
1978	19219	1349	5696	5689	3917	2568
1979	22386	1406	6676	6885	4375	3044
1980	26683	1117	7894	9067	5128	3477
1981	30377	2011	9138	9900	5772	3556
1982	32343	1529	9577	11701	6082	3454
1983	36185	2738	10648	12557	6473	3769
1984	42789	8469	8307	14309	7252	4452
1985	61994	10837	14251	20607	10050	6249
1986	72410	12107	16829	24013	11748	7713
1987	90720	16475	21788	29370	14202	8885
1988	123423	25801	30129	38186	19041	10266
1989	124968	21746	30395	43051	20233	9543
1990	122592	20197	31049	43052	19004	9290
1991	137150	25035	37569	41672	21840	11034
1992	166533	29048	44869	51570	27382	13665
1993	207001	42411	53048	62252	31751	17539
1994	268380	52468	66161	84424	42615	22712
1995	320853	146576		100827	47550	25899
1996	426987	213903		119176	55809	38099
1997	479610	234646		129798	68465	46701
1998	514560	247072		142515	75263	49711
1999	563784	263200		168014	80091	52479
2000	599190	268246		189174	85417	56352
2001	662571	293002		215126	94717	59726
2002	742509	330650		242903	106405	62550
2003	753579	83963	242857	249435	116669	60655
2004	866133	95358	285319	283448	132794	69214
2005	994196	102567	327329	331543	153761	78996
2006	1133793	123541	362535	379955	177040	90721
2007	1319667		558695	450773	206507	103692
2008	1576734		607466	566161	272722	130384
2009	1791240		761867	623442	278073	127858
2010	2032940		894665	711867	285059	141348
2011	2429046		1069180	852333	341057	166476
2012	2768444		1196866	994893	386089	190596
2013	3111131		1351392	1108145	435934	215660
2014	3510808		1522920	1260442	484696	242749
2015	3864655		1672811	1392006	533364	266474
2016	4262804		1846117	1532179	594236	290272
2017	4711771		2036805	1696624	658093	320248
2018	5116110		2205950	1847277	715893	346991
2019	5533191		2374016	2005113	778272	375790
2020	5117194		2213134	1798917	760514	344629
2021	5524053		2392673	1950679	823940	356760
2022	5752436		2478036	2016003	889698	368699

注:1995 年至 2002 年定海商业归入市属块统计。1995 年起,零售总额中剔除住房零售。2003 年起,零售总额中不含制造业及农民对非农民零售。2007 年起,按在地统计,不再出现市属口径。2010 年起,统计口径变化,非同业的限额以下产业活动和其他类不在统计范围内。1992-2009 年数据按照第四次经济普查结果相应调整,2010-2020 年数据再次根据第四次经济普查和第七次人口普查结果相应调整。

7-2 全市各县(区)限额以上

项　目	2015 年	2016 年	2017 年	2018 年	2019 年
限额以上社会消费品零售额	**1066073**	**1214756**	**1108690**	**979418**	**1026590**
按区域分					
城镇	938456	1055366	929305	829143	867841
其中：城区	865554	965426	866436	785214	820764
乡村	127618	159389	179384	150275	158749
按消费形态分					
餐饮收入	153463	184339	167028	147289	161639
商品零售	912611	1030417	941661	832129	864951
按行业分					
1.批发业	136678	181240	204947	161102	157847
2.零售业	774279	847382	735361	669782	705807
3.住宿业	67379	74763	73091	63237	69754
4.餐饮业	87738	111371	95291	85297	93182
按单位类别分类					
1.法人单位		1102945	945563	881327	932416
2.产业单位		30939	32816	33844	32533
3.个体		80872	130311	64247	61641

社会消费品零售额

单位:万元

2020年	2021年	2022年	2022年分县(区)			
			定海区	普陀区	岱山县	嵊泗县
754461	**926434**	**1063617**	**690741**	**318840**	**30749**	**23286**
626035	770712	892930	547011	301455	28342	16122
594799	729682	840200	544919	293935		1346
128426	155722	170687	143731	17385	2407	7165
123988	142350	139230	41513	74482	16129	7107
630473	784083	924386	649230	244358	14619	16180
120254	163497	260565	194350	62763	1620	1831
509366	618775	661647	454627	179709	12963	14348
48304	52630	49934	10575	31901	4445	3013
76537	91531	91471	31189	44466	11722	4094
685436	863050	984094	659546	290167	19892	14489
24849	8424	21111	15444	5194		473
44176	54960	58412	15753	23478	10857	8324

7−3 限额以上批发零售法人

（2022 年）

项　　目	法人企业数（个）	从业人员期末人数（人）	商品购进额	
				进　口
总　　计	**620**	**10948**	**54943063**	**6887215**
一、批发业	**510**	**5996**	**54202418**	**6874190**
其中：国有控股	47	1439	13373178	5919337
集体控股	3	83	5651	
私人控股	447	3693	39868224	332743
港澳台商控股	6	170	210657	121707
外商控股	7	611	744708	500404
1.按登记注册类型分				
内资企业	497	5205	53550679	6585016
国有企业	7	454	1242320	
集体企业	1	27	2924	
股份合作企业	1	13	1421	
有限责任公司	94	1526	25049626	6398360
国有独资公司	9	287	1941623	353
其他有限责任公司	85	1239	23108004	6398007
股份有限公司	3	709	1561077	73731
私营企业	391	2476	25693311	112925
私营独资企业	1	7	2142	
私营有限责任公司	389	2465	25684650	112925
私营股份有限公司	1	4	6520	
港、澳、台商投资企业	6	170	210657	121707
港澳台商独资企业	6	170	210657	121707
外商投资企业	7	621	441082	167467
中外合资经营企业	3	48	215277	167467
外资企业	4	573	225805	
2.按批发行业小类分				
农、林、牧、渔产品批发	15	149	310705	8252
谷物、豆及薯类批发	3	64	23486	
牲畜批发	1	7	12530	
渔业产品批发	8	78	87353	8252
其他农牧产品批发	3		187336	
食品、饮料及烟草制品批发	27	1646	2227858	177882
米、面制品及食用油批发	3	117	21850	
糕点、糖果及糖批发	3	19	120375	
肉、禽、蛋、奶及水产品批发	11	806	1813717	177882
盐及调味品批发	1	6	2884	

企业经营情况

单位:万元

商品销售额	批发额	出口	零售额	期末商品库存额	服务营业额	年末零售营业面积(平方米)
57193052	**55990938**	**4124963**	**960023**	**1347741**	**15964**	**434388**
56413169	**55861144**	**4124963**	**309988**	**1286015**	**8837**	**35068**
13870158	13728653	1187381	99684	502324	5447	23388
6807	6033		775	1134		380
40040327	39778086	2930780	62026	593864	3390	7700
1314950	1314950	6803		174771		100
1180927	1033423		147504	13922	0.2	3500
54239099	53835305	4118160	161759	1081296	8837	31404
1361384	1361384			50777	366	
3129	2983		146	810		120
1883	1883			19		
26467336	26329901	4078046	67819	671275	5081	3672
1919908	1919158	7918	750	99413	5081	546
24547429	24410744	4070128	67068	571861		3126
204008	167563	30723	36444	5240		22000
26201359	25971590	9391	57350	353177	3390	5612
2491	2491			218		
26191399	25961630	9391	57350	352959	3390	5612
7469	7469					
1314950	1314950	6803		174771		100
1314950	1314950	6803		174771		100
859120	710890		148230	29948	0.2	3564
248017	247291		726	29918		64
611104	463600		147504	30	0.2	3500
315927	315927	6680		25617	239	
24000	24000			16015		
12798	12798			1369		
91583	91583	6680		8232	239	
187546	187546					
935774	925607	30813	10167	78003	263	2566
23587	22297		1290	14337	263	802
121452	117681		3771	762		200
402643	399031	30813	3612	40794		359
3068	3068			108		

7-3　续表1

项　　目	法人企业数（个）	从业人员期末人数（人）	商品购进额	进口
酒、饮料及茶叶批发	6	311	44208	
烟草制品批发	1	338	220683	
其他食品批发	2	49	4142	
纺织、服装及家庭用品批发	11	219	147009	
纺织品、针织品及原料批发	1		2396	
服装批发	3	69	17555	
化妆品及卫生用品批发	1		17437	
厨具卫具及日用杂品批发	2	124	3546	
灯具、装饰物品批发	1	8	5847	
家用视听设备批发	1	1	78858	
日用家电批发	2	17	21370	
文化、体育用品及器材批发	2	23	223269	100226
文具用品批发	2	23	223269	100226
医药及医疗器材批发	6	284	123551	
西药批发	4	205	93637	
中药批发	1	79	29915	
医疗用品及器材批发	1			
矿产品、建材及化工产品批发	408	3065	50190915	6587830
煤炭及制品批发	32	131	3494194	
石油及制品批发	185	1707	26227798	6583030
金属及金属矿批发	81	355	5073761	582
建材批发	36	365	1463415	3864
其他化工产品批发	74	507	13931748	353
机械设备、五金产品及电子产品批发	20	398	721589	
汽车及零配件批发	1		46787	
五金产品批发	2	19	9638	
电气设备批发	2	11	28249	
计算机、软件及辅助设备批发	3	26	39830	
通讯设备批发	2	2	470639	
广播影视设备批发	2	58	61478	
其他机械设备及电子产品批发	8	282	64968	
其他批发业	21	212	257520	
再生物资回收与批发	1	15	2215	
互联网批发	2	65	8240	
其他未列明批发业	18	132	247066	

单位:万元

商品销售额	批发额	出口	零售额	期末商品库存额	服务营业额	年末零售营业面积(平方米)
49141	48276		865	9147		945
330787	330787			11508		
5095	4466		629	1347		260
167127	163206	6576	1504	46173	659	1137
2417						
21771	21195	6576	577	4218		351
34408	34408			37262		
4254	3832		422	822	104	653
4287	4287			2143		
79526	79526					
20464	19958		506	1728	555	133
226179	226179			10744		
226179	226179			10744		
128455	126797		1658	9564		270
97325	95667		1658	8025		270
31130	31130			1539		
53632418	53126196	4067692	292223	1095677	7669	27443
3647096	3633977			16718		50
29371593	28991075	4000437	291962	843361	384	26121
5208614	5101411	59321		66706	1385	70
1509216	1503833		261	35496	208	1200
13895900	13895900	7933		133397	5691	2
731721	705367	13203	734	12695	5	1952
47052	47052			12		
10465	10465			250		200
30142	4522			644		
40000	39412		589	338		120
471594	471594					
61618	61618			34		
70849	70704	13203	146	11417	5	1632
275569	271867		3701	7543	3	1700
3603	3603			525		
8774	5073		3701	791	3	1700
263191	263191			6227		

7-3　续表2

项　　目	法人企业数（个）	从业人员期末人数（人）	商　品购进额	商　品销售额
二、零售业	110	4952	740645	779883
其中:国有控股	21	804	116107	115437
集体控股	1			
私人控股	84	3862	562631	604045
港澳台商控股	2	208	24587	23961
外商控股	2	78	37321	36441
1.按登记注册类型分				
内资企业	105	4436	668953	696101
国有企业	3	30	21171	20846
股份合作企业	1			
有限责任公司	27	1930	275566	278778
国有独资公司	3	118	11414	13111
其他有限责任公司	24	1812	264152	265667
私营企业	72	2414	365692	389262
私营有限责任公司	72	2414	365692	389262
其他企业	2	62	6525	7215
港、澳、台商投资企业	2	208	24587	23961
港澳台商独资企业	2	208	24587	23961
外商投资企业	3	308	47105	59822
外资企业	2	78	37321	36441
其他外商投资企业	1	230	9784	23381
2.按零售行业小类分				
综合零售	12	1197	187196	193221
百货零售	5	562	120174	124301
超级市场零售	6	568	64115	64338
其他综合零售	1	67	2907	4581
食品、饮料及烟草制品专门零售	13	659	60206	56739
果品、蔬菜零售	7	544	41085	36193
肉、禽、蛋、奶及水产品零售	3	71	12645	14005
营养和保健品零售	2	15	1511	1575
烟草制品零售	1	29	4966	4966
纺织、服装及日用品专门零售	4	144	9372	11685
服装零售	3	92	8586	10289
钟表、眼镜零售	1	52	787	1396
文化、体育用品及器材专门零售	5	162	14707	17108
文具用品零售	1	46	1975	2248
图书、报刊零售	3	113	8158	10280
珠宝首饰零售	1	3	4574	4580
医药及医疗器材专门零售	8	811	50587	53482
西药零售	8	811	50587	53482
汽车、摩托车、零配件和燃料及其他动力销售	44	1240	364063	368809
汽车新车零售	33	1158	337460	337405
摩托车及零配件零售	1	7	3152	3441
机动车燃油零售	10	75	23451	27964
家用电器及电子产品专门零售	11	256	21019	24282
日用家电零售	4	23	7608	8073
计算机、软件及辅助设备零售	4	104	6262	8016
通信设备零售	3	129	7149	8193
货摊、无店铺及其他零售业	13	483	33496	54557
互联网零售	5	302	23189	40198
生活用燃料零售	8	181	10308	14359

单位:万元

其中:通过公共网络实现的销售额	批发额	零售额	其中:通过公共网络实现的零售额	期末商品库存额	服务营业额	年末零售营业面积(平方米)
53190	129794	650035	51455	61726	7127	399320
3089	9783	105655	2444	7769	248	52519
43618	115595	488395	42528	48914	6663	316365
6484		23961	6484	3055	216	14223
	4416	32024		1989		16213
23326	124287	571758	22680	55712	6911	365684
		20846		1612		422
8433	63078	215700	7788	19632	1016	214877
2397	6	13105	2397	3149		6583
6036	63072	202595	5391	16483	1016	208294
14893	60837	328370	14893	34420	5896	146535
14893	60837	328370	14893	34420	5896	146535
	372	6843		48		3850
6484		23961	6484	3055	216	14223
6484		23961	6484	3055	216	14223
23381	5506	54316	22291	2960		19413
	4416	32024		1989		16213
23381	1090	22291	22291	971		3200
8170	53142	140079	8170	11052	932	184125
2243	36165	88136	2243	4395	216	135044
5927	16277	48062	5927	6407	716	40670
	700	3882		250		8411
2046	646	56093	2046	1937		14702
46	646	35547	46	638		9209
		14005		409		4650
		1575		194		316
2000		4966	2000	696		527
3	542	11143	3	1236		20987
		10289		967		19934
3	542	854	3	269		1053
1043	44	17065	397	5157		7783
	37	2211		2341		1200
1043	6	10274	397	2816		6476
		4580				107
856	3506	49976	856	6058	59	19747
856	3506	49976	856	6058	59	19747
	62790	306019		30645	4342	137943
	59159	278246		29536	4342	110307
	571	2870		421		300
	3061	24903		689		27336
875	5836	18446	875	3352	1746	8293
	344	7728		1303	352	6480
875	2530	5486	875	860	610	613
	2962	5232		1189	784	1200
40198	3288	51215	39108	2290	49	5740
40198	1090	39108	39108	1885	49	4350
	2198	12107		405		1390

7-4 限额以上批发零售贸易业商品销售类值

（2022 年）　　单位:万元

项　　目	销售合计	批发额	零售额
合　　计	**47389011**	**46479160**	**909850**
其中：通过公共网络实现的商品销售	438515	386754	51761
1.粮油、食品类	959490	830969	128521
其中：粮油类	154347	139489	14857
肉禽蛋类	30461	13704	16757
水产品类	531897	519163	12733
蔬菜类	19638	379	19259
干鲜果品类	21957	15624	6333
2.饮料类	19648	7626	12022
3.烟酒类	394467	376541	17925
4.服装、鞋帽、针纺织品类	70218	30044	40175
其中：服装类	59227	24433	34794
鞋帽类	2135	648	1487
针纺织品类	8856	4963	3894
5.化妆品类	141401	131885	9516
6.金银珠宝类	16405		16405
7.日用品类	30267	14580	15687
其中：可穿戴智能设备	8		8
8.五金、电料类	4286	4131	155
9.体育、娱乐用品类	52524	51156	1368
其中：照相器材类			
10.书报杂志类	8589	6	8582
11.电子出版物及音像制品类	120		120
12.家用电器和音像器材类	98091	74003	24088
其中：能效等级为 1 级和 2 级的商品	13072	5229	7843
其中：智能家用电器和音像器材	9767	7811	1957
13.中西药品类	172362	128754	43608
其中：西药类	150059	110871	39188
中草药及中成药类	22003	17884	4120
14.文化办公用品类	93090	82289	10800
其中：计算机及其配套产品	9084	4227	4857
15.家具类	2460	2055	405
16.通讯器材类	16329	10731	5598
其中：智能手机	12171	8732	3439
17.煤炭及制品类	3914855	3914855	
18.木材及制品类	1305391	1305391	
19.石油及制品类	19092865	18822159	270706
20.化工材料及制品类	13345529	13345529	
其中：化肥类	7311	7311	
21.金属材料类	5522681	5522681	
22.建筑及装潢材料类	336394	336094	301
23.机电产品及设备类	116878	114010	2868
其中：农机类			
24.汽车类	337069	61187	275883
其中：新能源汽车	23790	5037	18753
其中：新车	314121	57170	256951
二手车	1342	388	954
25.种子饲料类			
26.棉麻类	235604	235604	
27.其他未列明商品类	1101999	1076879	25120

7-5 限额以上连锁零售业总店(公司)经营情况

项目	单位	总计					零售业超级市场				
		2018年	2019年	2020年	2021年	2022年	2018年	2019年	2020年	2021年	2022年
连锁总店数	个	9	8	7	6	6	4	3	2	1	1
连锁门店数	个	189	236	251	233	223	56	27	20	11	11
商品购进额	万元	96946	87939	78336	60903	76972	80899	69442	59550	37817	45277
#统一配送商品购进额	万元	93321	85333	78336	60484	74088	80899	69442	59550	37817	45277
#自有配送中心配送商品购进额	万元	74948	65919	58567	40640	47818	62526	53280	45581	24640	28105
非自有配送中心配送商品购进额	万元	18373	16162	13969	13177	17233	18373	16162	13969	13177	17172
商品销售总额	万元	164244	156136	117028	105285	106141	141106	128074	86109	73718	69284
#零售额	万元	86778	106139	74421	71467	75915	78281	79338	45343	42139	41496
年末零售营业面积	平方米	69454	68319	52799	51143	49962	56804	49759	32759	32009	32009
年末从业人员数	人	1512	1465	1356	1269	1182	775	547	359	328	343

7-6 限额以上住宿和

（2022年）

项　　目	法人企业数（个）	从业人员期末人数（人）	营业额	客房收入	其中:通过公共网络实现的客房收入	其中:通过非自营平台实现的客房收入
总　　计	**155**	**8452**	**196679**	**91500**	**29253**	**7508**
一、住宿业	**105**	**5512**	**128893**	**82904**	**26715**	**7496**
其中：国有控股	18	1691	29366	20240	9244	4818
私人控股	86	3821	99113	62251	17451	2677
外商控股	1		414	413	20	
1.按登记注册类型分						
内资企业	103	5471	126929	81106	25768	7496
国有企业	3	88	1589	1164	387	
有限责任公司	21	2046	38552	23421	8685	4913
国有独资公司	4	649	10873	7038	3472	1742
其他有限责任公司	17	1397	27679	16383	5213	3171
私营企业	79	3337	86788	56522	16696	2582
私营独资企业	4	58	1253	1110	107	
私营有限责任公司	75	3279	85535	55412	16590	2582
港、澳、台商投资企业	1	41	1550	1384	927	
与港澳台商合资经营企业	1	41	1550	1384	927	
外商投资企业	1		414	413	20	
外资企业	1		414	413	20	
2.按住宿业行业小类分						
旅游饭店	64	4270	95607	55546	17379	4880
一般旅馆	40	1224	33029	27200	9336	2615
其中：经济型连锁酒店	7	208	5742	4813	1736	817
其他一般旅馆	33	1016	27287	22387	7600	1798
露营地服务	1	18	258	157		
二、餐饮业	**50**	**2940**	**67786**	**8596**	**2538**	**13**
其中：国有控股	1	56	348	73		
私人控股	47	2755	64828	8229	2538	13
港澳台商控股	2	129	2610	294		
1.按登记注册类型分						
内资企业	47	2707	63551	8247	2525	
有限责任公司	14	963	23247	4832	1503	
国有独资公司	1	56	348	73		
其他有限责任公司	13	907	22900	4759	1503	
私营企业	33	1744	40304	3415	1022	
私营独资企业	5	67	1902	20		
私营有限责任公司	28	1677	38403	3395	1022	
港、澳、台商投资企业	2	178	3101	349	13	13
与港澳台商合资经营企业	1	60	836	55	13	13
港澳台商独资企业	1	118	2265	294		
外商投资企业	1	55	1134			
中外合资经营企业	1	55	1134			
2.按餐饮业行业小类分						
正餐服务	43	2560	61926	8596	2538	13
快餐服务	2	313	3648			
饮料及冷饮服务	5	67	2212			

餐饮业经营情况

单位:万元

餐费收入	其中:通过公共网络实现的餐费收入	其中:通过非自营平台实现的餐费收入	商品销售收入	其他收入	客房数(间)	床位数(个)	餐位数(位)	年末餐饮营业面积(平方米)
94549	**11272**	**92**	**2039**	**8592**	**14290**	**23493**	**52143**	**375972**
39175	**1283**	**92**	**957**	**5858**	**12522**	**20538**	**25778**	**227579**
7003	661	52	301	1822	2308	4037	5619	55568
32172	622	40	656	4035	10214	16501	20159	172011
			1	0.3				
39163	1283	92	938	5721	12345	20283	25678	227079
377				48	86	148	170	600
12684	706	57	289	2160	2916	5063	5903	64566
2864	607	28	74	898	756	1211	2484	13757
9819	99	29	215	1262	2160	3852	3419	50809
26103	576	35	650	3513	9343	15072	19605	161913
142			1		346	666	388	12167
25962	576	35	649	3513	8997	14406	19217	149746
11			19	137	177	255	100	500
11			19	137	177	255	100	500
			1					
			1					
35076	1140	75	714	4270	8180	13700	21727	169108
4010	142	17	243	1576	4310	6781	3988	37191
358			90	481	1012	1542	436	3085
3652	142	17	153	1095	3298	5239	3552	34106
89				11	32	57	63	21280
55374	**9990**		**1081**	**2734**	**1768**	**2955**	**26365**	**148393**
81				194	35	58	100	500
53122	9603		949	2528	1705	2853	26007	146018
2171	387		132	13	28	44	258	1875
51634	8998		949	2721	1722	2883	25446	144223
17258	4899		576	582	1014	1654	5035	38303
81				194	35	58	100	500
17177	4899		576	388	979	1596	4935	37803
34377	4099		373	2140	708	1229	20411	105920
1881	237				17	33	918	2512
32495	3862		373	2140	691	1196	19493	103408
2606	92		132	13	46	72	904	4080
781					18	28	650	2250
1826	92		132	13	28	44	254	1830
1134	900						15	90
1134	900						15	90
50122	8907		1081	2126	1768	2955	22711	142251
3040	60			608			3620	5830
2212	1023						34	312

7-7 限额以上批发和零售业

（2022年）

项　　目	法人企业数（个）	年初存货	流动资产合计	固定资产原价	累计折旧	资产总计	流动负债合计	负债合计	所有者权益合计
总　　计	**620**	**1381220**	**11132011**	**508008**	**216135**	**12128296**	**9216222**	**10335995**	**1762840**
一、批发业	**510**	**1323741**	**10902914**	**318157**	**135279**	**11617867**	**8905340**	**9958203**	**1630456**
其中：国有控股	47	569303	2881507	116172	50145	3068126	2252940	2338171	715830
集体控股	3	1275	2593	688	619	2730	1741	1745	985
私人控股	447	638113	7608023	200572	84338	8133498	6329012	7296581	821835
港澳台商控股	6	78586	310377	93	70	312229	255539	255542	56688
外商控股	7	36464	100415	633	108	101283	66108	66165	35118
1.按登记注册类型分									
内资企业	497	1196951	10484685	317290	134938	11184401	8579528	9632332	1522862
国有企业	7	42696	346330	52577	19600	406937	231908	238843	168094
集体企业	1	841	1265	34	31	1268	1034	1034	235
股份合作企业	1	44	609	411	360	690	143	143	547
有限责任公司	94	751285	3717944	84830	36987	4114078	3069283	3350945	747739
国有独资公司	9	72251	833768	20573	7268	866664	563720	584395	282269
其他有限责任公司	85	679034	2884177	64258	29719	3247414	2505563	2766550	465469
股份有限公司	3	41568	197331	89559	38310	289028	115191	193465	95563
私营企业	391	360517	6221206	89880	39650	6372400	5161970	5847902	510685
私营独资企业	1	173	1165	55	55	1165	990	990	176
私营有限责任公司	389	360295	6214406	89820	39593	6365597	5156167	5842099	509685
私营股份有限公司	1	49	5635	5	2	5637	4813	4813	824
港、澳、台商投资企业	6	78586	310377	93	70	312229	255539	255542	56688
港、澳、台商独资经营企业	6	78586	310377	93	70	312229	255539	255542	56688
外商投资企业	7	48204	107853	774	272	121236	70272	70330	50907
中外合资经营企业	3	47029	84178	349	264	97074	46988	47033	50041
外资企业	4	1175	23674	425	8	24163	23284	23297	865
2.按批发行业小类分									
农、林、牧、渔产品批发	15	23347	127650	17401	6805	157408	117974	125923	31485
谷物、豆及薯类批发	3	14945	29659	16078	5714	42637	26963	31248	11389
牲畜批发	1	1441	1703	155	63	1795	1495	1495	300
渔业产品批发	8	6961	33127	1167	1028	35148	25826	29491	5657
其他农牧产品批发	3		63162			77829	63690	63690	14139
食品、饮料及烟草制品批发	27	95368	450063	117211	49801	565983	264382	355778	210205
米、面制品及食用油批发	3	14320	20119	12224	3404	31630	17579	26910	4720
糕点、糖果及糖批发	3	689	21023	676	511	21359	16934	16944	4415
肉、禽、蛋、奶及水产品批发	11	58393	276046	81789	32146	365159	169867	250538	114621
盐及调味品批发	1	110	571	111	94	588	231	231	357

企业主要财务状况

单位:万元

实收资本	营业收入	营业成本	税金及附加	其他业务利润	销售费用	管理费用	财务费用	营业利润	利润总额	应付职工薪酬	应交增值税	从事批发和零售业活动的从业人员平均人数(人)
1373055	**51593490**	**50735323**	**68017**	**37231**	**367372**	**135889**	**70693**	**224938**	**271645**	**114516**	**65805**	**10411**
1249691	**50851505**	**50105809**	**64873**	**11061**	**294024**	**107101**	**60952**	**226474**	**269210**	**75879**	**57996**	**5469**
560412	13174390	12899163	45383	5054	61156	42608	-3375	118055	131859	36461	26932	1459
551	6301	5184	17		694	492	-37	-50	-36	542	108	84
646076	35779134	35395206	17208	6007	206288	60435	41364	78867	107248	35381	57208	3756
21900	1168467	1114085	1331		23502	828	4260	20776	21177	1755	-15532	123
20752	723213	692170	935		2384	2740	18740	8826	8962	1740	-10721	47
1201302	49255323	48568233	63323	11061	267050	103820	55790	204457	246662	72427	73418	5290
78149	1312249	1206297	40157	2257	8634	18286	-1635	43866	44412	16809	13137	449
220	2769	2566	2		113	116	-41	12	17	171	24	27
200	1666	1308	6		234	85	-1	34	30	62	29	13
738174	24573285	24290145	11625	5683	103059	34500	25790	103110	110690	27078	8199	1674
264128	1711360	1704613	299	503	1674	11832	2624	-187	3898	7567	28	282
474046	22861926	22585532	11325	5181	101385	22668	23166	103297	106792	19511	8171	1392
34300	290664	265542	166		4127	4550	-569	23006	31684	7261	981	385
350260	23074689	22802376	11368	3120	150882	46283	32245	34430	59830	21047	51048	2742
	2285	1942	4		194	94	1	52	52	34	27	7
349260	23065554	22794348	11358	3120	150600	46166	32125	33852	59241	20961	50961	2728
1000	6850	6086	6		89	24	120	526	538	52	61	7
21900	1168467	1114085	1331		23502	828	4260	20776	21177	1755	-15532	123
21900	1168467	1114085	1331		23502	828	4260	20776	21177	1755	-15532	123
26488	427715	423491	220		3472	2454	902	1241	1370	1697	110	56
26388	224649	222517	113		2267	1927	-74	1387	1381	1459	-114	46
100	203066	200974	106		1204	527	977	-146	-11	239	224	10
18957	293621	287724	297	1996	4368	3463	667	1810	2449	1630	406	147
4200	23523	22425	135	1966	830	1964	434	-314	264	995	37	64
50	12823	12602	3		1	130	6	82	106	33		6
1510	85288	80887	55	30	3537	1363	192	2009	2026	602	357	75
13197	171987	171809	104			6	35	33	54		12	2
49803	951524	819679	39862	1731	13600	23021	-3076	66201	70371	25917	14104	1288
1158	22908	21475	12	771	1121	1781	423	-1904	1105	926	101	119
600	107480	106537	161	619	158	477	478	286	281	283	272	19
43855	476813	448436	122	50	3214	5201	-400	27347	28314	7028	740	475
100	2718	2570	4		38	23		84	85	38	28	5

7-7 续表 1

项　　目	法人企业数(个)	年初存货	流动资产合计	固定资产原价	累计折旧	资产总计	流动负债合计	负债合计	所有者权益合计
酒、饮料及茶叶批发	6	7893	24585	1787	822	28620	21300	21409	7212
烟草制品批发	1	12423	103379	19212	12556	113104	33364	34636	78468
其他食品批发	2	1541	4340	1413	269	5523	5106	5111	412
纺织、服装及家庭用品批发	11	44018	81177	2922	1822	91805	74774	78478	12815
纺织品、针织品及原料批发	1	651	4178			4178		3665	
服装批发	3	3179	9669	150	78	9741	8567	8567	1174
化妆品及卫生用品批发	1	37262	49535	206	118	49993	48148	48148	1845
厨具卫具及日用杂品批发	2	804	4016	2148	1326	13996	7006	7045	6951
灯具、装饰物品批发	1	332	4884	418	300	5003	3666	3666	1337
家用视听设备批发	1		1057			1057	5	5	1052
日用家电批发	2	1791	7838			7838	7382	7382	457
文化、体育用品及器材批发	2	656	33075			33075	31428	31428	1647
文具用品批发	2	656	33075			33075	31428	31428	1647
医药及医疗器材批发	6	8921	60768	4820	2479	65250	41611	58074	7177
西药批发	4	6857	44198	4500	2402	48286	41611	42041	6245
中药批发	1	2064	16570	320	78	16965		16033	932
医疗用品及器材批发	1								
矿产品、建材及化工产品批发	408	1134393	10010576	168894	71023	10556055	8269834	9201194	1326902
煤炭及制品批发	32	35104	1142361	2641	1330	1154321	995604	1042766	99368
石油及制品批发	185	849551	5246130	92304	41233	5436702	4542832	4908190	523557
金属及金属矿批发	81	128749	1324519	9630	2970	1336153	981570	1147871	178005
建材批发	36	27192	410398	35304	12039	443433	304506	370709	72184
其他化工产品批发	74	93798	1887168	29015	13451	2185447	1445323	1731659	453788
机械设备、五金产品及电子产品批发	20	10584	83024	909	455	86464	59413	59413	26314
汽车及零配件批发	1		10569			10569	9906	9906	663
五金产品批发	2	111	3215	31	4	3242	2668	2668	574
电气设备批发	2	782	3213	72	53	3232	48	48	2447
计算机、软件及辅助设备批发	3	504	4655	64	19	4699	4299	4299	400
通讯设备批发	2		11574			11899	10381	10381	1518
广播影视设备批发	2	62	4172	74	70	4176	3137	3137	1039
其他机械设备及电子产品批发	8	9125	45626	669	309	48647	28975	28975	19673
其他批发业	21	6454	56581	6001	2895	61825	45924	47914	13910
再生物资回收与批发	1	525	968	383	190	1161	1096	1096	65
互联网批发	2	1631	4343	102	54	4544	4341	4341	203
其他未列明批发业	18	4298	51270	5516	2651	56120	40488	42478	13642

单位：万元

实收资本	营业收入	营业成本	税金及附加	其他业务利润	销售费用	管理费用	财务费用	营业利润	利润总额	应付职工薪酬	应交增值税	从事批发和零售业活动的从业人员平均人数（人）
2118	43665	38695	50		3755	1776	317	−928	−671	2074	411	286
1749	293113	197870	39503	291	4916	13404	−3942	41401	41330	15235	12490	335
223	4827	4096	10		399	360	48	−86	−72	334	62	49
4034	151632	133503	213		10480	5845	98	2921	3666	3449	755	395
	2139	2122	1		1	21		−6	−6			10
649	20023	14434	28		2029	3452	34	47	279	1004	478	174
10	30381	19289	120		7055	1202	30	2800	3369	988	79	78
825	4511	3527	46		1283	900	29	37	−30	1311	84	108
1200	3793	3569	5		4	133	55	27	36	50	43	7
1000	72104	72028	6			21		49	49	17	31	1
350	18680	18535	6		107	117	−51	−32	−31	78	40	17
1100	200158	191321	166		6328	257	403	1530	2805	183	892	23
1100	200158	191321	166		6328	257	403	1530	2805	183	892	23
5275	114778	108897	181	160	2876	1900	674	1812	1817	2631	1086	286
5275	86940	81591	150	160	2204	1581	465	1273	1296	1869	871	202
	27838	27306	30		672	320	210	539	520	761	215	84
1139867	48236848	47683003	23855	5994	247384	68055	60977	146340	181278	37015	39014	2769
50050	3214173	3126290	2614	240	65929	8396	5246	7598	15542	1294	16075	172
468366	26645606	26285404	12342	3431	139838	28980	32731	114455	132356	18117	−4349	1332
102217	4646602	4610510	2282	107	12782	8195	6733	8208	13630	3866	15665	378
54509	1378643	1346599	951		17819	5274	1737	6241	7440	3842	6618	352
464725	12351824	12314200	5666	2217	11016	17210	14531	9839	12311	9897	5004	535
19277	650265	639342	167	170	4847	2264	788	2509	3289	3405	918	357
1000	41639	41241	13		309	2	346	−272	−238		37	1
50	9261	7802	16		1274	159	12	−1	215	92	330	22
1500	27191	25588	14		303	175	65	1046	1130	122	−293	11
100	35638	35265	7		41	222	17	87	93	142	46	26
600	417215	416818	23			80	3	291	456	6	32	2
520	55014	54202	14	170	379	153	11	255	287	325	85	58
15507	64307	58426	79		2543	1474	334	1104	1346	2718	681	237
11378	252680	242341	135	1009	4141	2295	420	3350	3536	1650	821	204
50	3188	2993	1		155	12	19	8	8	108	14	15
630	7918	6754	3	879	740	243	50	127	130	480	27	65
10698	241574	232594	130	130	3246	2040	351	3216	3398	1062	780	124

7–7 续表 2

项　　目	法人企业数（个）	年初存货	流动资产合计	固定资产原价	累计折旧	资产总计	流动负债合计	负债合计	所有者权益合计
二、零售业	**110**	**57479**	**229097**	**189850**	**80855**	**510430**	**310883**	**377792**	**132385**
国有控股	21	8545	29255	16654	6269	71584	21494	40425	31159
集体控股	1								
私人控股	84	47426	191774	165188	70715	422688	275963	322207	100228
港澳台商控股	2	2	3776	2180	682	8012	8124	9858	-1846
外商控股	2	1507	4292	5829	3190	8146	5302	5302	2844
1.按登记注册类型分									
内资企业	105	54491	207958	181483	76877	480112	295825	361000	118858
国有企业	3	893	3993	55	40	4231	3402	3530	701
有限责任公司	27	22381	87053	89268	44374	230126	148653	171893	58234
国有独资公司	3	2711	10229	2094	1371	12819	5772	6280	6539
其他有限责任公司	24	19670	76823	87173	43003	217308	142881	165613	51695
私营企业	72	31120	114541	89798	31621	241521	140949	182661	58607
私营有限责任公司	72	31120	114541	89798	31621	241521	140949	182661	58607
其他企业	2	97	2371	2363	842	4234	2822	2916	1317
港、澳、台商投资企业	2	2	3776	2180	682	8012	8124	9858	-1846
港、澳、台商独资经营企业	2	2	3776	2180	682	8012	8124	9858	-1846
外商投资企业	3	2987	17363	6187	3297	22307	6934	6934	15373
外资企业	2	1507	4292	5829	3190	8146	5302	5302	2844
其他外商投资企业	1	1480	13071	358	107	14161	1632	1632	12529
2.按零售行业小类分									
综合零售	12	8661	60177	133052	54522	217972	140313	166369	51603
百货零售	5	5071	34055	124203	50551	169149	96195	122251	46899
超级市场零售	6	3334	20592	8678	3831	43261	39040	39040	4222
其他综合零售	1	256	5530	172	140	5562	5079	5079	483
食品、饮料及烟草制品专门零售	13	2777	19144	5309	3255	24580	15758	17503	7077
果品、蔬菜零售	7	1296	7512	2804	2328	10744	7833	9450	1295
肉、禽、蛋、奶及水产品零售	3	488	7391	2331	777	9233	5997	5997	3236
营养和保健品零售	2	291	725	57	53	891	1044	1080	-188
烟草制品零售	1	703	3516	117	97	3711	883	976	2735
纺织、服装及日用品专门零售	4	1701	9351	191	160	55528	29901	47541	7987
服装零售	3	1492	8541	168	152	54703	29495	47135	7568
钟表、眼镜零售	1	209	810	23	8	825	407	407	419
文化、体育用品及器材专门零售	5	4261	11797	3125	2216	14492	9184	9600	4892
文具用品零售	1	1887	2358	637	543	2451	2479	2479	-28
图书、报刊零售	3	2374	7983	2488	1673	10578	5421	5836	4741
珠宝首饰零售	1		1456			1463	1284.0	1284.0	179
医药及医疗器材专门零售	8	5925	16248	628	445	17248	15805	16134	1114
西药零售	8	5925	16248	628	445	17248	15805	16134	1114
汽车、摩托车、零配件和燃料及其他动力销售	44	28495	80546	43786	17938	145666	87351	108958	36708
汽车新车零售	33	27318	73449	33114	16086	102915	82571	87983	14932
摩托车及零配件零售	1	605	601	6	3	605	492	492	113
机动车燃油零售	10	572	6495	10666	1849	42146	4288	20483	21663
家用电器及电子产品专门零售	11	3137	12388	886	539	13020	6616	6662	6359
日用家电零售	4	1139	5516	127	109	5782	2608	2653	3129
计算机、软件及辅助设备零售	4	1066	4043	588	373	4258	2207	2207	2051
通信设备零售	3	932	2830	171	56	2980	1801	1801	1179
货摊、无店铺及其他零售业	13	2522	19447	2873	1780	21925	5954	5026	16645
互联网零售	5	1762	15780	425	121	16926	3675	3675	13251
生活用燃料零售	8	760	3667	2448	1659	4999	2279	1351	3395

单位:万元

实收资本	营业收入	营业成本	税金及附加	其他业务利润	销售费用	管理费用	财务费用	营业利润	利润总额	应付职工薪酬	应交增值税	从事批发和零售业活动的从业人员平均人数（人）
123365	**741984**	**629514**	**3144**	**26170**	**73349**	**28788**	**9741**	**-1536**	**2435**	**38637**	**7809**	**4942**
21878	106349	94192	240	322	9519	2353	1046	-131	-154	5407	1321	817
100087	579371	483997	2733	25663	59050	25184	8550	-53	3947	30895	6330	3835
1000	22647	18728	103	56	3750	467	35	-379	-404	1270	176	210
400	33618	32597	68	130	1030	785	110	-973	-954	1065	-17	80
121832	663087	568742	2883	25985	53052	26006	9821	3542	7160	32158	6805	4412
120	19079	18158	27		496	2	34	371	371	238	391	26
42619	270825	222292	1367	16615	29526	9907	4394	4326	6194	13866	2578	1982
2800	12612	10114	59	10	1574	775	-137	249	280	1679	178	122
39819	258213	212178	1308	16604	27953	9132	4532	4077	5914	12187	2401	1860
78518	365980	321563	1489	9370	22806	15802	5353	-1066	602	17756	3828	2342
78518	365980	321563	1489	9370	22806	15802	5353	-1066	602	17756	3828	2342
575	7203	6729	1		224	295	40	-89	-7	297	8	62
1000	22647	18728	103	56	3750	467	35	-379	-404	1270	176	210
1000	22647	18728	103	56	3750	467	35	-379	-404	1270	176	210
532	56250	42044	157	130	16547	2316	-115	-4699	-4321	5209	828	320
400	33618	32597	68	130	1030	785	110	-973	-954	1065	-17	80
132	22633	9447	89		15516	1531	-226	-3725	-3367	4144	846	240
46809	198056	155602	1863	23667	23435	8816	4627	3776	4184	7756	1853	1237
40461	135103	102574	1779	22630	15885	6447	4148	4274	4549	4575	1379	596
5848	58894	49786	79	1037	7136	1855	448	-353	-263	2709	381	562
500	4059	3242	5		414	514	31	-146	-102	472	93	79
6844	55040	48198	41	10	5391	1964	218	-180	-46	2297	413	646
4939	35474	31102	11		4203	1296	204	-662	-610	1331	215	529
1455	13639	12370	5		569	285	40	241	323	442	48	71
150	1507	1062	4		172	90	17	189	190	101	14	16
300	4421	3664	21	10	447	294	-43	52	51	422	136	30
20200	12632	11389	337		949	827	2010	-2881	-2695	1359	188	145
20150	11341	10701	335		432	750	2007	-2884	-2701	889	152	92
50	1292	689	2		517	77	3	3	6	470	36	53
3420	16393	13741	47	29	1701	764	-54	198	242	1876	77	168
120	1989	1564	2		306	53	80	-15	-10	201	27	46
3000	10351	8130	44	29	1396	648	-135	272	309	1622	49	117
300	4053	4048	1			63		-59	-57	53	0.4	5
2294	49331	39852	121	100	6505	1612	-21	1372	1515	5320	726	811
2294	49331	39852	121	100	6505	1612	-21	1372	1515	5320	726	811
39042	337461	310999	569	1166	13477	10034	3085	-515	262	11992	2850	1179
25674	309668	286545	447	1166	11069	9973	2137	-318	443	11104	2385	1096
10	3045	2883	1		3	56		102	106	41	2	5
13358	24747	21571	121		2406	5	948	-299	-287	848	463	78
2949	23090	19635	37	178	1958	1408	69	36	4	1925	320	259
1600	7335	6755	4	3	560	182	31	-149	-137	121	31	34
785	7741	6081	27	175	557	963	-1	119	64	1022	224	102
563	8015	6799	7		841	264	39	66	77	783	65	123
1806	49980	30098	129	1020	19933	3364	-193	-3342	-1030	6113	1383	497
246	36833	20504	110		17970	1967	-204	-3511	-1608	4509	1148	303
1560	13148	9594	18	1020	1963	1397	11	169	579	1605	234	194

7-8 限额以上住宿和餐饮业

（2022年）

项　　目	法人企业数（个）	年初存货	流动资产合计	固定资产原价	累计折旧	资产总计	流动负债合计	负债合计	所有者权益合计
总　　计	**155**	**11880**	**393359**	**545051**	**196599**	**1311472**	**470284**	**944185**	**361195**
一、住宿业	**105**	**10049**	**343747**	**438700**	**146460**	**1173417**	**370425**	**771999**	**397703**
其中：国有控股	18	1147	57669	163080	46842	612714	194634	443532	167620
私人控股	86	8902	277289	270172	99127	546444	175791	317527	230082
外商控股	1		8789	5448	491	14260		10939	
1.按登记注册类型分									
内资企业	103	10024	333638	432801	145615	1156174	369957	760591	395187
国有企业	3	55	339	12040	2353	10027	5804	6682	1783
有限责任公司	21	1329	61104	175432	51288	642626	200122	467656	173650
国有独资公司	4	178	37831	97577	20119	526324	158016	386770	139554
其他有限责任公司	17	1151	23273	77856	31170	116302	42106	80886	34096
私营企业	79	8640	272195	245329	91974	503522	164031	286253	219754
私营独资企业	4		1269	492	368	1798	1294	2144	-347
私营有限责任公司	75	8640	270926	244837	91607	501724	162736	284109	220101
港、澳、台商投资企业	1	25	1319	451	354	2983	468	468	2515
与港澳台商合资经营企业	1	25	1319	451	354	2983	468	468	2515
外商投资企业	1		8789	5448	491	14260		10939	
外资企业	1		8789	5448	491	14260		10939	
2.按住宿业行业小类分									
旅游饭店	64	9525	318966	390342	132094	1090940	303375	690714	396477
一般旅馆	40	525	24632	47944	14344	81933	66654	80889	1078
其中：经济型连锁酒店	7	73	3764	5047	1736	7894	6689	6689	1206
其他一般旅馆	33	452	20869	42897	12609	74039	59966	74200	-127
露营地服务	1		149	415	22	544	396	396	148
二、餐饮业	**50**	**1831**	**49612**	**106351**	**50139**	**138055**	**99859**	**172186**	**-36508**
其中：国有控股	1	7	27	26	16	36	334	334	-298
私人控股	47	1789	45525	71453	45955	101951	87962	137790	-38215
港澳台商控股	2	35	4061	34871	4168	36067	11562	34062	2005
1.按登记注册类型分									
内资企业	47	1744	44677	70214	45263	100286	87350	137177	-39268
有限责任公司	14	712	25861	53997	33049	66334	30074	73314	-6980
国有独资公司	1	7	27	26	16	36	334	334	-298
其他有限责任公司	13	706	25834	53972	33032	66297	29740	72980	-6683
私营企业	33	1032	18817	16217	12214	33952	57276	63863	-32288
私营独资企业	5	79	501	84	72	533	1008	1108	-575
私营有限责任公司	28	953	18316	16132	12142	33419	56268	62756	-31713
港、澳、台商投资企业	2	67	4656	35655	4762	36946	12196	34696	2250
与港澳台商合资经营企业	1	35	697	813	610	1004	647	647	357
港澳台商独资企业	1	33	3959	34842	4153	35942	11548	34048	1893
外商投资企业	1	20	279	481	114	823	313	313	510
中外合资经营企业	1	20	279	481	114	823	313	313	510
2.按餐饮业行业小类分									
正餐服务	43	1801	48663	106133	50021	136691	99544	171832	-37518
快餐服务	2		414	76	64	426	264	264	162
饮料及冷饮服务	5	29	536	142	55	938	51	90	848

企业主要财务状况

单位:万元

实收资本	营业收入	营业成本	税金及附加	其他业务利润	销售费用	管理费用	财务费用	营业利润	利润总额	应付职工薪酬	应交增值税	从事住宿和餐饮业活动的从业人员平均人数（人）
459184	**191298**	**88796**	**3068**	**1965**	**67668**	**61598**	**14593**	**-28940**	**-27390**	**57270**	**3677**	**8863**
402077	**125734**	**58401**	**2769**	**1679**	**36584**	**49998**	**12357**	**-19776**	**-18534**	**39858**	**3272**	**5623**
58514	29979	22498	1500	295	6237	13060	8204	-7281	-7062	14699	389	1690
343563	95430	35810	1210	1384	30338	36749	4152	-12470	-11447	25159	2308	3922
	326	93	59		10	189	1	-25	-25		575	11
399577	123952	56902	2710	1612	36571	49800	12386	-19818	-18664	39549	2675	5570
1500	1495	1183	80		262	585	186	-788	-782	913	44	108
66990	39317	23651	1505	848	10060	16933	9147	-7741	-7437	16755	504	2041
29600	11220	7585	1032	-10	1671	8620	6601	-468	-462	5574	49	693
37390	28097	16066	473	858	8389	8313	2546	-7273	-6975	11181	456	1348
331087	83139	32069	1125	765	26248	32282	3053	-11288	-10446	21882	2127	3421
150	1221	447			695	267	5	-194	-187	322		57
330937	81918	31622	1124	765	25553	32015	3048	-11094	-10258	21560	2127	3364
2500	1456	1406		66	4	9	-30	67	155	309	22	42
2500	1456	1406		66	4	9	-30	67	155	309	22	42
	326	93	59		10	189	1	-25	-25		575	11
	326	93	59		10	189	1	-25	-25		575	11
376415	91903	38479	2444	1488	30490	40255	10496	-15741	-14587	32216	2303	4480
25263	33588	19777	325	190	5929	9569	1864	-3811	-3723	7472	969	1127
1429	5475	3197	28	-12	1243	996	253	-223	-208	1142	158	201
23834	28114	16580	297	202	4687	8573	1611	-3588	-3516	6330	811	926
400	243	146			166	174	-3	-224	-224	170		16
57107	**65564**	**30394**	**299**	**287**	**31084**	**11600**	**2237**	**-9164**	**-8856**	**17412**	**405**	**3240**
300	328	240	3		139	150		-204	-191	345	12	57
44797	62727	28533	94	287	30650	9243	1037	-5953	-5687	16455	424	3067
12010	2510	1622	201		294	2207	1199	-3008	-2979	612	-31	116
44867	61478	28146	88	282	29656	9232	1028	-5799	-5531	16106	436	3020
33985	22808	9307	37	282	11277	4017	612	-2151	-2066	5487	109	1000
300	328	240	3		139	150		-204	-191	345	12	57
33685	22480	9067	34	282	11138	3867	612	-1948	-1875	5142	97	943
10882	38670	18839	51		18379	5216	416	-3648	-3466	10619	327	2020
14	1816	1411	1		490	137	16	-199	-193	384	11	67
10868	36854	17428	50		17889	5079	399	-3450	-3273	10235	317	1953
12090	2952	1947	205	5	349	2367	1207	-3124	-3083	813	-31	165
90	789	421	4	5	278	160	9	-84	-72	276	1	60
12000	2164	1526	201		71	2207	1198	-3040	-3011	537	-33	105
150	1134	301	5.5		1079		2	-241	-242	493		55
150	1134	301	5.5		1079		2	-241	-242	493		55
56922	59747	28001	294	287	28377	11083	2232	-9381	-9117	15962	372	2888
130	3648	1747	2		1384	517	2	-3	33	1092	25	283
55	2169	646	4		1323		2	220	228	358	8	69

7-9 商品市场交易情况

单位:万元

项　　目	1990年	1995年	2000年	2005年	2010年	2015年	2017年	2018年	2019年	2020年	2021年	2022年
消费品市场交易额	26506	157147	381631	594309	962896	1672909	1893372	2104504	2262968	2320482	2468683	2757130
生产资料市场交易额			42035	330520	636143	666435	1839226	2370535	2513691	2372345	2489836	2647546

7-10 个体工商业及私营企业主要指标

项　　目	计量单位	1990年	1995年	2000年	2005年	2010年	2015年	2016年	2017年	2018年	2019年	2020年	2021年	2022年
一、个体工商业户数	户	**21030**	**33497**	**40339**	**33150**	**44753**	**56090**	**61588**	**65856**	**73996**	**79625**	**86169**	**90744**	**95812**
从业人员	人	31528	44233	49824	43129	73631	98482	110396	117305	131190	143995	152530	160240	163117
注册资金	万元	8471	33940	50376	78489	198004	374368	547339	598708	750235	939005	1120331	1245582	1472839
二、私营企业户数	户	**168**	**1222**	**1940**	**5563**	**11160**	**20317**	**24075**	**28521**	**34048**	**39418**	**44996**	**52841**	**53394**
注册资金	万元	1306	54372	135163	882318	3910319	11615843	18635849	27750395	37157042	46830350	53068946	76517337	81636617
三、私营企业中														
独资企业户数	户	78	456	608	1468	1771	3109	3130	2904	3218	3773	6022	9098	7199
合伙企业户数	户	86	301	243	554	372	465	796	1105	1414	1611	1668	1756	1737
有限公司户数	户	4	465	1089	3541	9013	16706	20101	24512	29343	33954	37207	41419	43919

注:本表数据来源于市场监督管理局。

7-11 私营企业基本情况

（2022 年）

项　　目	计量单位	合计	#农林畜牧业	#工业	#建筑业	#交通运输业	#批发和零售业	#住宿和餐饮业
城乡私营企业								
户数	户	53394	503	5067	3369	2780	19553	712
注册资金	万元	81636617	648730	10175055	4879068	4090381	34310328	241123

7-12 城乡个体工商业基本情况

（2022 年）

项　　目	城　乡　合　计		
	户　数 （户）	从　业 人　员 （人）	注　册 资　金 （万元）
一、总　　计	**95812**	**163117**	**1472839**
1.农林畜渔业	2044	5505	145838
2.工业	4528	10416	62783
#制造业	4528	10416	62783
3.建筑业	4280	12829	131316
4.交通运输业	4402	6140	48919
5.批发和零售业	45179	61243	445655
6.住宿和餐饮业	16101	32781	428087
7.居民服务业	9528	17363	75470
8.文化体育娱乐业	1171	3080	29960
二、各县区情况			
定海	31270	49370	246833
普陀	25844	46276	449858
岱山	14646	32271	296081
嵊泗	7648	14099	238225
普陀山	6502	10547	135431
新城	9902	10554	106411

7-13 规模以上服务业

（2022 年）

项目	企业单位数（个）	亏损企业（个）	资产总计	固定资产原价	本年折旧	营业收入	营业成本
总计	**521**	**217**	**20624655**	**9302518**	**433677**	**4176110**	**3560149**
交通运输、仓储和邮政业	310	141	9040281	7377024	351419	2754083	2392837
信息传输、软件和信息技术服务业	16	5	428454	687293	37002	284035	238587
租赁和商务服务业	85	39	4517246	407765	11962	707127	615125
科学研究和技术服务业	28	2	115883	34246	2392	116139	76062
水利、环境和公共设施管理业	11	7	784178	523821	15425	54304	52652
居民服务、修理和其他服务业	15	3	50119	25317	1314	38994	31343
文化、体育和娱乐业	13	7	19679	15368	1207	8206	5618

注：服务业企业未包括银行、保险、批发零售和住宿餐饮业单位。

企业主要经济指标

单位:万元

营业税金及附加	费用合计	销售费用	管理费用	财务费用	营业利润	利润总额	所得税费用	应付职工薪酬(本年贷方累计发生额)	应交增值税	期末用工人数(人)
30253	**709324**	**94154**	**352896**	**262274**	**96674**	**117632**	**57571**	**790480**	**137517**	**62349**
19916	406946	25883	223963	157101	20355	25288	41167	491269	102765	29899
1225	42016	20724	20798	495	-1217	-568	-811	37973	2446	2130
4310	140342	33709	40736	65897	74733	78289	6624	140565	17625	16430
507	23202	3557	20005	-361	13766	13920	2156	30907	5253	2042
398	22642	2665	8340	11636	-20795	-17430	7	15823	2951	1899
90	6966	1166	5874	-74	748	579	71	12007	1277	2482
63	4678	1224	2925	529	-2209	-964	21	2796	335	304

7-14 对外经济合作情况

指　标	1995 年	2000 年	2005 年	2010 年	2011 年	2012 年	2013 年	2014 年	2015 年	2016 年	2017 年	2018 年	2019 年	2020 年	2021 年	2022 年
营业额(万美元)	296	870	3795	3192	2761	16405	26923	49849	55514	42665	49166	94802	79467	88907	103062	91220
外派人次(人次)	1798	1207	2702	1578	1532	9502	12943	8918	8757	8514	10266	11372	10063	10137	13994	7446
年底在外人数(人)	1050	987	3058	1037	969	9639	9364	11855	10936	11603	14104	16173	16984	14874	13305	14324

7-15 外贸进出口总值

单位:万元

指　标	2018 年	2019 年	2020 年	2021 年	2022 年
进出口总值	**11355460**	**13711088**	**16673094**	**23548685**	**33817774**
一、进口总值	**7107307**	**8699104**	**10792091**	**15809605**	**22262811**
# 国有企业	2519694	2992911	2319880	2506274	1757502
外商投资企业	2023081	1791821	1034972	1567027	1461210
集体企业	389264	122053	10957	12519	14125
民营企业	2172498	3796229	7426246	11723767	19029956
二、出口总值	**4248153**	**5011984**	**5881003**	**7739080**	**11554963**
# 国有企业	1801456	2078439	2503972	3477089	5895798
外商投资企业	696536	1019101	1112788	883237	782039
集体企业	85865	23216	12762	14171	19500
民营企业	1670058	1890375	2251482	3364584	4857679

7-16 出口额分国别(地区)情况

单位:万元

项　目	1995 年	2000 年	2005 年	2010年	2015年	2016年	2017年	2018年	2019 年	2020 年	2021 年	2022 年
出口总值	**17154**	**41162**	**99538**	**693734**	**618522**	**4137841**	**3841873**	**4248153**	**5011984**	**5881003**	**7739080**	**11554963**
中国香港	1005	1300	3842	112332	84838	489401	348130	523372	600178	804641	884160	1529688
中国台湾	610	251	869	2195	7866	38171	43544	56437	66362	75396	63500	94996
日　本	11484	17575	33143	46707	63574	357680	413061	407393	322702	281370	295630	244938
东　盟				26873	104539	382883	418235	415016	673469	643616	1390833	2037505
#马来西亚	21	38	526	8757	16202	37914	83535	15521	43373	39805	102750	142840
新 加 坡	160	60	495	2992	67978	157135	160407	230371	396895	452844	997874	1558392
印度尼西亚	22	45	570	1147	3852	25067	39849	62440	75039	35446	150529	144217
土 耳 其	181	53	619	11794	1326	8626	100211	10066	16000	16339	24496	24105
韩　国	1102	9444	18595	42393	23241	238690	182641	166788	153729	182035	214357	177240
美　国	509	4817	3587	17820	15342	194331	153430	129156	94518	72677	86836	128301
澳大利亚	36	64	486	2504	4878	24092	24650	34495	47360	37593	49360	59480
阿 联 酋	18	66	82	519	1813	20240	11455	12219	13765	8967	8467	11840
新 西 兰	1	21	120	177	545	3006	2046	3449	2064	1539	2718	2791
欧　盟				137824	105093	646879	746367	823525	835077	823712	654277	1063483
#德　国	16	523	8713	40311	4025	29930	15972	16420	31416	27060	40591	49524
法　国	24	330	1473	1052	1250	16347	7254	7907	93210	5049	7594	14439
荷　兰	1	233	1117	1376	1892	2465	19535	16339	26563	14582	19386	190409
意 大 利	1	959	2717	11938	4127	27579	28899	84767	84920	141806	104335	46795
比 利 时	155	259	2128	9949	1656	15616	9262	7899	11352	12643	12369	14136
西 班 牙	902	3841	9148	10890	9067	75111	83091	109437	103291	100129	99241	95969
匈 牙 利	304	27	21	2	12	239	392	194	130	146	726	400
阿 根 廷	28	5	15	78	172	1905	1617	11398	7845	659	2910	1628
孟加拉国	11	27	120	1472	1775	10689	12403	15726	6086	16134	17983	45679
沙特阿拉伯	30	16	186	127	1433	1695	5612	4088	4146	3708	30109	3942

注:1.2007 年及以前为自营出口数据。

2.表中指标 2015 年及以前计量单位为万美元。

7-17 出口主要商品类值

单位:万元

项　　目	2018年	2019年	2020年	2021年	2022年
出口总值	**4248153**	**5011984**	**5881003**	**7739080**	**11554963**
一、农副产品	885673	828668	677907	682335	678952
#水产品	796050	794847	665624	675766	671649
农产品	82988	29295	9396	4007	5229
二、工业品	1629015	2322529	2756519	2130738	2511542
# 机电及高新产品	1416869	2148420	2625724	1917508	2107725
# 造船	801781	962361	645506	792467	741449
修船	365787	596950	1223168	737524	928820
塑机螺杆	42542	47247	45939	61231	64768
# 纺织品	18314	23874	33388	59185	87622
# 机动车辆用坐具零件	46445	51875	32978	39937	
三、油品	1740175	1865313	2449464	4928569	8366243
# 原油	40229	57675	84970	80291	15173
成品油	1699946	1807638	2364494	4848278	8351070

7-18 出口主要商品实物量

（海关口径）

项　　目	单位	1995 年	2000年	2005年	2010年	2013年	2014年	2015年	2016年	2017年	2018年	2019 年	2020 年	2021 年	2022 年
水 产 品	吨	26688	93242	196812	193861	197975	211080	203019	271608	294509	314293	304924	268222	292578	634209
#冻　鱼(片)	吨	6545	47559	53611	5379	60675	72423	65768	102111	114462	109644	126208	88388	92787	276762
冻虾(虾仁)	吨	236	22555	19901	33601	23809	21535	16611	20239	18367	981	12815	16510	21538	38450
冻梭子蟹	吨	2156	4107	8709	9328	9269	12752	16831	13796	16297	18469	20831	13934	14625	9704
冰鲜鱼(鲜、冷鱼)	吨	9962	4807	4390	1966	39	6		328	192	148	130	174	264	330
活鳗鱼	吨	95	22	486	40		39	18	22	8					
活海鱼	吨	65	1573	4613	40	4	39		22	8					
活梭子蟹	吨	526	10		3		20								
蔬　　菜	吨	3960		2001	61	86	71	45	515	970	132	31	47	115	124
钢　　材	吨			123	4629	3995	4594	7683	34680	25212	4274	3391	9176	741	3011
机械设备	万台(万套)			334	27652	19619	22580	37020	25202	33486	35536	36050	58960	54809	61338
船　　舶	艘			94	176	131	101	122	100	69	57	65	43	65	115
棉　　布	万米	159	89	46	3	1	0.7	2	53	83	14				
注塑机械	台			140	414	421	273	272	334	390	524	251	354	396	374
服装及衣着附件	万件	157		213	187	247	326	1062	4999	4062	2119	662	466	529	964
鞋　　类	万双			512	149	64	63	98	549	348	105	26	10	11	15
渔网、线	吨	1032		502	580	490	512	413	683	836	969	659	847	1032	648
各种玩具	万美元	26	308	130	104	173	175	292	3575	927	1238	668	378	538	827

7-19 使用外资情况

单位:万美元

年 份	批准项目(个)	使用外资		外商直接投资	
		合 同	实 际	合 同	实 际
1980	7	130	89		
1985	7	905	291	669	128
1986	5	185	356		82
1987	6	506	12	495	
1988	5	1640	640	320	401
1989	3	134	708	7	
1990	11	1706	528	933	203
1991	14	223	853	200	582
1992	53	2942	740	2593	162
1993	103	6942	1527	6796	1369
1994	49	8041	2322	7890	2265
1995	32	10298	2812	9800	2319
1996	21	1297	2024	1292	2022
1997	16	848	1225	785	1162
1998	12	2428	675	2411	658
1999	29	2662	872	2659	869
2000	21	2712	1075	2692	1055
2001	35	3005	1141	2961	1097
2002	26	2744	1148	2720	1124
2003	60	5052	1755	5001	1704
2004	20	6161	2341	6070	2251
2005	21	6940	3120	6940	3120
2006	16	11340	5003	11340	5003
2007	18	19262	7516	19262	7516
2008	7	4701	15855	4701	15855
2009	12	10423	10595	10423	10595
2010	5	3674	6719	3674	6719
2011	12	24176	10788	24176	10788
2012	10	17467	18339	17467	18339
2013	4	18525	20930	18525	20930
2014	14	107473	19962	107473	19962
2015	19	38170	7792	38170	7792
2016	25	87738	21017	87738	21017
2017	56	99589	40518	99589	40518
2018	271	431087	41762	431087	39381
2019	78	224040	50093	224040	50093
2020	64	166679	40885	166679	40185
2021	62	156353	50401	156353	50400
2022	59	321790	51037	321790	51037

注:2004 年起,批准项目指外商直接投资批准项目。

7-20 舟山口岸外贸运输业务情况

项　　目	单位	1990年	1995年	2000年	2005年	2010年	2015年	2016年	2017年	2018年	2019年	2020年	2021年	2022年
一、外贸进出口货运总量	**万吨**	**5.90**	**306.40**	**1027.49**	**2741.27**	**7616.22**	**10610.77**	**11852.69**	**13119.48**	**13944.77**	**15227.84**	**17448.57**	**18050.06**	**17953.83**
1.进口总量	万吨	4.10	301.20	898.30	2598.29	6932.90	9998.77	11234.92	12561.47	13284.31	14545.67	16622.62	16717.31	16594.30
木　材	万立方米	2.40	2.10	2.50	5.81	0.30		17.65						
石油(包括原油和成品油)	万吨	1.70	160.40	740.30	901.93	2549.35	2859.78	3347.41	3564.16	3456.27	4439.19	5552.65	5583.07	6437.00
铁 矿 砂	万吨				1375.42	3263.01	5666.96	6220.40	6542.47	7268.33	7598.38	7664.43	7616.96	7812.00
2.出口总量	万吨	1.80	5.20	129.20	142.98	683.32	611.00	617.77	558.01	660.46	682.17	825.96	1332.75	1359.54
水产品	万吨	1.60	3.20	1.00	3.00	2.35	2.93	2.20	2.09	2.51	2.77	2.24	2.75	2.74
冻水产品	万吨	1.20	3.10	0.70	0.96	1.00	0.51	0.47	0.53	0.51	1.87	1.00	1.46	1.37
活水产品	吨	133	286	2273	4765	3526		4511	3887.6	4233.62	4876	1434	83	357
二、办理口岸出入境人员手续	**人次**	**8208**	**38865**	**24573**	**54338**	**80277**	**222677**	**216516**	**258838**	**195184**	**216047**	**211414**	**183144**	**199819**
三、监管进出境船舶	**艘次**	**437**	**2160**	**1360**	**3864**	**5653**	**11333**	**9419**	**10771**	**12525**	**13981**	**14048**	**13679**	**15147**
进　境	艘次	226	1120	695	1953	2726	6298	4606	5240	6085	6987	6985	6775	7468
出　境	艘次	211	1040	665	1911	2927	5035	4813	5531	6440	6994	7063	6904	7679
四、外籍船舶修理	**艘次**			**40**	**361**	**983**	**1795**	**1469**	**1975**	**1869**	**1895**	**2091**	**1814**	**2007**

注:2015 年,舟山海关未统计活水产品。

7-21 舟山口岸进出口货运总值

单位:万美元

指　标	1990年	1995年	2000年	2005年	2010年	2015年	2018年	2019年	2020年	2021年	2022年
一、进出口货运总值	**5171**	**28686**	**174994**	**548450**	**2769560**	**2458249**	**3482992**	**4075796**	**4224797**	**6667964**	**8252261**
#一般贸易	5003	26849	159571	453272	1787853	1365330	2048313	2399475	2838112	4689296	6454177
中外合资企业	24	1146	2576	38438	368167	276035	292177	273553	282992	298383	249460
二、进口货运总值	**730**	**13587**	**165483**	**501451**	**2150884**	**1830870**	**2982002**	**3480613**	**3453142**	**5206587**	**6396824**
#一般贸易	613	12441	155292	442877	1714466	1124687	1933483	2227514	2513880	3765634	5281985
中外合资企业	24	1146	418	26121	186471	141610	197835	185049	158268	196763	177756
三、出口货运总值	**4441**	**15099**	**9511**	**46999**	**618676**	**627379**	**500990**	**595183**	**771655**	**1461377**	**1855437**
#一般贸易	4390	14408	4279	10395	73387	240643	114830	171961	324233	923662	1172192
中外合资企业			2158	12316	181696	134424	94342	88504	124724	101620	71704

7-22 按主要国别(地区)分的舟山口岸外贸进口总值

单位:万美元

国别(地区)	2018年	国别(地区)	2019年	国别(地区)	2020年	国别(地区)	2021年	国别(地区)	2022年
巴西	393559	伊拉克	512827	巴西	544455	巴西	798391	沙特阿拉伯	1081655
澳大利亚	354844	巴西	496393	澳大利亚	434873	沙特阿拉伯	674002	伊拉克	919641
伊拉克	305974	澳大利亚	444913	沙特阿拉伯	418844	澳大利亚	644059	巴西	740069
阿曼	175651	沙特阿拉伯	335489	伊拉克	284872	阿联酋	440245	阿联酋	734226
马来西亚	168042	韩国	206998	韩国	222484	伊拉克	431274	澳大利亚	529344
哥伦比亚	167915	利比亚	163851	科威特	196155	阿曼	334760	科威特	401900
美国	166302	马来西亚	150747	马来西亚	160350	美国	273381	美国	279206
韩国	162508	哥伦比亚	138075	阿联酋	156081	科威特	248789	阿曼	264769
沙特阿拉伯	134640	俄罗斯联邦	131532	阿曼	155138	马来西亚	212007	利比亚	183373
俄罗斯联邦	100132	科威特	91574	美国	145798	韩国	172615	哥伦比亚	149066
利比亚	98880	阿曼	88899	俄罗斯联邦	86642	利比亚	113259	安哥拉	132236
安哥拉	90257	新加坡	75970	越南	61653	俄罗斯联邦	101862	俄罗斯联邦	122855
日本	77769	阿联酋	73495	日本	54835	南非	87035	马来西亚	109565
阿联酋	75383	安哥拉	69741	哥伦比亚	49479	安哥拉	61139	卡塔尔	92051
新加坡	66135	日本	62485	加拿大	38222	新加坡	57466	韩国	79862

7-23 按主要国别(地区)分的舟山口岸外贸出口总值

单位:万美元

国别(地区)	2018 年	国别(地区)	2019 年	国别(地区)	2020 年	国别(地区)	2021 年	国别(地区)	2022 年
巴拿马	96946	巴拿马	101830	巴拿马	149416	俄罗斯联邦	300691	新加坡	220433
中国香港	88061	利比里亚	89133	利比里亚	90786	尼日利亚	163878	俄罗斯联邦	214648
利比里亚	50144	中国香港	76448	中国香港	83219	新加坡	143597	巴拿马	178405
日本	43004	新加坡	68168	俄罗斯联邦	75314	巴拿马	124144	利比里亚	142011
新加坡	39804	马绍尔群岛	50226	新加坡	74634	利比里亚	121961	尼日利亚	128890
马耳他	25260	日本	28904	马绍尔群岛	70154	马基斯坦	81593	中国香港	126354
马绍尔群岛	23814	马耳他	16797	日本	55881	中国香港	71883	巴基斯坦	119544
丹麦	19597	英国	16705	马耳他	35536	日本	40438	马绍尔群岛	76869
塞浦路斯	14206	法国	13488	意大利	17562	加纳	37610	南非	49152
英国	9787	丹麦	10349	丹麦	15189	英国	27640	英国	42094
韩国	8644	马来西亚	9654	韩国	12365	挪威	24798	意大利	39265
尼日利亚	8469	尼日利亚	9021	英国	11360	马耳他	19384	马耳他	33700
意大利	7627	意大利	8994	葡萄牙	7369	韩国	18903	荷兰	32642
印度尼西亚	5294	韩国	8302	马来西亚	6939	印度尼西亚	17994	加纳	27996
葡萄牙	5072	印度尼西亚	7698	尼日利亚	6277	马来西亚	17604	日本	22014

7-24 舟山外贸进出口总值

(海关口径,包括保税仓库货物)

单位:万美元

指 标	进出口总值					出口总值					进口总值				
	2018 年	2019 年	2020 年	2021 年	2022 年	2018 年	2019 年	2020 年	2021 年	2022 年	2018 年	2019 年	2020 年	2021 年	2022 年
合 计	**1716392**	**1985483**	**2394565**	**3645513**	**5062982**	**641820**	**726959**	**846707**	**1198282**	**1735495**	**1074573**	**1258524**	**1547858**	**2447231**	**3327487**
一、按贸易方式分															
一般贸易	367615	548344	1123619	1777734	3533344	219159	226369	296583	463551	693107	148455	321975	827036	1314182	2840237
进料加工	203912	211023	157784	159346	114727	148105	158778	115018	124519	82534	55807	52245	42765	34827	32193
保税仓库	990711	914327	1075645	1691230	1108149	262943	274531	407382	595440	886240	727768	639796	668263	1095790	221909
租赁贸易	376	683	609	9027	39603	376	683	609	9027	39603					
来料加工	13363	45381	36645	7950	21138	1142	17946	27028	5734	5455	12221	27435	9617	2216	15683
其 他	302	197	256	226	166	41	17	86	9	31	261	180	171	217	135
外商投资设备					84										84
加工贸易进口设备															
二、按企业性质分															
国有企业	651573	734045	694844	926065	1151723	271789	301963	358500	538204	888194	379784	432082	336344	387861	263528
三资企业	410598	407861	310381	379986	338499	105384	147491	161278	137141	118483	305214	260370	149103	242845	220016
#合资	329955	301422	205903	213552	171900	53405	72916	84896	71388	54672	276550	228506	121006	142164	117228
独资	80557	106349	104381	166318	166497	51894	74487	76286	65637	63710	28663	31863	28095	100680	102787
合作	86	89	97	116	102	85	88	96	115	101	1	1	1	1	1
集体企业	71916	21309	3459	4130	5015	13177	3389	1862	2195	2906	58739	17920	1597	1935	2109
私营企业	582232	822264	1385876	2335331	3567743	251470	274116	325067	520742	725912	330762	548148	1060809	1814589	2841831
其 他	73	3	2	1	1						73	3	2	1	1
三、按运输方式分															
水路运输	1451810	1598122	1843410	3060378	4089120	404720	378783	320214	635217	805116	1047090	1219339	1523196	2425161	3284004
航空运输	28093	40893	24353	22689	32009	2183	2344	1903	2946	2064	25910	38549	22449	19743	29945
其他运输	234991	345265	523963	559002	926634	233552	345148	523821	558882	926230	1439	118	142	120	403

7-25 按主要国别(地区)分的舟山外贸进出口总值

（海关口径,包括保税仓库货物） 单位:万美元

2018年		2019年		2020年		2021年		2022年	
国别(地区)	出口值	国别(地区)	出口值	国别(地区)	出口值	国别(地区)	出口值	国别(地区)	出口值
巴拿马	108630	巴拿马	115116	巴拿马	146136	利比里亚	183570	利比里亚	268845
中国香港	78962	利比里亚	94535	利比里亚	127277	新加坡	153694	新加坡	233232
日本	61855	中国香港	86986	中国香港	116176	中国香港	137105	中国香港	229677
利比里亚	51948	新加坡	57500	马绍尔群岛	76405	巴拿马	134837	巴拿马	194217
新加坡	35142	马绍尔群岛	51443	新加坡	65752	马绍尔群岛	92586	马绍尔群岛	122342
韩国	27728	日本	46884	日本	40606	巴基斯坦	81857	巴基斯坦	119781
马绍尔群岛	27192	韩国	22243	马耳他	35150	日本	45630	英国	48771
马耳他	24959	英国	17671	韩国	26466	韩国	32907	马耳他	44225
美国	19441	马耳他	15041	意大利	20500	挪威	26119	日本	36665
丹麦	19020	西班牙	14924	丹麦	14784	英国	24374	南非	33318
西班牙	16528	美国	13747	西班牙	14474	印度尼西亚	23123	荷兰	27792
塞浦路斯	14334	法国	13694	英国	14378	马耳他	22919	韩国	26674
意大利	12575	意大利	12226	台澎金马关税区	10805	意大利	16119	印度尼西亚	22234
英国	11826	印度尼西亚	10907	美国	10604	马来西亚	15871	马来西亚	21147
葡萄牙	9782	丹麦	10603	葡萄牙	8225	西班牙	15365	美国	18997

2018年		2019年		2020年		2021年		2022年	
国别(地区)	进口值	国别(地区)	进口值	国别(地区)	进口值	国别(地区)	进口值	国别(地区)	进口值
马来西亚	191346	巴西	210223	沙特阿拉伯	327175	沙特阿拉伯	606472	沙特阿拉伯	992714
巴西	159297	马来西亚	192157	马来西亚	174069	阿联酋	447442	阿联酋	631610
韩国	113146	沙特阿拉伯	142236	巴西	166880	巴西	248114	伊拉克	438114
新加坡	102700	韩国	122002	阿联酋	158440	马来西亚	247264	科威特	253528
美国	70181	新加坡	87566	韩国	107199	阿曼	205589	巴西	176932
日本	68769	日本	76742	美国	77041	科威特	98591	阿曼	134366
俄罗斯联邦	59944	俄罗斯联邦	57815	科威特	76955	韩国	88638	马来西亚	89428
阿联酋	55824	伊朗	42443	阿曼	63151	美国	87266	卡塔尔	79558
沙特阿拉伯	40197	阿联酋	39118	日本	57095	伊拉克	56092	澳大利亚	73719
印度尼西亚	21206	伊拉克	32019	新加坡	44724	新加坡	55909	俄罗斯联邦	72478
阿曼	16881	美国	20754	俄罗斯联邦	39045	日本	37849	美国	64821
荷兰	16344	印度尼西亚	17550	澳大利亚	32159	澳大利亚	37710	韩国	57302
秘鲁	14522	秘鲁	16736	伊拉克	23403	英国	33881	安哥拉	45093
安哥拉	13048	委内瑞拉	15885	卡塔尔	19549	俄罗斯联邦	21667	日本	38245
法国	12378	科威特	13875	挪威	18368	秘鲁	17936	刚果	21506

注:本表为进出口总值前十五位国家(地区)数据。

7-26 舟山外贸进出口总值

（海关口径，不包括保税仓库货物）　　单位：万美元

指　标	进出口总值					出　口　总　值					进　口　总　值				
	2018年	2019年	2020年	2021年	2022年	2018年	2019年	2020年	2021年	2022年	2018年	2019年	2020年	2021年	2022年
合　计	**725681**	**1071155**	**1629503**	**2299820**	**3954831**	**378877**	**452427**	**497057**	**631703**	**849255**	**346804**	**618728**	**1132446**	**1668117**	**3105576**
一、按贸易方式分															
一般贸易	367615	548344	1123619	1777734	3533344	219159	226369	296583	463551	693107	148455	321975	827036	1314182	2840237
进料加工	203912	211023	157784	159346	114727	148105	158778	115018	124519	82534	55807	52245	42765	34827	32193
租赁贸易	376	683	609	9027	39603	376	683	609	9027	39603					
来料加工	13363	45381	36645	7950	21138	1142	17946	27028	5734	5455	12221	27435	9617	2216	15683
其他贸易	302	197	256	226	166	41	17	86	9	31	261	180	171	217	135
加工贸易进口设备															
二、按企业性质分															
国有企业	174427	247319	258178	316509	245987	45242	62438	54721	52190	64108	129185	184881	203457	264319	181880
三资企业	144425	193051	193843	239462	230130	95318	130861	151010	110515	97266	49107	62190	42834	128947	132864
#合资	63782	93475	98179	79777	79911	43340	60837	82321	49935	47534	20443	32638	15857	29842	32377
独资	80557	99486	95567	159569	150117	51894	69936	68592	60465	49630	28663	29550	26975	99105	100487
合作	86	89	97	116	102	85	88	96	115	101	1	1	1	1	1
集体企业	49605	14713	3459	4130	5015	13177	3389	1862	2195	2906	36428	11324	1597	1935	2109
私营企业	357151	616069	1174018	1739718	3473698	225140	255740	289465	466802	684976	132011	360329	884553	1272916	2788723
三、按运输方式分															
水路运输	629888	876663	1335413	2123024	3727234	309246	297029	227603	476907	665138	320642	579634	1107811	1646117	3062096
航空运输	28091	40847	24326	22662	32007	2183	2344	1903	2946	2064	25908	38503	22422	19716	29944
其他运输	66204	152443	267081	150690	180372	66084	152370	266938	150613	179969	120	73	142	77	403
邮　运	1.0	0.5	11.0	0.2	0.2						1.0	0.5	11.0	0.2	0.2
汽车运输	1140	426	475	1212	1351	1119	412	186	232	587	22	13	289	980	764
铁路运输	357	776	2197	2234	13869	246	272	426	1005	1498	111	504	1771	1229	12371

7-27 按主要国别(地区)分的舟山外贸进出口总值

(海关口径,不包括保税仓库货物)　　　　单位:万美元

2018年		2019年		2020年		2021年		2022年	
国别(地区)	出口值	国别(地区)	出口值	国别(地区)	出口值	国别(地区)	出口值	国别(地区)	出口值
日本	47310	巴拿马	62114	巴拿马	88556	新加坡	109946	新加坡	162839
巴拿马	44184	利比里亚	59370	利比里亚	52390	巴基斯坦	81832	巴基斯坦	119781
利比里亚	23883	日本	41119	马绍尔群岛	46589	巴拿马	57342	巴拿马	81523
韩国	23380	新加坡	40418	新加坡	45347	利比里亚	51541	利比里亚	42619
新加坡	19612	马绍尔群岛	30102	中国香港	38690	马绍尔群岛	39679	中国香港	38458
美国	18825	中国香港	18168	日本	35896	日本	34089	南非	33207
丹麦	18466	韩国	16437	马耳他	22338	挪威	23424	日本	30990
中国香港	16650	西班牙	14893	意大利	18230	中国香港	18264	马绍尔群岛	30653
西班牙	16528	法国	13579	韩国	14828	韩国	17502	英国	27644
马耳他	15124	英国	13463	西班牙	14414	西班牙	15365	荷兰	27572
意大利	9422	美国	13355	丹麦	12450	意大利	15019	墨西哥	17772
马尔绍群岛	8935	丹麦	10032	英国	8687	英国	13812	美国	17147
塞浦路斯	8770	意大利	9357	美国	8517	印度尼西亚	12777	西班牙	14334
俄罗斯联邦	8469	俄罗斯联邦	8335	墨西哥	7956	墨西哥	12122	印度尼西亚	14145
台澎金马关税区	7608	葡萄牙	8177	台澎金马关税区	6666	美国	10481	马来西亚	13444

2018年		2019年		2020年		2021年		2022年	
国别(地区)	进口值	国别(地区)	进口值	国别(地区)	进口值	国别(地区)	进口值	国别(地区)	进口值
巴西	132500	巴西	176866	沙特阿拉伯	287400	沙特阿拉伯	386234	沙特阿拉伯	975268
美国	41901	沙特阿拉伯	103731	巴西	166880	阿联酋	342227	阿联酋	622366
日本	40109	韩国	48531	阿联酋	100710	巴西	248114	伊拉克	438114
韩国	30706	日本	42600	科威特	76955	阿曼	172273	科威特	253528
澳大利亚	10694	美国	18132	美国	76942	马来西亚	69349	巴西	176932
德国	9893	伊拉克	17804	阿曼	56260	科威特	67907	阿曼	131589
秘鲁	9252	科威特	13875	日本	50319	美国	61600	卡塔尔	79558
卡塔尔	6805	秘鲁	13797	韩国	39885	伊拉克	39851	澳大利亚	73719
马来西亚	6329	阿曼	13647	澳大利亚	32159	澳大利亚	37710	美国	64765
阿根廷	5317	荷兰	12564	马来西亚	25247	日本	31350	安哥拉	45093
法国	5086	澳大利亚	12428	俄罗斯联邦	24579	韩国	21023	日本	31909
土耳其	4381	马来西亚	12374	伊拉克	21819	秘鲁	17907	韩国	21934
意大利	3692	俄罗斯联邦	11545	挪威	18368	卡塔尔	12574	刚果	21506
越南	3521	比利时	9753	新加坡	15014	印度尼西亚	11639	俄罗斯联邦	20915
比利时	3268	德国	7281	卡塔尔	14850	俄罗斯联邦	11113	挪威	20711

注:本表为进出口总值前十五位国家(地区)数据。

7-28 历年旅游经济发展情况

年 份	旅 游 接待人数 （万人次）	比上年 增长%	其 中		总收入 （亿元）	比上年 增长%	其 中	
			国内旅 游人数 （万人次）	入境过夜 游客人数 （人次）			国 内 收 入 （亿元）	外 汇 收 入 （亿元）
1980	26.10	136.9	26.00	968	0.03	34.9	0.03	
1985	74.64	23.9	74.31	3299	0.13	39.7	0.13	
1987	103.46	8.5	103.00	4645	0.40	37.5	0.40	
1988	105.10	1.6	104.55	5501	0.47	18.2	0.46	0.01
1989	115.78	10.2	114.53	12460	0.52	9.2	0.50	0.02
1990	162.58	40.4	160.43	21466	0.57	10.6	0.54	0.03
1991	177.53	9.2	175.00	25320	0.98	72.1	0.90	0.08
1992	203.09	14.4	200.00	30930	1.42	44.6	1.30	0.12
1993	198.34	-2.3	195.00	33353	2.53	78.1	2.38	0.15
1994	213.08	7.4	209.70	33819	3.20	26.3	2.85	0.35
1995	280.65	31.7	276.39	42629	9.35	192.4	7.74	1.61
1996	286.11	1.9	281.46	46519	11.79	26.1	10.02	1.77
1997	325.49	13.8	320.23	52647	13.02	10.4	10.95	2.07
1998	343.61	5.6	338.88	47318	15.19	16.7	13.24	1.95
1999	397.49	15.7	391.92	55619	18.05	18.8	16.00	2.05
2000	459.72	15.7	453.61	61180	22.62	25.3	20.15	2.47
2001	550.16	19.7	542.96	71954	29.32	29.6	26.52	2.80
2002	631.98	14.9	623.52	84558	35.39	20.7	32.11	3.28
2003	645.09	2.1	639.58	55071	35.62	0.6	33.50	2.12
2004	837.07	29.8	825.42	116481	51.18	43.2	46.22	4.96
2005	1001.71	19.7	987.71	140028	61.41	20.0	55.33	6.08
2006	1152.84	15.1	1136.19	165514	91.52	49.0	84.08	7.52
2007	1305.00	13.2	1285.07	199295	108.18	18.2	100.24	7.62
2008	1516.48	16.2	1495.28	211965	131.90	21.9	124.11	7.79
2009	1752.93	15.6	1730.58	223482	154.87	17.4	147.10	7.77
2010	2139.00	22.0	2113.32	256790	201.21	29.9	192.31	8.90
2011	2460.53	15.0	2432.78	277468	235.48	17.0	226.37	9.11
2012	2771.02	12.6	2739.97	310468	266.76	13.3	256.74	10.02
2013	3067.47	10.7	3035.93	315375	300.12	12.5	290.16	9.96
2014	3397.96	10.8	3366.38	315838	477.2	59.0	467.3	9.9
2015	3876.22	14.1	3843.98	322371	552.18	15.7	540.6	11.58
2016	4610.61	18.9	4576.69	339247	661.62	19.8	645.47	13.09
2017	5507.16	19.4	5472.73	344313	806.52	21.9	793.23	13.29
2018	6321.40	14.8	6291.46	296400	942.15	16.8	930.62	11.53
2019	7051.75	11.6	6844.20	156252	1054.60	11.9	1011.89	5.88
2020	5943.99	-15.7	5942.39	16009	871.10	-17.4	870.50	0.56
2021	1244.20	7.5	1241.40	28064	170.50	13.6	169.60	0.86
2022	1112.70	-16.3	1111.80	9254	172.10	-11.7	171.80	0.26

注：1.根据旅游者消费调查数据，对 1999-2002 年、2006-2010 年、2014 年及以后旅游收入进行调整。

2.2019 年起“国际旅游人数”指标口径变更为“入境过夜游客人次”，外汇收入同口径调整。

3.根据《全国文化文物和旅游统计调查制度》（国统制〔2020〕186 号）和《浙江省文化和旅游统计调查制度》（浙统制〔2022〕1 号），2021 年起旅游人次和收入进行调整，表中“比上年增长”为同口径比，下同。

7-29 旅游者人数

单位:人次

分类	1995年	2000年	2005年	2010年	2014年	2015年	2016年	2017年	2018年	2019年	2020年	2021年	2022年
一、旅游人数合计(万人次)	**280.65**	**459.73**	**1001.71**	**2139.00**	**3397.96**	**3876.22**	**4610.61**	**5507.16**	**6321.40**	**7051.75**	**5943.99**	**1244.2**	**1112.7**
#普陀山(万人次)	137.95	163.10	247.28	478.42	625.56	663.96	749.69	857.56	915.07	979.61	611.25	365.1	344.3
国内旅游人数(万人次)	276.39	453.61	987.71	2113.32	3366.38	3843.98	4576.69	5472.73	6291.46	6844.20	5942.39	1241.4	1111.8
入境过夜游客人数	42629	61180	140028	256790	315835	322371	339247	344313	296400	156252	16009	28064	9254
外国人	23106	35343	91830	144456	191232	184658	183545	184390	136142	82005	13363	22152	8143
港澳及台胞	19523	25837	48198	112334	124603	137713	155702	89401	160758	38154	2646	5913	1112
#台　胞	11523	15296	27804	57225	64913	66284	72100	70522	71631	36217	1083	3764	271
二、外国人旅游者分国籍													
日　　本	2637	2799	12671	49890	58904	57161	57325	53526	13875	6777	849	1667	612
菲律宾	5914	6189	12462	13957	7688	8849	9981	14930	23175	9259	413	233	92
新加坡	2065	1785	5516	3072	10753	8098	5840	8321	12108	4462	469	840	444
泰　　国	4027	3905	10385	5702	8708	4480	5427	6831	10755	5621	98	56	37
印　　尼	783	1699	3206	5417	4309	3942	4215	4022	5107	4790	63	364	35
美　　国	923	2517	2896	2211	5311	5815	5861	8806	8733	4464	735	1840	210
加拿大	445	1489	955	1238	2136	3098	3808	3447	1987	876	228	515	172
英　　国	316	1001	958	811	1774	2462	3447	4582	1467	1371	264	337	63
法　　国	284	747	1179	791	1302	1769	2156	2779	560	437	123	723	69
德　　国	387	858	2115	2178	3021	3098	3021	3537	2723	1778	331	627	70
意大利	168	503	324	681	1002	2462	2154	2229	1113	484	242	468	34
俄罗斯	321	217	2555	4450	3473	4538	3852	4831	14314	1145	386	1152	459
澳大利亚	103	396	3315	3954	3826	4548	4303	4148	1561	778	374	389	94
新西兰	17	107	346	609	1514	2069	2052	1217	2100	214	24	124	22
韩　　国	1072	4360	9816	25054	43159	41236	35263	21967	14873	10646	2420	4482	2091
马来西亚	941	896	3529	5339	8610	5750	3507	6345	8550	4190	189	995	132

7-30 旅游事业基本情况

项目	2005年	2010年	2012年	2013年	2014年	2015年	2016年	2017年	2018年	2019年	2020年	2021年	2022年
一、旅游外汇收入(万美元)	7532	13094	15865	16068	16227	18759	17341	19288	17034	8511	816	1337	391
二、旅游地旅馆													
星级饭店客房数(间)	3072	4512	4516	4618	4430	3752	3525	2796	2738	2178	2449	2072	1574
星级饭店床位数(床)	7590	8414	7984	8101	7756	6689	6047	4879	4765	3700	3842	3181	2250

注:1.统计范围为全市一星级以上的宾馆、饭店。

2.2010年起,涉外饭店职工人数、车辆情况数据不包括普陀山。

主要统计指标解释

社会消费品零售总额 指企业(单位、个体户)通过交易直接售给个人、社会集团非生产、非经营用的实物商品金额,以及提供餐饮服务所取得的收入金额。个人包括城乡居民和入境人员,社会集团包括机关、社会团体、部队、学校、企事业单位、居委会或村委会等。

商品销售额 指对本单位以外的单位和个人出售的商品金额(包括售给本单位消费用的商品,含增值税)。在批发和零售业中,本指标反映在国内市场上销售商品以及出口商品的总价。在住宿和餐饮业中,本指标反映住宿和餐饮业单位出售商品和销售总额(含增值税),不包括法人企业附营的其他行业产业活动单位的商品销售额。

批发额 指售给国民经济各行业用于生产、经营用的商品金额。

零售额 指售给个人用于生活消费和社会集团用于公共消费的商品金额。

营业额 指住宿和餐饮业单位在经营活动中因提供服务或销售商品等取得的全部收入,包括:客房收入、餐费收入、商品销售额(含增值税)和其他收入。不包括法人单位附营的其他行业产业活动单位的餐费收入、商品销售收入等各项收入。

客房收入 指住宿和餐饮业单位在经营活动中因提供住宿服务取得的收入(含增值税)。不包括多产业法人企业附营的其他行业产业活动单位的客房收入。

餐费收入 指住宿和餐饮业单位为顾客提供就餐服务取得的收入(含增值税)。包括:经烹饪、调制加工后出售的各种食品,如主食、炒菜、凉拌菜等的收入。不包括多产业法人企业附营的其他行业产业活动单位的餐费收入。

营业收入 指企业从事销售商品、提供劳务和让渡资产使用权等生产经营活动形成的经济利益流入。包括"主营业务收入"和"其他业务收入"。

营业成本 指企业从事销售商品、提供劳务和让渡资产使用权等生产经营活动发生的实际成本。"营业成本"应当与"营业收入"进行配比。包括"主营业务成本"和"其他业务成本"。

税金及附加 指企业因从事生产经营活动按税法规定应缴纳的消费税、城市维护建设税、资源税、环境保护税、教育费附加及房产税、城镇土地使用税、车船使用税、印花税等相关税费。

其他业务利润 指企业经营除主要业务以外的其他业务实现的利润。根据会计"其他业务收入"科目的本年各月贷方余额(结转前)之和减"其他业务成本"科目的本年各月借方余额(结转前)之和填报。

营业利润 指企业从事生产经营活动所取得的利润。根据会计"利润表"中"营业利润"项目的本期金额数填报。

利润总额 指企业在一定会计期间的经营成果,是生产经营过程中各种收入扣除各种耗费后的盈余,反映企业在报告期内实现的盈亏总额。利润总额为营业利润加上营业外收入,减去营业外支出后的金额。

资产总计 指企业过去的交易或者事项形成的、由企业拥有或者控制的、预期会给企业带来经济利益的资源。包括企业拥有的土地、办公楼、厂房、机器、运输工具、存货等实物资产和现金、存款、应收账款和预付账款等金融资产。资产一般按流动性(资产的变现或耗用时间长短)分为流动资产和非流动资产。

流动资产合计 资产满足以下条件之一应归为流动资产:(1)预计在一个正常营业周期中变现、出售或耗用,主要包括存货、应收账款等;(2)主要为交易目的而持有;(3)预计在资产负债表日起一年内(含一年)变现;(4)自资产负债表日起一年内,交换其他资产或清偿负债的能力不受限制的现金或现金等价物。包括货币资金、应收票据、应收账款、存货等项目。

存货 指企业在日常活动中持有以备出售的产成品或商品、处在生产过程中的在产品、在生产过程或提供劳务过程中耗用的材料或物料等,通常包括原材料、在产品、半成品、产成品、商品以及周转材料等。

负债合计 指企业过去的交易或者事项形成的,预期会导致经济利益流出企业的现时义务。包括银行贷款、借款、应付账款、应付职工工资、应付职工福利费、应交税金等企业负有偿还责任的债务。负债一般按偿还期长短分为流动负债和非流动负债。

所有者权益合计 指企业资产扣除负债后由所有者享有的剩余权益。公司的所有者权益又称股东权益。包括实收资本、资本公积、盈余公积、未分配利润等。

应付职工薪酬(本期贷方累计发生额) 指企业为获得职工提供的服务或解除劳动关系而给予的各种形式的报酬或补偿。包括职工工资、奖金、津贴和补贴,职工福利费,医保险费、养老保险费、失业保险费、工伤保险费和生育保险费等社会保险费，住房公积金，工会经费和职工教育经费，带薪缺勤，利润分享计划，非货币性福利，辞退福利和其他为获得职工提供的服务而给予的报酬或补偿。其中，社会保险和住房公积金应包括单位和个人负担部分。

应交增值税（本期累计发生额） 指按照税法规定，以销售货物、服务、无形资产、不动产或提供加工、修理修配劳务的增值额和货物进口金额为计税依据而课征的一种流转税。

利用外资 指各级政府、部门、企业、中国银行和其他单位通过对外借款、吸收客商直接投资和商品信贷及其他方式，从国外和港澳台地区筹措的资金。对外借款包括通过外国政府贷款、国际金融组织贷款、外国银行的买方信贷和现汇贷款及对外发行债券和股票等方式，从国外和港澳台地区借用的资金。

外商直接投资 指外国企业和经济组织或个人（包括华侨、港澳台胞以及我国在境外注册的企业）按我国有关政策、法规，在我国境内开办独资企业、与我国境内的企业或经济组织共同举办合资企业、合作经营企业、股份制企业或合作开发资源的投资以及客商从企业得到的收益的再投资。

入境游客 指报告期内来中国（大陆）观光游览、度假、探亲访友、就医疗养、购物、参加会议或从事经济、文化、体育、宗教活动的外国人、港澳台同胞等游客（即入境旅游人数）。包括入境（过夜）旅游者和入境一日游游客。

旅游外汇收入 指旅游等部门为来我国旅游的外国人、华侨、港澳和台湾同胞提供商品和劳务而得到的外汇收入，包括供应商品、饮食和提供住宿、交通、邮电、文化娱乐、导游等各项服务所得的全部外汇收入。

八、财政、金融、保险

8-1 历年财政预算总收入和总支出

单位:万元

年　份	总收入	#一般公共预算收入	一般公共预算支出	#一般公共服务	#教育	#社会保障和就业	#农　林水事务
1955	1127		419	414			
1960	3611		1088	1342			
1965	3146		750	670			
1967	2706		871	622			
1968	2484		753	680			
1969	1046		725	580			
1970	3208		918	695			
1971	2833		1479	906			
1972	2766		2601	1224			
1973	4679		2331	1410			
1974	5218		2396	1557			
1975	4279		2584	1689	784	43	498
1976	4338		2365	1856	800	53	606
1977	4616		2394	1869	848	75	537
1978	6075		2775	1910	915	56	543
1979	5948		3689	2948	1241	96	986
1980	7032		4502	3467	1431	169	1043
1981	7506		5342	4072	1646	127	1355
1982	9217		5970	4325	1863	109	1184
1983	9833		6166	5106	2184	129	1419
1984	9631		8056	6356	2773	172	1504
1985	14510		9819	7131	3358	148	1385
1986	17835		13741	10257	4774	318	1679
1987	20697		13058	9617	4634	232	1436
1988	21558		18582	13434	6636	361	1095
1989	23269		20268	10683	6667	428	1835
1990	22334		20244	15523	6928	417	2072
1991	23623		21993	17738	7681	451	2731
1992	25619		25025	21201	8906	555	2633
1993	31388		29405	23439	11047	752	2944
1994	38387	16981	38148	33108	14850	1040	3819
1995	45869	21739	46263	39664	17219	1259	3960
1996	52393	27213	55474	10497	20112	1420	5050
1997	61147	32147	64036	11695	23377	1738	6183
1998	70986	39944	79996	13664	27945	2131	8868
1999	81872	49811	93729	15298	32241	2669	9126
2000	107701	62275	114820	17762	21564	1323	11463
2001	123996	79843	158358	22873	28794	1448	19190
2002	157090	90065	199984	29368	34906	1210	26835
2003	189767	113864	230973	34899	40297	2046	26449
2004	231810	144862	289284	40591	45952	8950	35130
2005	285224	182082	319384	51550	51151	9265	32141
2006	371198	242578	408208	60282	59671	12946	37125
2007	525586	350636	565227	109948	82209	34048	56125
2008	666791	431534	767785	132016	97074	41193	87912
2009	769928	487786	827392	144141	105797	44588	139614
2010	985282	610396	1050303	148928	121429	52799	194688
2011	1271752	764844	1481022	175303	162737	61987	357540
2012	1334507	855627	1552230	197508	213389	75423	303979
2013	1374225	926280	1898260	213309	229473	84370	490048
2014	1489267	1010203	1881904	223648	246092	94326	397730
2015	1595920	1127221	2396523	265196	263345	121647	490896
2016	1732865	1203248	2505417	285850	291712	170665	521795
2017	1872217	1257644	2586044	344568	331707	206187	514328
2018	2183538	1460243	3084897	391897	344129	277133	606175
2019	2305907	1548600	3233611	438835	360395	273568	572039
2020	2544983	1591996	3126851	496243	325608	312845	503580
2021	3497143	1807000	3361101	568628	364623	443633	479786
2022	4076364	1561472	3542734	589421	381141	398028	487133

注:1.一般公共预算收入和一般公共预算支出:2011 年以前为地方财政一般预算收入和地方财政一般预算支出,2014 年前为公共财政预算收入和公共财政预算支出,下同。

2.一般公共服务支出:2006 年及以前为行政事业费支出;教育支出:2000 年及以前为文教卫科事业费支出;
社会保障和就业支出:2000–2006 年为社会保障补助支出,2000 年以前为抚恤社救支出;
农林水事务支出:2000–2006 年为农业支出,1996–1999 年为农林水气象事业费支出,1995 年及以前为支援农业支出。

8-2 财政收支情况

（2022 年）

单位：万元

项目	全市	岱山	嵊泗	2022 年市级三块			
				小计	市本级	定海	普陀
一、财政总收入	**4076364**	**281757**	**123922**	**3670685**	**2686015**	**501998**	**482672**
1.一般公共预算收入	**1561472**	**200134**	**86706**	**1274632**	**704046**	**248312**	**322274**
税收收入小计	1072469	138121	54751	879597	435764	195071	248762
企业所得税（40%部分）	459059	24224	6598	428237	354944	31245	42048
个人所得税（40%部分）	108755	6676	2747	99332	75046	12949	11337
资源税	15637	6565	868	8204	429	4291	3484
城市维护建设税	114339	5004	2253	107082	75029	17768	14285
房产税	60715	9274	1898	49543	19598	13330	16615
印花税	54784	2493	1295	50996	39255	4076	7665
城镇土地使用税	83054	13951	4080	65023	25746	20114	19163
土地增值税	53629	12193	3555	37881	8200	24817	4864
车船税	10647	1216	335	9096	4857	2292	1947
耕地占用税	34227	8188	144	25895	5613	314	19968
契税	86929	11640	7119	68170	27289	14582	26299
环境保护税	3533	1076	665	1792	402	537	853
其他税收收入	432	361		71	2		69
非税收入小计	489003	62013	31955	395035	268282	53241	73512
其中：专项收入	239779	7728	2959	229092	195704	21187	12201
行政事业性收费收入	13274	2550	720	10004	4841	2477	2686
2.上划中央税收合计	**2514892**	**81623**	**37216**	**2396053**	**1981969**	**253686**	**160398**
国内消费税	1676443	12	5	1676426	1537631	138638	157
增值税（50%部分）	-13271	35261	23194	-71726	-200647	48756	80165
企业所得税（60%部分）	688587	36336	9896	642355	532415	46868	63072
个人所得税（60%部分）	163133	10014	4121	148998	112570	19424	17004
二、一般公共预算支出	**3542734**	**590725**	**373452**	**2578557**	**1389114**	**512908**	**676535**
一般公共服务支出	589421	63169	47578	478674	369767	50134	58773
国防支出	5216	493	548	4175	2196	1212	767
公共安全支出	192985	26987	20148	145850	78041	32542	35267
教育支出	381141	57783	32646	290712	140477	67752	82483
科学技术支出	109409	15799	5825	87785	55450	15466	16869
文化旅游体育与传媒支出	64257	13043	9794	41420	21024	6277	14119
社会保障和就业支出	398028	70634	39403	287991	164568	57846	65577
卫生健康支出	264422	40647	29078	194697	88546	50121	56030
节能环保支出	40932	4072	6386	30474	8511	6310	15653
城乡社区支出	396281	46843	28010	321428	169411	49835	102182
农林水支出	487133	129508	84899	272726	30015	90746	151965
交通运输支出	257536	74357	9895	173284	139079	16548	17657
资源勘探工业信息等支出	45239	5504	11164	28571	11696	5431	11444
商业服务业等支出	20729	598	2507	17624	5442	5808	6374
金融支出	850	55	45	750	605	65	80
援助其他地区支出	2398			2398	1331	350	717
自然资源海洋气象等支出	55071	4699	24176	26196	18373	4994	2829
住房保障支出	94367	14904	7819	71644	37538	21566	12540
粮油物资储备支出	8082	1350	803	5929	3413		2516
灾害防治及应急管理支出	21943	3100	2062	16781	6820	5630	4331
其他支出	4063			4063		3704	359
债务付息支出	103061	17168	10659	75234	36725	20539	17970
债务发行费用支出	170	12	7	151	86	32	33

注：1.2016 年 5 月 1 日起全面实施“营改增”后，国内增值税由中央与地方按 75：25 分享调整为按 50：50分享，改征增值税和营业税由地方收入调整为中央与地方按 50：50 分享。

2.2016 年起朱家尖区域财政收入已统计到市本级，普陀区相应剔除。

8-3 历年金融机构存贷款年末余额

单位:万元

年份	金融机构本外币存款余额	金融机构人民币存款余额	住户本外币存款余额	住户人民币存款余额	金融机构本外币贷款余额	金融机构人民币贷款余额
1990		138495		49581		135540
1991		225006		123479		195498
1992		260994		152389		240634
1993		293601		170503		287065
1994		446241		292676		363953
1995		564597		354591		465991
1996		732848		465883		566801
1997		909004		577844		684973
1998		1106992		685269		764958
1999		1305632		747207		892413
2000		1507599		853793		982519
2001		1722392		967596		1123593
2002	2277924	2110168	1259843	1103767	1458618	1399800
2003	2761315	2593658	1415055	1279347	1988886	1901242
2004	3240679	3098207	1640048	1523018	2428435	2352002
2005	3762618	3634879	1824757	1735399	2910190	2846953
2006	4678470	4515015	2129256	2049019	3842334	3732509
2007	5838817	5617142	2267957	2205839	4953467	4843506
2008	7466504	7308382	3017237	2959217	6473852	6354304
2009	9439328	9207928	3563604	3501863	8540188	8289560
2010	11432535	11210732	4108026	4050932	10177248	9807727
2011	13149656	12896084	4665660	4619488	11626588	11200356
2012	13899712	13501001	5134448	5085043	12958278	12374213
2013	14971140	14702445	5789271	5739513	13333468	13043704
2014	16240523	16027038	6345263	6293628	14537019	14160290
2015	17910792	16942588	6685292	6616103	14998385	14583839
2016	19158442	18078318	7259727	7158648	15218194	14840103
2017	20084808	19436733	7643294	7550242	17215743	16936863
2018	20341028	19868645	8410879	8314222	20288982	20036760
2019	22821169	22213094	9808662	9716492	24356945	24259327
2020	25399907	24793051	11346546	11253334	27737635	27032510
2021	27737539	27146898	12696985	12607088	32766139	32177441
2022	33106315	32617115	15536765	15441229	37038613	36852760

8-4 金融机构本外币信贷收支表

单位:万元

项　　目	2017年	2018年	2019年	2020年	2021年	2022年
一、各项存款	20084808	20341028	22821169	25399907	27737539	33106315
（一）境内存款	20048758	20297464	22772875	25341865	27668130	33019989
1.住户存款	7643294	8410879	9808662	11346546	12696985	15536765
2.非金融企业存款	5928796	5571076	6105045	7331003	8069932	9269883
3.广义政府存款	6321644	6239829	6679254	6488133	6529068	7351102
（1）财政性存款	306149	380122	646451	482626	434779	589474
（2）机关团体存款	6015495	5859708	6032803	6005507	6094289	6761629
4.非银行业金融机构存款	155024	75679	179914	176183	372145	862239
（二）境外存款	36050	43564	48294	58042	69409	86327
二、金融债券				20000	169700	332576
三、卖出回购资产					14350	
四、借款及非银行业金融机构拆入						
五、联行往来(净)				257696	2113247	267716
六、应付及暂收款	711759	685200	797282	941730	1130898	1524444
七、各项准备	560831	1171361	1031965	1266582	1131470	883999
八、所有者权益	811968	441748	948628	686418	1015351	1453335
九、其他	-1595591	-543791	-620611	-132863	235985	565732
资金来源总计	20573775	22095546	24978433	28439470	33548540	38134117
一、各项贷款	17215743	20288982	24356945	27737635	32766139	37038613
（一）境内贷款	17214604	20287278	24350499	27614094	32757145	37018323
1.住户贷款	4949949	5894645	6744340	7802482	8640960	9173341
（1）短期贷款	1509514	1630147	1831324	2016409	2236991	2647792
（2）中长期贷款	3440434	4264497	4913016	5786073	6403969	6525549
2.非金融企业及机关团体贷款	12264655	14392633	17606159	19811612	24116184	27844982
（1）短期贷款	5591656	5050962	5384507	5889480	5140974	5658822
（2）中长期贷款	5910376	7462324	9288406	10478992	14695988	16789662
（3）票据融资	134290	180498	320460	279809	258597	596561
（4）融资租赁	614753	1643909	2576317	3116012	3970098	4784427
（5）各项垫款	13580	54940	36469	47319	50527	15509
3.非银行业金融机构贷款						
（二）境外贷款	1139	1705	6446	123541	8994	20290
二、债券投资	203901	378906	143659	210761	288384	542596
三、股权及其他投资	10671	60300	79441	122976	45236	130452
四、买入返售资产	40000	137191	10138			
五、存放非银行业金融机构款项	2418	1112	63	170	92	112
六、联行往来(净)	2591439	824538	15007			
七、金银占款						
八、中央银行外汇占款						
九、应收及预付款	337653	232954	197159	197544	250852	236381
十、投资性房地产						
十一、固定资产	171950	171563	176021	170385	197837	185962
资金运用总计	20573775	22095546	24978433	28439470	33548540	38134117

8-5　分县(区)金融机构本外币信贷收支表

（2022 年）

单位：万元

项　　目	市本级及定海区	普陀区	岱山县	嵊泗县
一、各项存款	21227381	7095040	3618563	1165332
（一）境内存款	21168565	7069381	3616777	1165266
1.住户存款	8066798	4593646	2132191	744130
2.非金融企业存款	7155094	1445701	472927	196161
3.广义政府存款	5234496	979978	911658	224970
（1）财政性存款	408088	93010	51627	36749
（2）机关团体存款	4826409	886968	860031	188221
4.非银行业金融机构存款	712177	50056	100000	5
（二）境外存款	58815	25659	1786	66
二、金融债券	312576		20000	
三、卖出回购资产				
四、借款及非银行业金融机构拆入				
五、联行往来(净)	-1084953	27120	1146638	178911
六、应付及暂收款	1257466	165160	75198	26621
七、各项准备	659482	128060	76287	20170
八、所有者权益	903758	334855	158945	55776
九、其他	2091151	-770625	-541154	-213640
资金来源总计	25366860	6979611	4554477	1233169
一、各项贷款	24839017	6659220	4328865	1211511
（一）境内贷款	24824553	6653394	4328865	1211511
1.住户贷款	4949631	2936402	916586	370722
（1）短期贷款	1332704	913120	295766	106202
（2）中长期贷款	3616927	2023282	620820	264520
2.非金融企业及机关团体贷款	19874922	3716992	3412279	840789
（1）短期贷款	4030291	1340752	228398	59381
（2）中长期贷款	10748526	2310401	2982726	748009
（3）票据融资	296169	65839	201155	33399
（4）融资租赁	4784427			
（5）各项垫款	15509			
3.非银行业金融机构贷款				
（二）境外贷款	14464	5826		
二、债券投资	127256	234444	172891	8005
三、股权及其他投资	117952	2500	5000	5000
四、买入返售资产				
五、存放非银行业金融机构款项		112		
六、联行往来(净)				
七、金银占款				
八、中央银行外汇占款				
九、应收及预付款	175154	34209	20948	6070
十、投资性房地产				
十一、固定资产	107481	49126	26773	2583
资金运用总计	25366860	6979611	4554477	1233169

8-6 历年国有银行人民币存贷款余额

单位:万元

年 份	存款余额	#个人存款	贷款余额
1955	1040	265	1625
1960	2485	672	8345
1965	5373	1026	6399
1966	5945	1152	7488
1967	6854	1205	7759
1968	6155	1145	9067
1969	7608	1010	12323
1970	6881	986	13668
1971	7520	1108	11668
1972	8549	1287	11858
1973	9198	1472	11859
1974	11278	1673	12259
1975	10620	1771	13249
1976	10264	1725	15234
1977	10024	1842	16270
1978	11784	2090	18111
1979	15716	2605	19166
1980	20849	3462	20686
1981	27907	4146	22733
1982	28822	5233	26318
1983	32284	6581	28736
1984	48274	8642	52376
1985	61619	12249	62836
1986	76796	15883	87891
1987	86637	21293	98069
1988	89779	22696	106141
1989	100337	33296	116273
1990	138505	49581	135547
1991	177832	65381	161167
1992	205750	84962	190757
1993	238211	97800	228134
1994	278717	156191	268705
1995	377427	211373	336285
1996	505798	292939	411656
1997	633689	363628	516360
1998	783373	437951	595360
1999	937822	486207	688010
2000	1110418	560034	736899
2001	1282240	642293	856479
2002	1609862	735467	1094492
2003	1859204	755977	1485633
2004	2206749	865364	1865827
2005	2566328	971327	2241223
2006	3210044	1133633	3018885
2007	4034427	1214061	3891380
2008	5229066	1643103	5114627
2009	6288589	2011987	6464269
2010	7404829	2254872	7378316
2011	8617635	2511488	8207716
2012	8393171	2604502	9013297
2013	8725655	2612639	9057456
2014	9015339	2794155	9408773
2015	9259227	3013701	8975585
2016	9688159	3218809	8041396
2017	10328616	3418110	8475607
2018	10321473	3678782	9188846
2019	11074712	4127328	11044492
2020	12205953	4657977	11764260
2021	12832355	4883539	13311588
2022	15087723	5649000	14117526

注:2014 年及以前年份,“个人存款”为“储蓄存款”。

8-7 金融机构人民币信贷收支表

单位:万元

项　　目	2017年	2018年	2019年	2020年	2021年	2022年
一、各项存款	19436733	19868645	22213094	24793051	27146898	32617115
(一)境内存款	19403965	19830219	22171317	24742208	27092137	32559732
1.住户存款	7550242	8314222	9716492	11253334	12607088	15441229
2.非金融企业存款	5379893	5203457	5598684	6827241	7585172	8906624
3.广义政府存款	6318853	6236884	6676242	6485463	6527742	7349645
(1)财政性存款	306149	380122	646451	482626	434779	589474
(2)机关团体存款	6012704	5856763	6029791	6002837	6092963	6760172
4.非银行业金融机构存款	154977	75655	179900	176170	372135	862234
(二)境外存款	32768	38426	41777	50843	54761	57383
二、金融债券				20000	169700	332576
三、卖出回购资产					14350	
四、借款及非银行业金融机构拆入						
五、联行往来(净)			335183	206221	2139671	730722
六、应付及暂收款	707567	681960	793458	927932	1128479	1371963
七、各项准备	557320	1159504	1018132	1251610	1123089	881960
八、所有者权益	815258	556173	985346	687718	1010380	1442686
九、其他	-1595927	-562486	-479803	-153432	226424	569380
资金来源总计	19920951	21703795	24865409	27733099	32958991	37946401
一、各项贷款	16936863	20036760	24259327	27032510	32177441	36852760
(一)境内贷款	16935724	20035055	24252884	26910380	32175476	36850303
1.住户贷款	4949471	5894180	6743759	7802280	8640711	9172973
(1)短期贷款	1509124	1629682	1830746	2016208	2236743	2647426
(2)中长期贷款	3440348	4264497	4913012	5786072	6403968	6525548
2.非金融企业及机关团体贷款	11986252	14140876	17509126	19108101	23534765	27677330
(1)短期贷款	5321968	4799204	5287474	5185969	4559555	5503950
(2)中长期贷款	5902143	7462324	9288406	10478992	14695988	16776882
(3)票据融资	134290	180498	320460	279809	258597	596561
(4)融资租赁	614753	1643909	2576317	3116012	3970098	4784427
(5)各项垫款	13098	54940	36469	47319	50527	15509
3.非银行业金融机构贷款						
(二)境外贷款	1139	1705	6442	122129	1965	2457
二、债券投资	203901	378906	143659	210761	288384	542596
三、股权及其他投资	10671	60300	79441	122976	45236	130452
四、买入返售资产	40000	137191	10138			
五、存放非银行业金融机构款项						
六、联行往来(净)	2221746	687347				
七、金银占款						
八、中央银行外汇占款						
九、应收及预付款	335820	231728	196823	196468	250092	234630
十、投资性房地产						
十一、固定资产	171950	171563	176021	170385	197837	185962
资金运用总计	19920951	21703795	24865409	27733099	32958991	37946401

8-8 保险业务发展情况

项目	单位	1985年	1990年	1995年	2000年	2005年	2010年	2015年	2017年	2018年	2019年	2020年	2021年	2022年
一、财产险业务														
1.保费收入	万元	277	1075	6434	10475	27983	80821	115614	131176	139988	145959	155908	159028	165949
# 企业财产险	万元	88	278	1070	1990	3239	7606	8331	7336	7499	7306	8785	9647	10930
家庭财产险	万元	11	33	67	192	583	2095	1107	913	843	779	625	718	1579
车险	万元						31497	60719	70154	73649	79968	80886	72351	76406
# 交强险	万元						6844	11489		15245	16543	18490	19710	19984
船舶险	万元						29452	25369	24414	27958	26797	27230	31951	31544
# 渔船险	万元						1064	603	215	356	850	613	2824	2863
农业险	万元		4	27	54	42	197	554	709	919	1369	2593	3003	2531
2.赔款	万元	276	619	3753	6164	17326	39523	78936	83485	94562	125819	97606	110049	104107
3.赔付率	%	99.64	57.58	58.33	58.20	61.90	49.00	68.29	63.64	67.55	86.20	62.60	70.79	62.73
二、寿险业务														
1.保费收入	万元	9	142	4999	14387	53839	109199	129461	190079	218809	230216	242144	204041	218369
2.给付金额	万元	2	36	351	3105	6024	16917	23613	25049	26918	26722	23255	25790	30862

8-9 分县(区)保险业务情况

单位:万元

项目	2016年	2017年	2018年	2019年	2020年	2021年	2022年	2022年分县(区)				
								市本级	定海	普陀	岱山	嵊泗
一、财产险业务												
(一)保费收入	122206	131176	139988	145959	155908	159028	165949	96267	25036	26175	13909	4561
其中:1.企财险	7660	7336	7499	7306	8785	9647	10930	5663	1775	2408	823	262
2.家财险	796	913	843	779	625	718	1579	438	365	436	250	90
3.车险	65639	70154	73649	79968	80886	72351	76406	44219	14422	11883	4468	1412
# 交强险	17247		15245	16543	18490	19710	19984	11666	3696	2903	1276	444
4.拖拉机险	191	115	93	42	3							
5.船舶险	24155	24414	27958	26797	27230	31951	31544	22197	1369	2836	4101	1041
# 渔船险	823	215	365	850	613	2824	2863	2673		64	57	69
6.农业险	593	709	919	1369	2593	3003	2531	535	1334	284	217	162
(二)赔款	81148	83485	94562	125819	97606	110049	104107					
(三)赔付率(%)	66	64	68	86	63	71	63					
二、寿险业务												
(一)保费收入	170493	190079	218809	230216	242144	204041	218369	141003		45024	25688	6653
其中:意外短险	7122	7215	7364	5320	20143	4321	3948	2179		1346	287	135
(二)死、伤、医赔款	3674	5072	6717	7542	26882	9323	9267	4575		2537	1830	325
(三)给付金额	29140	25049	26918	26722	23255	25790	30862	20966		5441	3317	1138
其中:满期给付金额	19715	13881	9817	10186	8692	8849	14970	11023		2017	1499	431
年金给付金额	9425	11169	17101	16536	14563	16940	15892	9943		3425	1819	706
(四)营销人员数(人)	4340	5943	6833	6630	6194	2701	2251	1384		472	329	66

主要统计指标解释

财政 是国家为了保证国民经济有计划、按比例高速度的发展和满足社会日益增长的物质文化需要，对社会产品和国民收入直接和间接地实行分配、再分配的一种重要工具。

金融 是指货币流通和银行信用有关的一切活动，主要是通过银行的各种业务来实现。

财政总收入 包括上划中央“四税”即国内消费税、国内增值税(75%)、企业所得税(60%)、个人所得税(60%)和地方财政一般预算收入两部分。

一般公共预算收入 包括各项税收收入、行政事业性收费收入、国有资源(资产)有偿使用收入、转移性收入和其他收入。地方各级一般公共预算收入包括地方本级收入、上级政府对本级政府的税收返还和转移支付、下级政府的上解收入。

一般公共预算支出 按照其功能分类，包括一般公共服务支出，外交，公共安全、国防支出，农业环境保护支出，教育、科技、文化、卫生、体育支出，社会保障及就业支出和其他支出。地方各级一般公共预算支出包括地方本级支出、对上级政府的上解支出、对下级政府的税收返还和转移支付。

银行存款 企业、机关、团体和居民根据可以收回的原则，把货币存入银行或其他信用机构保管，并取得一定利息的一种信用活动形式。根据存款对象的不同可划分为企业存款、城镇居民存款、农村存款等科目。

银行贷款 银行或其他信用机构根据必须归还的原则，按一定利率为企业、个人等提供资金的一种信用活动原则。我国银行贷款，根据贷款对象不同分为工业贷款、商业贷款、农业贷款等。

保费收入 保费收入是保险企业在一定时期内收缴的保险费总额。

保费收入一般是指入账保费。入账即登记入账，指在会计核算中已记录为本期的保费收入。入账保费是保险企业在一定时期内签发的保险单项下已经收到或尚未收到的保费总额。

赔款 财产保险的发生保险事故后，经查证确属保险责任范围内的保险标的损失，保险人根据保险合同的规定履行赔偿义务，给予被保险人的款项叫作“赔款”。赔款支出一般包括三个部分：一是标的赔付，指被保险财产本身的赔款金额。二是第三者责任赔付，指投保第三者责任险的业务对第三者车辆、财产、人员等的损失。三是施救费、救助费及整理费。

寿险类给付 对寿险业务的经济补偿叫“给付”。寿险业务的给付，主要有死亡给付、伤残给付、医疗给付、教育金给付、婚嫁金给付、养老金给付、满期给付、一次性给付以及人寿险业务的退保金等。寿险业务的各类给付，分别按给付人数和给付金额统计。在寿险业务中，对各类给付一般划分为损失性给付和非损失性给付，损失性给付包括死亡给付、伤残给付、医疗给付等，其中意外伤害险和健康险的损失性给付在核算上视同于赔款支出；其他如教育金给付、婚嫁金给付、养老金给付、满期给付、一次性给付为非损失性给付。

赔付率 是指保险公司在一定时期内用于赔偿的总额占同期保险费收入总额的百分比，即：

$$赔付率=\frac{已决赔款}{保费收入}\times 100\%$$

九、物　价

9-1 历年居民消费价格指数

（以上年同期价格为100）

年份	居民消费价格总指数	食品烟酒	# 食品	衣着	居住	生活用品及服务	交通通信	教育文化娱乐	医疗保健	其他用品及服务
1985	115.4		124.3	100.2		105.3		100.2	97.6	
1988	130.4		144.3	117.5		114.2		109.0	114.6	
1989	114.9		114.8	110.6		113.3		130.4	111.2	
1990	101.9		98.0	105.2		103.8		96.9	102.8	
1991	106.3		108.9	103.1		105.5		96.2	103.7	
1992	110.8		117.6	101.5		102.5		94.6	102.8	
1993	123.1		129.4	109.7		110.3		100.0	100.6	
1994	128.9		138.6	117.5	143.5	113.2	112.8	102.4	106.3	
1995	114.8		122.0	109.7	108.2	106.2	102.2	106.5	104.6	
1996	109.9		111.9	104.2	122.4	102.2	101.5	104.2	106.6	
1997	103.6		103.0	102.0	112.6	99.0	98.0	101.1	100.6	
1998	99.9		101.4	99.6	96.3	96.2	95.6	92.5	99.4	
1999	98.3		96.8	97.4	96.5	97.9	95.1	94.6	98.0	
2000	101.6		98.4	99.2	104.0	96.2	89.5	96.5	102.6	
2001	99.3		96.6	96.3	101.1	95.8	97.4	111.0	96.0	
2002	99.5		102.6	98.0	96.5	96.5	97.8	99.6	95.1	
2003	101.3		103.8	98.5	101.7	95.4	97.7	101.2	104.0	
2004	104.4		112.8	100.1	103.8	96.3	98.0	103.7	92.8	
2005	101.7		105.4	98.2	105.7	99.1	100.1	98.6	96.1	
2006	101.6		102.6	101.6	108.0	100.1	99.8	97.1	98.9	
2007	104.2		110.1	101.0	106.6	100.8	99.8	98.4	100.5	
2008	105.6		112.7	100.7	104.7	103.9	95.7	102.4	107.0	
2009	99.2		102.5	98.5	92.8	98.5	97.7	97.8	102.4	
2010	104.1		108.7	100.4	105.6	99.7	100.2	100.0	106.7	
2011	105.8		112.5	101.1	106.9	102.9	101.4	100.3	102.9	
2012	101.7		106.9	101.6	99.9	102.4	98.2	98.5	98.0	
2013	102.1		103.0	101.4	102.2	101.8	99.7	103.0	102.3	
2014	101.7		103.0	101.0	102.5	101.2	99.0	101.0	102.0	
2015	101.2		103.2	101.9	99.4	100.0	96.7	102.9	101.6	
2016	101.8	104.1	105.3	100.6	100.0	99.9	99.1	104.0	101.7	101.8
2017	101.7	100.2	99.7	102.1	103.6	100.9	100.8	101.9	104.1	100.8
2018	102.8	102.6	103.2	100.4	106.7	100.9	100.1	102.0	103.1	101.3
2019	102.3	104.4	105.9	100.5	99.9	104.4	100.7	103.0	102.8	103.7
2020	101.9	106.3	108.4	99.5	99.2	101.5	96.8	101.4	104.0	104.5
2021	100.9	100.5	99.9	100.4	100.9	100.9	102.9	101.6	99.7	96.9
2022	101.7	103.2	102.4	97.6	99.4	101.3	105.6	101.5	100.3	100.6

注：1.1984–2000年，服务项目价格为独立分类。

2.2001年起，居民消费价格指数每五年进行一次基期轮换，2021年为新一轮基期轮换起始年，分类目录有较大调整，故部分指标以前年份的指数无法取得，下同。

9-2 居 民 消 费

（以上年同期价

项　　目	1985 年	1990 年	1995 年	2000 年	2005 年	2007 年	2008 年	2009 年
居民消费价格总指数	**115.4**	**101.9**	**114.8**	**101.6**	**101.7**	**104.2**	**105.6**	**99.2**
服务价格指数	**104.8**	**116.8**	**119.5**	**119.1**	**101.7**	**101.9**	**101.6**	**96.5**
消费品价格指数					**101.7**	**104.9**	**107.1**	**100.1**
一、食品烟酒								
1.食　品	124.3	98.0	122.0	98.4	105.4	110.1	112.7	102.5
（1）粮　食	99.4	96.3	131.0	89.2	98.5	107.4	108.1	103.4
#大　米	95.5	92.8	131.2	88.9	97.9	106.1	108.0	103.2
面　粉	106.6	89.2	116.8	88.7	100.6	109.9	101.7	100.0
（2）薯类						94.5	114.7	103.0
（3）豆类						109.4	138.0	97.8
（4）食用油	109.9	91.3	106.2	76.3	97.0	126.9	117.2	77.2
（5）菜及食用菌						109.1	110.1	106.9
#鲜　菜	134.7	85.2	128.4	104.5	121.6	110.1	110.1	108.0
（6）畜肉类						135.7	127.2	87.5
#猪　肉	136.0	97.7	119.4	93.3	101.4	140.6	126.1	85.6
（7）禽肉类						120.0	105.5	101.3
（8）水产品	185.5	98.0	128.1	103.3	107.7	106.2	111.8	108.7
#淡水鱼					102.5	106.3	127.8	106.7
海水鱼					102.6	105.2	108.7	114.0
虾蟹类						110.4	107.8	107.7
（9）蛋类	129.3	99.3	121.0	82.5	107.6	125.4	105.6	103.4
（10）奶类	100.0	103.3	135.6	99.6	101.8	104.4	119.3	99.1
（11）干鲜瓜果类			128.6	98.4	97.4	103.6	113.4	102.9
#鲜果	139.2	96.3	129.1	96.4	96.5	100.8	111.4	106.7
（12）糖果糕点类								
#食糖						98.7	102.3	100.2
（13）调味品	98.3	129.4	125.0	97.7	109.7	101.3	111.5	99.8
（14）其他食品类					106.2	102.8	114.9	102.1
2.茶及饮料					99.1	100.2	107.1	102.2
3.烟酒					100.3	102.0	102.5	100.4
4.在外餐饮			117.9	101.6	104.5	110.0	108.2	102.9
二、衣　着	**100.2**	**105.2**	**109.7**	**99.2**	**98.2**	**101.0**	**100.7**	**98.5**
1.服装			111.0	99.5	97.5	101.0	100.2	98.3
2.鞋类								
三、居　住			**108.2**	**104.0**	**105.7**	**106.6**	**104.7**	**92.8**
1.租赁房房租	104.0	101.2	132.7	108.3	101.2	102.3	105.8	106.6
2.住房保养维修及管理								
（1）住房装潢材料		100.6	97.3	99.9	106.8	107.7	108.2	98.5
（2）住房维修管理费用								

注：1.2021 年起，衣着大类下原作为种类的其他衣着材料及配件和衣着加工服务费计入服装，下同。

2.2001 年以来按照统计制度要求，我国居民消费价格指数、商品零售价格指数每五年进行一次基期轮换，2021 年为新一轮基期轮换起始年，分类目录有较大调整，下同。

价 格 指 数

格为 100）

2010 年	2011 年	2012 年	2013 年	2014 年	2015 年	2016 年	2017 年	2018 年	2019 年	2020 年	2021 年	2022 年
104.1	**105.8**	**101.7**	**102.1**	**101.7**	**101.2**	**101.8**	**101.7**	**102.8**	**102.3**	**101.9**	**100.9**	**101.7**
102.8	**104.3**	**99.4**	**103.5**	**102.2**	**101.6**	**101.8**	**101.9**	**104.2**	**101.6**	**101.2**	**100.8**	**99.7**
104.5	**106.6**	**102.8**	**101.5**	**101.4**	**101.0**	**101.8**	**101.6**	**102.0**	**102.8**	**102.4**	**101.0**	**103.1**
						104.1	**100.2**	**102.6**	**104.4**	**106.3**	**100.5**	**103.2**
108.7	112.5	106.9	103.0	103.0	103.2	105.3	99.7	103.2	105.9	108.4	99.9	102.4
115.3	113.9	102.1	101.4	100.8	102.2	101.3	100.4	99.8	100.4	100.4	101.0	100.9
118.4	114.2	102.1	100.2	100.9	101.2	99.9	100.5	99.3	99.7	100.1	101.1	98.5
104.7	121.9	105.5	109.0	101.0	100.1	100.0	100.0	102.0	101.6	100.4	97.9	99.8
103.9	104.2	102.5	116.4	108.3	90.6	103.0	96.0	107.2	100.7	115.1	109.7	104.7
107.2	103.1	101.1	101.6	101.6	101.4	100.6	101.5	101.6	101.6	115.1	106.0	101.7
100.2	116.6	104.6	97.9	92.4	97.0	100.9	100.1	100.6	99.4	103.9	111.3	104.9
110.9	101.6	117.4	104.1	102.5	105.7	111.6	90.9	107.6	105.9	102.4	105.5	100.1
111.6	101.0	119.9	103.4	102.4	107.2	112.2	89.0	107.6	106.1	102.2	106.0	99.7
100.3	124.3	103.4	103.1	98.2	103.5	110.2	94.6	98.4	121.0	136.7	85.1	95.3
100.9	128.1	99.9	99.9	96.3	105.3	114.9	92.4	96.1	124.2	143.4	75.9	94.4
111.0	114.1	105.0	105.7	103.1	109.7	103.2	101.0	104.6	106.1	109.0	95.8	103.4
114.9	118.1	110.3	102.0	105.3	105.1	106.5	105.1	103.3	99.9	105.6	105.2	103.0
103.3	107.1	109.8	106.3	101.4	101.5	104.4	107.7	101.0	95.1	105.9	124.4	96.3
127.1	121.7	105.3	103.0	111.2	106.8	110.7	102.3	99.4	102.4	114.7	99.8	101.6
112.1	125.6	117.1	100.6	101.1	103.6	107.7	109.9	102.5	98.2	96.3	101.8	101.6
108.5	118.8	98.5	101.1	109.5	99.6	98.9	97.6	110.1	104.3	93.1	108.1	104.3
100.5	109.1	102.4	106.4	104.7	99.9	100.3	99.5	103.7	103.2	102.9	101.8	96.7
114.6	118.5	105.0	103.4	107.6	97.7	99.4	103.4	105.4	109.6	95.2	101.8	114.6
117.3	115.7	104.9	104.2	111.8	96.0	97.6	104.2	106.4	112.0	93.0	102.5	117.9
						104.1	102.6	102.8	101.0	101.9	99.2	100.8
123.2	117.0	103.8	94.6	91.6	101.1	105.4	114.4	103.2	98.9	102.8	101.0	99.9
104.3	102.1	99.9	100.4	100.8	103.7	100.8	103.5	103.6	101.6	103.2	100.9	103.8
98.9	110.7	101.8	98.8	101.1	101.1	103.9	103.0	104.0	104.5	105.1	99.8	104.5
103.3	107.8	106.3	101.9	102.6	107.5	101.6	100.3	101.1	101.8	101.4	100.8	100.5
100.7	102.4	100.1	100.6	100.4	103.1	101.8	101.5	101.1	100.3	101.5	101.1	103.3
105.9	106.1	104.1	104.5	102.1	102.5	102.0	101.2	101.5	102.1	102.4	101.9	105.4
100.4	**101.1**	**101.6**	**101.4**	**101.0**	**101.9**	**100.6**	**102.1**	**100.4**	**100.5**	**99.5**	**100.4**	**97.6**
100.4	99.9	101.3	100.2	101.2	101.7	101.9	102.8	101.9	99.3	100.8	101.4	97.6
											96.1	97.5
105.6	**106.9**	**99.9**	**102.2**	**102.5**	**99.4**	**100.0**	**103.6**	**106.7**	**99.9**	**99.2**	**100.9**	**99.4**
109.3	106.9	98.7	102.3	102.9	98.4	99.8	102.3	107.2	100.5	98.3	100.5	97.9
						102.2	105.8	108.9	102.0	101.2	103.1	101.6
106.2	109.3	101.9	105.1	103.1	100.5	100.6	110.1	102.8	102.0	100.5	103.1	102.6
											103.1	100.7

9-2 续表

（以上年同期价

项　　目	1985 年	1990 年	1995 年	2000 年	2005 年	2007 年	2008 年	2009 年
3.水电燃料	100.0	101.1	117.2	105.7	106.2	106.7	103.9	98.2
（1）水	100.0	104.5	149.8	100.0	95.3	131.3	105.7	100.0
（2）电	100.0	100.0	106.0	100.0	100.0	101.5	100.0	100.0
（3）燃气								
4.自有住房						108.8	104.1	64.2
四、生活用品及服务	**105.3**	**103.8**	**106.2**	**96.2**	**99.1**	**100.8**	**103.9**	**98.5**
1.家具及室内装饰品								
2.家用器具						96.5	99.9	89.7
3.家用纺织品								
4.家庭日用杂品			116.3	96.4	100.2	100.8	108.1	103.1
5.个人护理用品								
6.家庭服务						117.8	125.1	114.0
五、交通通信			**102.2**	**89.5**	**100.1**	**99.8**	**95.7**	**97.7**
1.交通					107.3	101.5	103.0	98.9
（1）交通工具			107.0	92.8	98.4	96.2	100.8	99.2
（2）交通工具用燃料								
（3）交通工具使用和维修								
（4）交通费								
2.通信					95.3	98.3	88.6	96.5
（1）通信工具			96.1	85.1	91.6	88.9	83.9	84.4
（2）通信服务					96.0	100.3	89.4	98.7
（3）邮递服务								
六、教育文化娱乐	**100.2**	**96.9**	**106.5**	**96.5**	**98.6**	**98.4**	**102.4**	**97.8**
1.教育					100.3	98.9	104.3	101.0
（1）教育用品			134.0	106.1	98.2	96.8	101.6	103.2
（2）教育服务	108.0	111.4	131.6	168.1	100.6	99.1	104.6	100.8
2.文化娱乐			108.9	99.4	100.8	100.6	102.9	100.9
（1）文娱耐用消费品								
（2）其他文娱用品								
（3）文化娱乐服务						100.3	105.2	99.3
（4）旅游					98.1	99.2	102.8	91.8
七、医疗保健	**97.6**	**102.8**	**104.6**	**102.6**	**96.1**	**100.5**	**107.0**	**102.4**
1.药品及医疗器具								
（1）中药						110.0	113.9	103.3
（2）西药			108.9	104.0	92.3	95.3	103.7	101.4
（3）滋补保健品			91.3	100.0	100.5	99.2	115.0	104.7
2.医疗服务	106.0	120.1	100.4	102.0	106.5	102.8	100.2	100.5
八、其他用品及服务								
1.其他用品								
2.其他服务								

格为 100）

2010 年	2011 年	2012 年	2013 年	2014 年	2015 年	2016 年	2017 年	2018 年	2019 年	2020 年	2021 年	2022 年
102.3	101.9	100.2	99.2	99.9	95.5	98.0	105.6	102.9	97.1	100.3	101.6	102.9
100.0	100.0	100.0	100.0	100.0	100.0	100.0	121.0	101.5	100.0	100.0	100.0	100.0
100.0	100.0	99.0	99.0	100.0	100.0	100.0	100.0	100.0	100.0	100.0	100.0	100.0
						92.6	107.5	108.0	89.3	101.1	106.4	108.3
109.6	108.7	98.3	102.3	103.3	98.9	99.9	102.3	107.2	100.0	98.2	100.4	98.4
99.7	**102.9**	**102.4**	**101.8**	**101.2**	**100.0**	**99.9**	**100.9**	**100.9**	**104.4**	**101.5**	**100.9**	**101.3**
						100.1	101.5	94.9	105.7	100.3	100.6	100.9
95.2	99.2	102.2	101.9	99.1	97.5	98.5	98.8	100.4	102.0	101.2	101.1	101.5
						99.5	101.6	98.6	109.5	105.6	103.2	100.0
100.3	103.8	103.1	99.9	100.5	102.3	99.1	102.1	104.2	101.3	99.6	99.9	100.1
						100.3	101.4	102.1	104.5	100.3	98.6	102.5
113.7	112.2	100.9	109.1	109.4	103.0	103.9	101.2	102.8	110.3	105.0	104.5	102.2
100.2	**101.4**	**98.2**	**99.7**	**99.0**	**96.7**	**99.1**	**100.8**	**100.1**	**100.7**	**96.8**	**102.9**	**105.6**
101.8	102.0	98.1	99.8	98.8	95.7	99.1	102.1	102.3	100.9	95.4	103.5	107.1
99.5	98.6	94.3	99.7	97.5	100.1	99.8	99.1	96.0	103.3	96.3	96.9	100.9
						95.5	109.0	112.4	94.2	86.1	116.9	120.6
						98.8	101.5	103.9	102.9	109.7	98.4	100.9
						102.1	102.4	105.0	103.9	97.0	104.0	102.2
98.4	100.1	98.3	99.3	99.4	99.3	99.2	97.9	95.2	100.3	100.1	100.4	99.4
89.6	90.7	90.2	92.8	93.4	91.8	96.2	89.5	87.9	102.0	100.8	101.3	97.9
100.0	101.4	99.3	100.0	100.0	100.0	100.0	100.0	96.4	100.0	100.0	100.0	100.0
						100.2	101.7	111.3	100.0	100.1	100.0	99.6
100.0	**100.3**	**98.5**	**103.0**	**101.0**	**102.9**	**104.0**	**101.9**	**102.0**	**103.0**	**101.4**	**101.6**	**101.5**
101.5	101.6	101.0	102.5	101.6	103.1	105.8	102.8	103.0	104.0	103.0	102.4	102.1
100.5	101.5	103.0	100.5	100.0	98.2	99.6	99.5	100.8	100.7	99.8	103.3	112.9
101.6	101.6	100.9	102.6	101.6	103.4	106.0	102.9	103.1	104.1	103.1	102.4	101.7
99.5	100.4	102.7	100.1	100.3	101.1	101.4	100.5	100.3	101.5	98.8	100.1	100.4
						95.6	96.2	98.5	100.5	98.6	100.0	100.8
						99.2	101.7	101.9	103.8	102.7	101.6	99.6
98.8	99.5	104.8	100.3	100.4	101.2	98.9	99.3	101.4	101.2	99.5	101.9	100.3
99.8	98.8	87.9	111.2	103.1	107.0	106.1	102.6	100.1	101.3	97.5	98.3	100.5
106.7	**102.9**	**98.0**	**102.3**	**102.0**	**101.6**	**101.7**	**104.1**	**103.1**	**102.8**	**104.0**	**99.7**	**100.3**
						103.9	108.8	106.4	106.1	96.9	99.0	101.8
125.1	108.4	102.1	97.5	98.5	98.5	105.1	104.1	112.3	104.5	97.8	98.6	97.4
99.7	94.1	92.7	91.7	100.5	97.4	99.3	111.1	105.6	102.7	90.9	97.7	104.0
109.4	115.2	100.7	102.4	105.7	108.1	113.3	111.6	106.3	113.9	103.7	100.2	102.2
100.7	100.0	99.5	118.3	101.5	100.0	100.0	100.3	100.3	99.8	111.0	100.0	99.7
						101.8	**100.8**	**101.3**	**103.7**	**104.5**	**96.9**	**100.6**
						103.4	100.1	99.1	105.0	110.8	98.9	102.4
						100.8	101.3	102.7	102.9	100.5	95.1	98.9

9-3 商品零售

（以上年同期价

项　目	1985 年	1990 年	1995 年	2000 年	2005 年	2007 年	2008 年	2009 年
商品零售价格指数	**116.3**	**100.2**	**111.0**	**99.2**	**101.0**	**103.2**	**106.7**	**99.2**
一、食品	**124.3**	**98.0**	**125.1**	**98.3**	**105.5**	**110.5**	**112.9**	**102.4**
1.粮食	99.4	96.3	130.6	89.3	98.5	107.6	108.0	103.4
2.薯类						94.5	114.7	103.0
3.豆类						108.9	135.8	96.3
4.食用油	109.9	91.3	106.2	76.3	97.1	127.1	117.4	77.1
5.菜及食用菌						109.1	110.1	106.9
6.畜肉类						135.1	127.5	88.0
7.禽肉类						120.8	105.5	101.3
8.水产品	185.5	98.0	128.1	103.3	107.6	106.2	111.8	108.7
9.蛋类			121.0	82.6	107.6	125.4	105.4	103.3
10.奶类						104.4	119.3	99.1
11.干鲜瓜果类						103.6	113.4	102.9
12.糖果糕点类								
13.调味品			130.8	97.8	105.0	101.3	110.8	100.0
14.其他食品类						102.8	114.9	102.1
15.餐饮业零售			117.9	101.6	104.9	110.0	108.2	102.9
二、饮料、烟酒	**100.0**	**102.3**	**104.7**	**96.2**	**100.1**	**102.0**	**103.7**	**100.7**
1.茶及饮料			112.6	97.5	99.4	100.5	107.5	102.4
2.卷烟			99.1	94.6	100.0	100.3	101.3	100.6
3.酒类			111.7	98.0	100.8	107.1	106.4	99.9
三、服装、鞋帽			**109.7**	**99.4**	**98.0**	**100.8**	**100.2**	**98.4**
1.服装			107.8	99.5	97.3	101.0	100.2	98.3
2.鞋帽袜	100.1	106.2	103.9	98.3	100.1	100.2	99.7	98.3
3.其他衣着配件	98.6	108.6	129.6	101.4	100.0	100.3	108.9	107.0
四、纺织品			**113.9**	**99.1**	**100.2**	**100.9**	**101.1**	**99.6**
1.服装材料					100.4	103.0	103.2	101.1
2.床上用品					100.0	100.1	100.2	99.1
五、家用电器及音像器材	**98.5**	**99.5**	**101.5**	**93.1**	**96.1**	**95.5**	**98.5**	**91.9**
1.家庭设备						96.5	99.9	89.7
2.文娱用耐用消费品						93.6	98.0	95.2
3.专业音像器材						95.7	91.2	94.8
六、文化办公用品			**115.2**	**98.3**	**93.5**	**96.4**	**94.9**	**93.3**

价 格 指 数

格为 100）

2010 年	2011 年	2012 年	2013 年	2014 年	2015 年	2016 年	2017 年	2018 年	2019 年	2020 年	2021 年	2022 年
104.3	**105.4**	**101.7**	**100.5**	**100.5**	**99.4**	**101.0**	**101.7**	**102.2**	**102.1**	**100.9**	**101.4**	**103.3**
108.8	**112.7**	**106.9**	**103.0**	**103.0**	**103.1**	**104.8**	**99.8**	**102.9**	**105.2**	**107.6**	**100.4**	**103.2**
114.7	113.9	102.1	101.4	100.8	102.2	101.3	100.4	99.8	100.4	100.4	101.0	100.9
103.9	104.2	102.5	116.4	108.3	90.6	103.0	96.0	107.2	100.7	115.1	109.7	104.7
108.4	103.1	101.1	101.6	101.6	101.4	100.6	101.5	101.6	101.6	115.1	106.0	101.7
100.2	116.6	104.6	97.9	92.4	97.0	100.9	100.1	100.6	99.4	103.9	111.3	104.9
110.9	101.6	117.4	104.1	102.5	105.7	111.6	90.7	107.6	105.9	102.4	105.5	100.1
100.2	124.3	103.4	103.1	98.2	103.5	110.6	94.5	98.2	121.1	137.1	85.1	95.3
111.0	113.7	104.9	105.5	103.0	109.6	103.2	101.0	104.6	106.1	109.0	95.8	103.4
114.9	118.1	110.3	102.0	105.3	105.1	107.0	104.7	103.1	100.4	106.2	105.2	103.0
108.5	118.8	98.6	101.1	109.4	99.6	98.9	97.6	110.1	104.3	93.1	108.1	104.3
100.5	109.2	102.4	107.1	104.6	99.8	100.3	99.4	103.9	102.9	103.2	101.8	96.7
114.6	118.5	105.0	103.4	107.6	97.7	99.5	103.4	105.3	109.5	95.4	101.8	114.6
						104.1	102.6	102.8	101.0	101.9	99.2	100.8
104.3	102.1	99.8	100.3	100.9	103.8	100.8	103.5	103.6	101.6	103.2	100.9	103.8
98.9	110.7	101.8	98.8	101.1	101.1	103.9	103.0	104.0	104.5	105.1	99.8	104.5
105.9	106.1	104.1	104.5	102.1	102.5	101.9	101.0	101.5	102.3	102.4	101.9	105.4
101.2	**103.5**	**100.7**	**100.8**	**100.9**	**103.4**	**101.7**	**101.3**	**101.2**	**100.6**	**101.5**	**101.0**	**102.7**
103.4	107.4	106.2	101.9	102.8	106.8	101.6	100.3	101.1	101.8	101.4	100.8	100.5
100.7	100.0	99.2	99.8	100.0	103.8	102.2	100.0	100.0	100.0	100.2	100.5	102.9
100.8	109.0	101.0	102.3	101.7	100.8	100.8	105.4	103.9	100.9	104.5	102.3	104.1
100.3	**100.7**	**101.6**	**101.5**	**101.0**	**101.7**	**100.5**	**102.1**	**100.3**	**100.5**	**99.5**	**100.2**	**97.6**
100.4	99.7	101.3	100.2	101.2	101.7	101.9	102.8	101.9	99.3	100.8	101.4	97.7
100.0	103.7	102.2	105.5	100.6	101.8	96.6	100.2	95.0	104.8	94.2	95.9	97.5
100.0	101.7	105.1	100.0	100.0	99.0	94.9	94.5	97.7	103.3	102.9	96.6	99.2
101.9	**104.4**	**104.6**	**99.7**	**100.2**	**99.1**	**99.5**	**101.6**	**98.5**	**106.6**	**104.9**	**102.6**	**100.0**
104.7	113.9	107.3	100.0	100.0	100.0	100.0	100.0	100.0	100.9	101.3	100.0	100.0
100.8	100.3	103.3	99.6	100.3	98.6	99.3	102.1	98.0	108.5	106.0	103.5	99.9
94.8	**97.1**	**100.5**	**100.6**	**97.7**	**97.3**	**97.1**	**98.1**	**98.9**	**100.0**	**100.3**	**101.3**	**101.2**
95.3	99.3	102.5	102.0	99.3	97.7	98.5	98.8	100.4	102.0	101.2	101.1	101.5
93.5	94.3	97.9	98.5	94.4	95.3	94.5	96.7	96.5	98.4	98.9	101.6	100.4
95.5	93.1	96.4	98.0	97.6	100.8	98.8	98.5	98.2	93.3	99.5	101.7	101.2
96.3	**98.4**	**96.1**	**98.1**	**97.9**	**98.7**	**97.6**	**97.7**	**100.9**	**101.8**	**100.0**	**99.7**	**102.5**

9-3 续表

（以上年同期价

项　　目	1985 年	1990 年	1995 年	2000 年	2005 年	2007 年	2008 年	2009 年
七、日用品			**111.8**	**98.4**	**99.0**	**100.4**	**105.3**	**101.7**
1.日用百货						99.8	107.1	100.9
2.厨具餐具茶具						100.1	101.8	101.6
3.清洗用品						102.7	109.2	106.0
4.其他日用品						100.3	100.3	100.6
八、体育娱乐用品			**114.6**	**100.1**	**99.1**	**100.0**	**100.8**	**100.8**
1.体育户外用品						101.0	102.5	100.5
2.娱乐用品						99.6	100.1	101.0
九、交通、通信用品			**91.5**	**92.7**	**94.9**	**95.1**	**97.6**	**97.1**
1.交通运输机械						95.9	99.8	99.0
2.通信器材						91.6	87.9	88.3
十、家具			**99.2**	**101.4**	**98.0**	**101.5**	**104.2**	**103.3**
十一、化妆品			**107.0**	**101.0**	**100.0**	**100.1**	**100.7**	**109.3**
十二、金银饰品			**99.3**	**108.3**	**100.5**	**110.5**	**121.4**	**93.8**
十三、中西药品及医疗保健用品	**97.6**	**102.8**	**104.7**	**102.6**	**93.6**	**99.7**	**107.8**	**102.4**
1.医疗卫生器具						99.1	100.8	100.0
2.中药	97.3	97.8	95.4	100.6	89.0	110.0	113.9	103.3
3.西药	98.3	110.7	108.9	104.0	92.7	95.3	103.7	101.4
4.保健器具及用品						99.3	113.2	104.3
十四、书报杂志及电子出版物	**123.6**	**108.8**	**118.0**	**103.2**	**99.1**	**99.3**	**101.3**	**102.9**
1.教材及参考书						96.8	101.7	103.2
2.书报杂志及音像制品						100.9	100.0	103.9
3.计算机办公软件					97.1	100.3	108.1	100.0
十五、燃料	**99.8**	**109.7**	**108.0**	**124.4**	**116.0**	**104.1**	**115.4**	**89.5**
1.煤炭及制品						101.6	133.1	86.1
2.石油及制品						104.3	113.2	90.0
十六、建筑材料及五金电料		100.6	100.9	102.2	104.3	**107.3**	**108.1**	**96.6**
1.建筑装潢材料						108.6	111.5	95.2
2.五金水暖						104.4	100.1	100.0

格为 100）

2010 年	2011 年	2012 年	2013 年	2014 年	2015 年	2016 年	2017 年	2018 年	2019 年	2020 年	2021 年	2022 年
99.4	**102.7**	**101.8**	**100.9**	**100.8**	**100.5**	**99.3**	**102.0**	**102.0**	**101.1**	**100.6**	**99.9**	**101.3**
100.0	102.9	101.9	100.9	101.1	100.3	99.7	102.1	100.4	101.2	100.5	100.9	101.9
99.8	104.1	102.2	98.2	99.4	103.2	98.6	99.6	104.5	99.7	104.1	97.0	99.1
97.3	102.9	103.6	99.5	100.9	101.0	101.1	105.2	103.8	102.2	98.2	99.6	101.2
99.2	101.2	99.7	104.2	100.9	98.7	97.5	100.2	101.3	100.8	100.7	100.7	101.9
100.7	**100.9**	**99.7**	**100.0**	**100.3**	**99.6**	**99.1**	**101.2**	**99.3**	**101.1**	**102.3**	**102.2**	**99.7**
102.4	103.0	106.2	100.9	101.2	100.2	98.8	100.4	98.9	100.3	103.8	103.3	105.3
100.0	100.0	96.7	99.6	99.8	99.3	99.2	101.5	99.5	101.4	101.7	101.8	97.2
98.4	**98.3**	**95.9**	**99.2**	**98.1**	**99.3**	**99.0**	**97.8**	**96.9**	**101.9**	**97.8**	**98.3**	**100.7**
99.7	99.3	96.4	99.8	98.5	100.0	99.4	99.4	98.1	102.1	97.4	97.5	101.3
92.0	92.8	93.1	95.1	95.7	94.6	97.0	90.9	91.3	100.8	99.9	101.5	98.4
100.0	**100.0**	**100.0**	**100.3**	**101.3**	**100.2**	**100.2**	**101.8**	**94.2**	**106.0**	**100.4**	**100.6**	**100.9**
100.1	**100.3**	**99.3**	**100.6**	**99.9**	**100.4**	**100.3**	**101.9**	**102.7**	**105.4**	**100.1**	**98.3**	**101.9**
112.9	**119.8**	**96.9**	**93.5**	**91.2**	**91.9**	**108.5**	**100.8**	**98.1**	**108.1**	**117.8**	**97.4**	**102.9**
107.8	**102.5**	**97.5**	**96.4**	**101.1**	**100.4**	**103.8**	**108.9**	**106.7**	**105.8**	**96.5**	**99.0**	**101.8**
99.9	101.8	101.0	100.2	101.6	101.1	100.5	100.0	101.1	103.4	103.3	102.8	100.3
125.1	110.0	102.3	98.0	98.1	98.1	105.1	104.1	112.3	104.5	97.8	98.6	97.4
99.7	94.0	92.8	91.7	100.5	97.3	99.3	111.1	105.6	102.7	90.9	97.7	104.0
109.7	113.8	100.6	102.2	105.3	107.6	112.2	110.6	105.8	112.9	103.4	100.2	102.0
100.2	**102.3**	**101.4**	**100.1**	**100.1**	**100.6**	**105.4**	**101.1**	**104.1**	**104.0**	**100.2**	**101.2**	**105.9**
100.5	101.6	104.1	100.5	100.1	98.4	99.6	99.5	100.8	100.7	99.8	103.3	112.9
100.0	104.0	100.0	100.0	100.0	102.8	100.0	102.6	109.9	110.1	101.0	100.0	101.9
100.0	100.0	98.6	99.0	100.0	100.0	130.6	100.7	97.9	96.2	98.9	98.8	97.4
113.0	**111.5**	**102.8**	**98.7**	**98.4**	**84.2**	**96.6**	**107.9**	**112.2**	**93.3**	**90.7**	**116.0**	**119.0**
116.3	114.5	101.2	96.3	98.0	97.7	102.3	107.9	119.2	100.5	100.0	122.9	119.8
112.6	111.1	103.0	98.9	98.5	82.7	95.9	107.8	111.4	92.4	89.4	115.4	118.9
105.0	**107.8**	**99.1**	**102.0**	**100.8**	**98.1**	**99.4**	**108.0**	**102.1**	**101.3**	**101.6**	**102.4**	**101.9**
107.1	110.4	98.5	102.3	101.2	97.7	100.5	111.1	103.1	101.7	100.0	103.1	102.6
100.0	101.9	100.8	101.1	99.8	98.9	97.0	100.8	99.7	100.3	105.9	100.5	100.4

9-4　分月居民消费价格指数

（以上年同期价格为 100）

期　别	1985 年	1990 年	1995 年	2000 年	2005 年	2010 年	2015 年	2017 年	2018 年	2019 年	2020 年	2021 年	2022 年
一　　月	111.6	103.3	113.5	102.8	100.7	101.6	99.8	102.6	101.4	102.2	104.0	99.7	100.4
二　　月	104.3	106.4	115.5	103.6	104.2	104.0	101.2	100.4	104.0	101.2	103.2	100.3	100.3
三　　月	114.4	104.6	116.6	102.9	102.2	103.1	101.1	100.8	103.0	102.4	102.1	101.2	100.9
一 季 度	**110.1**	**104.8**	**115.2**	**103.1**	**102.4**	**102.9**	**100.7**	**101.2**	**102.8**	**101.9**	**103.1**	**100.4**	**100.6**
四　　月	124.0	103.1	113.7	103.1	102.3	103.3	101.2	101.4	102.9	102.1	101.6	101.7	101.8
五　　月	114.1	101.1	117.0	103.4	100.8	103.6	101.0	102.1	102.7	102.3	101.4	101.6	101.8
六　　月	119.2	99.8	115.5	102.9	100.4	103.5	101.0	101.8	102.9	101.9	102.1	101.1	102.1
上 半 年	**114.6**	**103.1**	**115.3**	**103.1**	**101.8**	**103.2**	**100.9**	**101.5**	**102.8**	**102.0**	**102.4**	**100.9**	**101.2**
七　　月	117.1	101.5	117.5	102.7	101.0	104.7	100.9	101.5	103.2	102.0	101.9	101.0	102.1
八　　月	122.2	101.2	118.3	102.4	101.3	103.5	101.3	101.5	103.3	102.3	101.7	100.7	102.1
九　　月	119.0	99.7	114.1	99.7	100.8	104.3	101.3	101.8	103.5	101.9	102.1	100.6	102.5
前三季度	**116.2**	**102.4**	**115.7**	**102.6**	**101.5**	**103.5**	**101.0**	**101.5**	**103.0**	**102.0**	**102.2**	**100.9**	**101.6**
十　　月	123.4	100.6	112.3	98.0	101.5	104.9	101.4	102.2	102.9	102.5	101.3	101.1	102.0
十 一 月	121.7	104.2	111.5	99.0	101.9	106.5	101.8	102.1	102.2	103.5	100.7	101.5	101.7
十 二 月	115.7	103.9	111.7	98.5	103.1	105.9	102.2	102.3	101.6	103.5	101.2	100.5	102.6
全　　年	**115.4**	**101.9**	**114.8**	**101.6**	**101.7**	**104.1**	**101.2**	**101.7**	**102.8**	**102.3**	**101.9**	**100.9**	**101.7**

9-5　分月商品零售价格指数

（以上年同期价格为 100）

期　别	1985 年	1990 年	1995 年	2000 年	2005 年	2010 年	2015 年	2017 年	2018 年	2019 年	2020 年	2021 年	2022 年
一　　月	112.0	101.3	112.1	99.2	100.4	103.1	98.0	102.3	102.2	100.0	104.6	99.3	101.3
二　　月	104.1	105.0	111.4	99.9	102.5	104.6	99.3	100.8	102.8	100.1	104.0	99.6	102.2
三　　月	115.1	103.2	113.2	99.2	100.9	104.1	99.4	100.8	102.4	101.6	101.7	101.0	103.2
一 季 度	**110.4**	**103.2**	**112.2**	**99.4**	**101.3**	**103.9**	**98.9**	**101.3**	**102.5**	**100.6**	**103.4**	**100.0**	**102.2**
四　　月	125.5	101.4	110.2	99.2	101.2	104.0	99.6	101.5	101.9	101.9	100.6	101.7	104.0
五　　月	114.7	99.3	113.0	99.8	100.3	104.2	99.5	102.0	101.8	102.5	99.9	101.7	104.3
六　　月	120.3	97.7	110.9	99.7	99.6	103.6	99.5	101.5	102.3	102.0	100.8	101.2	104.4
上 半 年	**115.3**	**101.3**	**111.8**	**99.5**	**100.8**	**103.9**	**99.2**	**101.5**	**102.2**	**101.3**	**101.9**	**100.7**	**103.2**
七　　月	118.1	100.0	113.2	100.0	100.5	104.4	99.1	101.4	102.7	101.8	101.0	101.6	103.7
八　　月	123.7	99.2	113.3	99.5	101.0	103.7	99.2	101.2	102.8	102.4	100.8	101.4	103.7
九　　月	120.4	97.9	110.4	99.3	100.4	103.7	99.2	101.5	103.2	102.0	100.5	101.7	104.0
前三季度	**117.1**	**100.6**	**112.0**	**99.5**	**100.8**	**103.9**	**99.2**	**101.4**	**102.4**	**101.6**	**101.5**	**101.0**	**103.4**
十　　月	120.0	98.8	109.1	97.8	100.9	104.8	99.5	102.2	102.7	102.5	99.6	102.8	103.0
十 一 月	123.3	102.7	108.4	98.5	101.5	106.0	100.2	102.2	101.4	104.2	98.5	103.0	102.7
十 二 月	116.7	102.2	108.2	98.0	102.8	105.5	100.5	102.6	100.2	104.6	99.1	101.8	103.5
全　　年	**116.3**	**100.2**	**111.0**	**99.2**	**101.0**	**104.3**	**99.4**	**101.7**	**102.2**	**102.1**	**100.9**	**101.4**	**103.3**

主要统计指标解释

居民消费价格指数 是反映一定时期内居民所购买的生活消费品和服务项目价格变动趋势和程度的相对数。调查内容及分类包括食品烟酒、衣着、居住、生活用品及服务、交通通信、教育文化娱乐、医疗保健、其他用品及服务等八大类、268个基本分类的商品与服务价格。

商品零售价格指数 是反映一定时期内商品零售价格变动趋势和程度的相对数。调查内容及分类包括食品、饮料烟酒、服装鞋帽、纺织品、家用电器及音像器材、文化办公用品、日用品、体育娱乐用品、交通通信用品、家具、化妆品、金银饰品、中西药品及医疗保健用品、书报杂志及电子出版物、燃料、建筑材料及五金电料等十六大类、197个基本分类的商品零售价格。

十、人民生活与劳动工资

10-1 历年非私营在岗职工人数与工资

年 份	年末在岗职工人数（人）	在岗职工工资总额（万元）	在岗职工平均工资（元）
2008	120094	455139	38714
2009	142972	580553	40560
2010	160666	716934	43642
2011	158515	856696	51938
2012	167911	984670	57294
2013	175111	1109090	63283
2014	172402	1183478	68954
2015	171754	1284141	74717
2016	173271	1378804	80311
2017	170584	1574188	93018
2018	169333	1635074	98394
2019	169459	1796972	106441
2020	172157	1951380	114303
2021	175669	2160142	123685
2022	180247	2336554	130982

10-2　四上企业分行业从业人员和工资情况表

行　　业	从业人员期末人数（万人）		从业人员平均人数（万人）		从业人员工资总额（亿元）		从业人员平均工资（元）	
	2021 年	2022 年	2021 年	2022 年	2021 年	2022 年	2021 年	2022 年
总　　计	22.39	22.84	21.56	22.12	192.72	208.40	89391	94220
采矿业	0.08	0.07	0.09	0.07	1.03	1.01	119063	141328
制造业	7.38	7.82	7.12	7.61	67.84	77.34	95291	101558
电力、热力、燃气及水生产和供应业	0.27	0.28	0.26	0.27	4.45	5.12	168361	188222
建筑业	6.45	6.52	5.94	5.98	40.24	40.73	67740	68070
批发和零售业	1.08	1.09	1.09	1.09	10.82	11.21	99181	102535
交通运输、仓储和邮政业	3.15	2.96	3.13	2.97	36.87	39.28	117673	132104
住宿和餐饮业	0.85	0.85	0.86	0.88	5.36	5.34	62455	61011
信息传输、软件和信息技术服务业	0.21	0.21	0.21	0.21	2.80	2.96	131316	141773
房地产业	0.77	0.77	0.78	0.79	7.78	6.88	99396	86763
租赁和商务服务业	1.27	1.41	1.21	1.36	8.50	11.04	70397	80985
科学研究和技术服务业	0.21	0.21	0.21	0.21	2.42	2.60	116163	126305
水利、环境和公共设施管理业	0.21	0.19	0.20	0.19	1.33	1.23	64969	63570
居民服务、修理和其他服务业	0.25	0.25	0.22	0.23	0.94	1.09	42846	47518
教育	0.03	0.03	0.03	0.03	0.23	0.24	81284	86667
卫生和社会工作	0.16	0.18	0.16	0.18	1.77	2.08	112224	116961
文化、体育和娱乐业	0.04	0.03	0.04	0.03	0.35	0.24	77578	69621

注："四上企业"指规模以上工业企业、资质等级建筑业企业、限额以上批零住餐企业、国家重点服务业企业等这四类规模以上企业的统称。

10-3 全体居民人均可支配收入和消费支出情况

项　目	单位	2013 年	2014 年	2015 年	2016 年	2017 年	2018 年	2019 年	2020 年	2021 年	2022 年
一、人均可支配收入	**元**	**32027**	**35330**	**38254**	**41564**	**45195**	**49217**	**53568**	**55830**	**60848**	**63848**
工资性收入	元	21004	23221	25497	27211	29639	32232	35077	36658	40249	42225
经营净收入	元	4309	4707	4941	5306	5609	6012	6426	6715	7193	7520
财产净收入	元	2738	2976	3055	3243	3432	3754	4059	4191	4508	4730
转移净收入	元	3976	4426	4761	5804	6515	7219	8006	8266	8898	9372
二、人均消费支出	**元**	**21596**	**23785**	**25774**	**26911**	**28259**	**29989**	**32347**	**32459**	**37561**	**39710**
食品烟酒	元	6829	7510	8112	8556	8890	9190	9854	9880	11043	11626
衣着	元	1833	2103	2253	2332	2421	2498	2651	2620	3064	3213
居住	元	5025	5281	5749	5936	6173	6745	7238	7441	8753	9284
生活用品及服务	元	1145	1261	1305	1365	1423	1517	1646	1683	1951	2055
交通通信	元	2495	2828	3075	2944	3130	3291	3639	3605	4168	4432
教育文化娱乐	元	2031	2307	2546	2758	2979	3269	3537	3456	4158	4410
医疗保健	元	1425	1556	1698	1827	1915	2054	2220	2264	2650	2818
其他用品和服务	元	813	939	1036	1193	1328	1425	1562	1510	1774	1872
三、恩格尔系数	**%**	**31.6**	**31.6**	**31.5**	**31.8**	**31.5**	**30.6**	**30.5**	**30.4**	**29.4**	**29.3**

注：2013 年起住户调查方法制度进行城乡一体化改革，下同。

10-4　城镇居民人均可支配收入和消费支出情况

项　目	单位	2013 年	2014 年	2015 年	2016 年	2017 年	2018 年	2019 年	2020 年	2021 年	2022 年
一、人均可支配收入	元	**37799**	**41466**	**44845**	**48423**	**52516**	**56622**	**61479**	**63702**	**69103**	**71965**
工资性收入	元	24891	27280	29941	31890	34720	37387	40625	42202	46117	48023
经营净收入	元	4543	4993	5193	5583	5866	6273	6642	6893	7351	7619
财产净收入	元	3707	4004	4112	4316	4550	4916	5292	5446	5817	6064
转移净收入	元	4658	5189	5599	6634	7380	8046	8920	9161	9818	10259
二、人均消费支出	元	**25391**	**27807**	**30128**	**30762**	**32218**	**33826**	**36333**	**36478**	**42047**	**44232**
食品烟酒	元	7762	8499	9179	9555	9923	10164	10874	10904	12135	12721
衣着	元	2257	2607	2808	2895	2995	3054	3216	3181	3687	3853
居住	元	5787	5922	6390	6322	6532	7098	7623	7858	9210	9717
生活用品及服务	元	1329	1459	1517	1566	1611	1691	1809	1869	2153	2258
交通通信	元	3250	3686	4025	3709	3916	4064	4448	4368	5010	5311
教育文化娱乐	元	2481	2828	3145	3385	3668	3978	4284	4198	5054	5312
医疗保健	元	1551	1697	1843	1955	2042	2162	2310	2384	2794	2956
其他用品和服务	元	974	1109	1221	1375	1531	1615	1769	1716	2004	2104
三、恩格尔系数	%	**30.6**	**30.6**	**30.5**	**31.1**	**30.8**	**30.0**	**29.9**	**29.9**	**28.9**	**28.8**

10-5 农村居民人均可支配收入和消费支出情况

项 目	单位	2013 年	2014 年	2015 年	2016 年	2017 年	2018 年	2019 年	2020 年	2021 年	2022 年
一、人均可支配收入	**元**	**21401**	**23783**	**25903**	**28308**	**30791**	**33812**	**36784**	**39096**	**42945**	**45924**
工资性收入	元	13849	15582	17171	18170	19644	21508	23305	24873	27523	29422
经营净收入	元	3878	4169	4468	4768	5102	5469	5968	6338	6850	7301
财产净收入	元	954	1041	1073	1169	1231	1337	1443	1523	1669	1785
转移净收入	元	2720	2991	3191	4201	4814	5498	6068	6362	6903	7416
二、人均消费支出	**元**	**14610**	**16217**	**17615**	**19468**	**20472**	**22007**	**23891**	**23915**	**27831**	**29724**
食品烟酒	元	5111	5648	6112	6626	6857	7155	7693	7700	8676	9205
衣着	元	1053	1154	1214	1245	1291	1343	1452	1429	1712	1801
居住	元	3621	4074	4547	5190	5468	6012	6421	6555	7761	8328
生活用品及服务	元	807	889	909	978	1053	1155	1299	1287	1508	1605
交通通信	元	1106	1214	1294	1465	1584	1685	1923	1983	2304	2493
教育文化娱乐	元	1202	1328	1424	1545	1625	1795	1951	1879	2257	2420
医疗保健	元	1193	1291	1427	1579	1666	1830	2028	2010	2338	2513
其他用品和服务	元	517	619	688	840	928	1032	1124	1072	1275	1359
三、恩格尔系数	**%**	**35.0**	**34.8**	**34.7**	**34.0**	**33.5**	**32.5**	**32.2**	**32.2**	**31.2**	**31.0**

10-6 全体居民住房和耐用消费品情况

项　目	单位	2016 年	2017 年	2018 年	2019 年	2020 年	2021 年	2022 年
一、年末人均现住房建筑面积	平方米	40.5	41.02	42.09	43.54	44.03	44.51	44.99
二、每百户耐用消费品拥有量								
家用汽车	辆	16	19	21	23	24	31	32
摩托车	辆	5	5	5	4	4	5	6
助力车	台	105	106	104	108	109	113	114
洗衣机	台	80	83	84	85	86	88	89
电冰箱(柜)	台	111	113	117	119	120	121	122
微波炉	台	56	52	48	48	47	47	46
彩色电视机	台	186	188	186	189	189	189	189
空调	台	156	160	170	176	178	182	183
热水器	台	96	96	100	101	104	105	105
洗碗机	台	1	2	3	3	3	4	4
排油烟机	台	89	91	92	93	93	94	95
固定电话	线	67	61	37	37	32	23	16
移动电话	部	221	217	217	218	219	225	227
计算机	台	92	93	85	86	86	87	88
照相机	台	31	29	15	13	13	12	11
乐器(500 元以上)	架	6	6	7	7	7	7	8
健身器材	台	4	4	5	5	5	5	6
空气净化器(含新风系统)	台			5	5	5	6	7
地面清洁电器	台			15	16	16	17	18

10-7 城镇居民住房和耐用消费品情况

项　目	单位	2016年	2017年	2018年	2019年	2020年	2021年	2022年
一、年末人均现住房建筑面积	平方米	34.74	35.34	36.21	37.71	38.17	38.72	39.28
二、每百户耐用消费品拥有量								
家用汽车	辆	20	23	26	28	29	35	36
摩托车	辆	5	4	4	3	3	5	6
助力车	台	104	104	104	108	110	115	116
洗衣机	台	91	91	92	93	94	95	95
电冰箱(柜)	台	110	110	114	116	117	119	120
微波炉	台	68	60	55	55	54	53	52
彩色电视机	台	191	192	191	193	193	193	193
空调	台	179	179	188	196	198	202	203
热水器	台	97	97	101	103	106	106	106
洗碗机	台	2	3	4	4	4	5	5
排油烟机	台	92	93	95	96	96	97	98
固定电话	线	73	67	40	39	34	24	17
移动电话	部	221	214	214	215	217	226	228
计算机	台	105	106	98	99	99	99	100
照相机	台	42	37	20	17	16	15	14
乐器(500元以上)	架	8	8	9	9	9	9	10
健身器材	台	6	6	7	6	6	6	7
空气净化器(含新风系统)	台			7	7	7	8	8
地面清洁电器	台			19	21	21	21	22

10-8 农村居民住房和耐用消费品情况

项 目	单位	2016 年	2017 年	2018 年	2019 年	2020 年	2021 年	2022 年
一、年末人均现住房建筑面积	平方米	51.63	52.18	54.31	55.91	56.47	56.80	57.11
二、每百户耐用消费品拥有量								
家用汽车	辆	8	11	12	13	14	22	23
摩托车	辆	6	7	6	5	5	5	6
助力车	台	106	111	105	107	106	110	111
洗衣机	台	58	67	68	69	69	73	75
电冰箱(柜)	台	114	119	123	125	125	125	125
微波炉	台	34	38	33	33	33	33	33
彩色电视机	台	176	181	177	179	179	180	181
空调	台	112	122	132	134	134	140	141
热水器	台	93	95	97	98	101	103	103
洗碗机	台				1	1	2	2
排油烟机	台	83	86	87	87	88	89	89
固定电话	线	54	49	32	32	28	20	14
移动电话	部	222	223	223	223	223	224	226
计算机	台	68	68	58	59	59	61	62
照相机	台	11	12	6	6	6	5	5
乐器(500 元以上)	架	1	1	2	3	3	3	3
健身器材	台	1	1	2	3	3	3	3
空气净化器(含新风系统)	台			2	2	2	3	4
地面清洁电器	台			7	6	6	9	10

10-9 各县区全体居民人均可支配收入情况

单位:元

年　份	定海区	普陀区	岱山县	嵊泗县
2013	34775	31240	28984	29073
2014	38382	34468	31943	32042
2015	41545	37323	34595	34668
2016	45199	40534	37607	37577
2017	49181	44045	40838	40864
2018	53486	48001	44459	44473
2019	58193	52196	48434	48294
2020	60668	54412	50606	50154
2021	65873	59483	55378	54791
2022	68935	62442	58326	57585

10-10 各县区全体居民人均消费支出情况

单位:元

年　份	定海区	普陀区	岱山县	嵊泗县
2013	22114	18786	18791	18707
2014	24144	20900	20609	20488
2015	26083	22698	22351	22132
2016	27221	23866	23417	23133
2017	28687	25224	24542	24239
2018	30343	27013	25917	26005
2019	32742	29099	27941	27954
2020	32858	29257	28007	28086
2021	37921	34023	32356	32654
2022	40026	35994	34293	34495

10-11 各县区城镇居民人均可支配收入情况

单位:元

年 份	定海区	普陀区	岱山县	嵊泗县
2013	41305	37078	33508	33847
2014	45353	40673	36723	37103
2015	49028	43967	39732	40072
2016	53035	47451	42965	43191
2017	57519	51416	46553	46928
2018	61927	55438	50192	50617
2019	67352	60128	54562	54801
2020	69857	62310	56646	56526
2021	75481	67732	61759	61456
2022	78511	70491	64421	64154

10-12 各县区城镇居民人均消费支出情况

单位:元

年 份	定海区	普陀区	岱山县	嵊泗县
2013	26248	20780	20337	22000
2014	28556	23051	22208	24050
2015	30827	25015	24089	25974
2016	31607	25800	24595	26542
2017	33257	27310	25848	27735
2018	34800	28980	27053	29455
2019	37426	31241	29082	31517
2020	37580	31429	29169	31690
2021	43179	36435	33574	36750
2022	45381	38376	35387	38588

10-13　各县区农村居民人均可支配收入情况

单位:元

年　份	定海区	普陀区	岱山县	嵊泗县
2013	21471	21031	21527	20737
2014	23855	23380	23894	23012
2015	26003	25462	25998	25060
2016	28392	27858	28366	27380
2017	30879	30355	30851	29749
2018	33909	33368	33860	32601
2019	36825	36310	36903	35492
2020	39227	38593	39238	37620
2021	42911	42583	43048	41442
2022	45829	45570	46115	44249

10-14　各县区农村居民人均消费支出情况

单位:元

年　份	定海区	普陀区	岱山县	嵊泗县
2013	13684	15302	16247	12954
2014	14939	17060	17920	14127
2015	16230	18560	19443	15299
2016	17813	20321	21385	16940
2017	18655	21350	22260	17830
2018	20009	23143	23818	19338
2019	21816	24808	25795	20943
2020	21840	24912	25820	20995
2021	25356	29082	30003	24449
2022	27106	31005	32103	26185

10-15 养老保险参保情况

（2022 年）

单位:人

项目	全市	分县(区)		
		市辖区	岱山	嵊泗
参保人数合计	**851421**	**639394**	**151537**	**60490**
1.城镇职工基本养老保险	685273	534171	111191	39911
#职工	425868	340308	61803	23757
退休	259405	193863	49388	16154
2.城乡居民社会养老保险	166148	105223	40346	20579
#未领取养老金	67822	46629	13941	7252
已领取养老金	98326	58594	26405	13327

注:2022 年起,社保管理市区一体化后,市本级与定海区、普陀区为同一统筹区,不再单独出数。

10-16 医疗保险参保情况

（2022 年）

单位:人

项目	全市	分县(区)				
		市本级	定海	普陀	岱山	嵊泗
参保人数合计	**985608**	**289521**	**202368**	**265486**	**164504**	**63729**
1.城镇职工基本医疗保险	509231	289521	9217	107703	67183	35607
#职工	358933	209012	6377	79968	43910	19666
退休	150298	80509	2840	27735	23273	15941
2.城乡居民社会医疗保险	476377		193151	157783	97321	28122
#成年人	342305		117442	119144	82803	22916
学生儿童	125409		68239	37446	14518	5206
大学生	8663		7470	1193		

主要统计指标解释

工资总额　指各单位在一定时期内直接支付给本单位全部职工的劳动报酬总额。

工资总额的计算应以直接给职工的全部劳动报酬为根据。各单位支付给职工的劳动报酬以及其他根据有关规定支付的工资,不论是计入成本的还是不计入成本的,不论是按国家规定列入计征奖金税项目的还是未列入计征奖金税项目的,不论是以货币支付的还是以实物形式支付的,均应列入工资总额的计算范围。

工资总额由计时工资、计件工资、奖金、津贴和补贴、加班加点工资及其他各项组成。

城乡一体化新口径　2013 年起全国统一实施城乡一体化住户收支调查制度,将原有的城镇居民可支配收入和农村居民纯收入指标统一为城乡可比的可支配收入指标。

可支配收入　指调查户在调查期内获得的、可用于最终消费支出和储蓄的总和,即调查户可以用来自由支配的收入。可支配收入既包括现金,也包括实物收入。按照收入的来源,可支配收入包含四项,分别为:工资性收入、经营净收入、财产净收入和转移净收入。计算公式为:

可支配收入 = 工资性收入 + 经营净收入 + 财产净收入 + 转移净收入

其中:经营净收入 = 经营收入 - 经营费用 - 生产性固定资产折旧 - 生产税

财产净收入 = 财产性收入 - 财产性支出

转移净收入 = 转移性收入 - 转移性支出

工资性收入　指就业人员通过各种途径得到的全部劳动报酬和各种福利,包括受雇于单位或个人、从事各种自由职业、兼职和零星劳动得到的全部劳动报酬和福利。

经营净收入　指住户或住户成员从事生产经营活动所获得的净收入,是全部经营收入中扣除经营费用、生产性固定资产折旧和生产税之后得到的净收入。

财产净收入　指住户或住户成员将其所拥有的金融资产、住房等非金融资产和自然资源交由其他机构单位、住户或个人支配而获得的回报并扣除相关的费用之后得到的净收入。财产净收入包括利息净收入、红利收入、储蓄性保险净收益、转让承包土地经营权租金净收入、出租房屋净收入、出租其他资产净收入和自有住房折算净租金等。

财产净收入不包括转让资产所有权的溢价所得,这应该计入“非收入所得”。

转移净收入　计算公式为:转移净收入 = 转移性收入 - 转移性支出

消费支出　指住户用于满足家庭日常生活消费需要的全部支出,包括用于消费品的支出和用于服务性消费的支出。根据用途不同,消费支出可划分为食品烟酒、衣着、居住、生活用品及服务、交通通信、教育文化娱乐、医疗保健、其他用品及服务八大类。根据来源不同,消费支出可划分为现金消费支出、实物消费支出(含自产自用、来自单位、来自政府和其他社会组织)。

耐用消费品　指家庭使用的各类大型器具和电器,不包括文娱用家电(文娱耐用消费品)。包括冰箱、冷饮机、空调、洗衣机、吸尘器、干衣机、微波炉、洗碗机、消毒碗柜、炊具、炉灶、热水器、取暖器、保险柜、缝纫机等。

十二、教育、科技

11-1 历年学校数

单位:所

年份	学校数	高等学校	中等职业学校	普通中学			小学
					高中	初中	
2005	150	5	8	55	15	40	82
2006	140	4	6	55	15	40	75
2007	131	4	5	54	16	38	68
2008	127	4	5	54	16	38	64
2009	123	4	5	52	16	36	62
2010	122	4	5	52	16	36	61
2011	123	4	7	50	16	34	62
2012	122	4	7	50	16	34	61
2013	116	4	7	48	16	32	57
2014	113	5	7	43	14	29	58
2015	108	5	5	41	14	27	57
2016	107	5	4	42	14	28	56
2017	108	5	4	42	15	27	57
2018	107	5	4	41	13	28	57
2019	105	5	4	42	13	29	54
2020	105	4	4	41	12	29	56
2021	104	3	4	38	12	26	59
2022	105	3	4	40	12	28	58

11-2 历年在校学生数

单位:人

年份	合计	高等学校	中等职业学校	普通中学		小学
				高中	初中	
2005	123471	16016	9278	17897	30184	50096
2006	122201	19241	8151	17862	27516	49431
2007	126696	23534	11083	16929	26407	48743
2008	124748	25607	9846	15734	25405	48156
2009	121513	25445	9131	14664	25360	46913
2010	119719	25298	8325	14609	24286	47201
2011	117902	25560	8330	14504	22780	46728
2012	116703	26140	8598	13860	21498	46607
2013	117343	27810	8497	12927	21731	46378
2014	116072	27362	8045	11909	21670	47086
2015	113591	25722	7721	11352	21113	47683
2016	116482	29045	7897	11121	20297	48122
2017	114893	26819	7964	11281	20607	48222
2018	114120	25345	6884	11322	21151	49418
2019	117685	27981	6478	11230	21828	50168
2020	118027	26858	6665	11419	22468	50617
2021	119326	27735	5392	11577	23082	51540
2022	122801	28780	6187	11975	23625	52234

11-3 历年教职员工数

单位:人

年份	合计	高等学校	中等职业学校	普通中学	小学
2005	10255	1545	701	4222	3787
2006	10220	1528	720	4218	3754
2007	10186	1574	689	4226	3697
2008	10263	1625	733	4193	3712
2009	10240	1678	708	4164	3690
2010	10252	1704	705	4146	3697
2011	10167	1674	803	4574	3116
2012	10068	1631	815	4473	3149
2013	10040	1671	743	4596	3030
2014	10022	1705	744	4544	3029
2015	10060	1845	694	4501	3020
2016	10230	1967	702	4486	3075
2017	10081	1959	685	3752	3685
2018	10261	1955	709	4374	3223
2019	10498	2108	712	4409	3269
2020	10713	2143	724	4483	3363
2021	10989	2308	603	4529	3549
2022	11052	2365	596	4513	3578

11-4 大中专院校在舟山招生人数

单位:人

年 份	合 计	大 学		
		小 计	#文 科	#本 科
1979	957	362	39	264
1980	729	269	55	180
1981	778	337	47	273
1982	709	256	49	163
1983	804	315	80	187
1984	1037	391	77	269
1985	1271	507	108	395
1986	1407	714	134	421
1987	1373	698	224	470
1988	1425	692	157	409
1989	1393	548	123	272
1990	1249	508	111	231
1991	1327	489	71	278
1992	1291	408	88	156
1993	1852	826	263	329
1994	2209	975	219	464
1995	2350	1055	307	507
1996	2225	1027	277	577
1997	2469	1090	290	667
1998	2816	1134	307	760
1999	3299	1613	408	1015
2000	3917	2384	557	1374
2001	4453	3340	844	1857
2002	4979	3902	1230	2251
2003	5379	4073	1253	2645
2004	5614	4648	1424	3023
2005	7043	6045	1812	3598
2006	6461	5711	1881	3565
2007	6353	5899	2022	3761
2008	6600	6060	1911	3665
2009	6534	5884	1851	3870
2010	5139	4880	1612	3379
2011	4834	4716	1515	3357
2012	4775	4660	1459	3275
2013	4694	4586	1468	3026
2014	4806	4405	1368	2930
2015	4057	3938	1257	2696
2016	4010	3907	1171	2819
2017	3742			
2018	3726		1015	2711
2019	4232			2706
2020	3995			2626
2021	3882			2410
2022	4136			2502

11-5 各级各类学校基本情况

（2022 年）

项　　目	学校数（所）	毕业生数（人）	招生数（人）	在校学生数（人）	教职工数（人）	#专任教师
一、普通高校	**3**	**8053**	**9602**	**28780**	**2365**	**1727**
二、普通中学	**40**	**11073**	**12219**	**35600**	**4513**	**3340**
初　中	28	7297	7992	23625		2084
高　中	12	3776	4227	11975		1256
三、职业中学（不含技工学校）	**4**	**1295**	**2211**	**6187**	**596**	**503**
四、小　　学	**58**	**8051**	**8592**	**52234**	**3578**	**3870**
五、幼 儿 园	**112**	**8277**	**8074**	**25125**	**4289**	**2192**
六、特殊学校	**1**	**11**	**31**	**156**	**57**	**46**
七、成人职业技术培训学校	**35**	**171415**		**46463**	**222**	

注：中职教育相关数据不包括人社部门管理的技工学校。

11-6 研究生分专业(领域)基本情况

(2022 年)

单位:人

项目	年制(年)	毕业生数	授予学位数	招生数	在校生数	预计毕业生数
浙江海洋大学						
硕士研究生		**606**	**606**	**1024**	**2598**	**863**
其中:女		320	320	550	1349	442
全日制硕士研究生		**586**	**586**	**958**	**2410**	**794**
非全日制硕士研究生		**20**	**20**	**66**	**188**	**69**
学术学位硕士		**158**	**158**	**292**	**831**	**260**
其中:海洋科学	3	41	41	75	232	86
船舶与海洋工程	3	22	22	36	95	30
水产	3	16	16	45	129	44
机械工程	3	15	15	19	55	18
石油与天然气工程	3	14	14	27	71	21
农林经济管理	3	14	14	5	18	3
专业学位硕士		**448**	**448**	**732**	**1767**	**603**
其中:农业工程与信息技术	3	97	97	144	390	128
教育	2/3	65	65	116	220	87
交通运输	3			84	244	78
食品加工与安全	3	40	40	97	225	51
渔业发展	3	39	39	82	232	74
农村发展	2/3	53	53	79	172	71
农业管理	2/3	50	50	63	119	56

注:专业型硕士研究生中,教育、农村发展和农业管理专业全日制学制 2 年,非全日制学制 3 年。

11-7 普通高等学校基本情况

（2022 年）

单位：人

项目	年制	毕业生数	授予学位数	招生数	在校生数	预计毕业生数
浙江海洋大学						
普通本科生		**4241**	**4231**	**4234**	**15958**	**4342**
高中起点本科		**3676**	**3666**	**3602**	**14705**	**3721**
（新城校区）						
安全工程	4	34	34	69	198	35
财务管理	4	112	112	80	329	79
船舶与海洋工程	4	78	76	76	288	70
船舶与海洋工程(中外合作办学)	4	26	26	35	117	28
电气工程及其自动化	4	60	60	83	352	101
电子信息工程	4	45	45	71	218	19
港口航道与海岸工程	4	64	64	79	285	63
海洋工程与技术	4	36	36	36	136	34
海洋技术	4	34	34		104	34
海洋科学	4	100	99		330	111
海洋科学类	4			190	250	
海洋油气工程	4	22	22	39	141	29
海洋渔业科学与技术	4	26	26	68	194	30
海洋资源与环境	4	67	67	85	282	52
汉语言文学(高级文秘方向)	4	28	28	35	136	33
汉语言文学(师范)	4	81	81	131	435	83
航海技术	4	45	45	61	195	45
化学工程与工艺	4	92	90	104	361	81
环境科学与工程	4	59	59	79	262	51
机器人工程	4			40	112	
机械电子工程	4	36	36	31	85	
机械设计制造及其自动化	4	38	38	82	275	52
计算机科学与技术	4	73	73	79	358	84
交通管理	4	37	37	30	140	40
经济学	4	78	78	82	311	68
历史学(师范)	4	38	38	80	264	47
轮机工程(船机修造方向)	4	25	24	39	123	23
轮机工程(轮机管理方向)	4	53	53	79	225	46
旅游管理	4	34	34	71	195	35
能源与动力工程	4	25	23	31	112	23
商务英语	4	58	58	87	273	57
生物技术	4	1	1			
生物科学	4	62	61	100	311	57

11-7　续表 1

单位:人

项　　目	年制	毕业生数	授予学位数	招生数	在校生数	预计毕业生数
食品科学与工程	4	52	52	118	380	78
食品质量与安全	4	37	37	40	159	39
市场营销	4	1	1			
数据科学与大数据技术	4			80	263	53
数学与应用数学（师范）	4	81	81	116	394	97
水产养殖学	4	62	62	76	263	58
水族科学与技术	4			32	32	
土木工程	4	70	69	90	309	66
物理学（师范）	4	32	32	67	192	28
物流管理	4	56	56	86	265	51
小学教育（师范）	4	77	77	131	427	84
行政管理	4	78	78	85	333	80
药学	4	99	99	119	458	113
英语	4	58	58	89	266	59
英语(师范)	4	72	72	64	343	74
油气储运工程	4	89	89	86	318	80
电子信息工程	4			51	111	
航海技术	4			34	71	
机械电子工程	4			51	173	39
机械设计制造及其自动化	4	43	43			
旅游管理	4			35	74	
（定海校区）						
计算机科学与技术	4	106	106		293	109
数字媒体技术	4	48	48		51	51
物联网工程	4	41	41		45	45
电气工程及其自动化	4	107	107		227	111
土木工程	4	76	76		158	83
建筑环境与能源应用工程	4	32	32		68	34
机械设计制造及其自动化	4	84	84		150	85
财务管理	4	102	102		182	73
市场营销	4	25	25		75	35
经济学	4	68	68		144	60
资源与环境经济学	4	21	21		26	25
行政管理	4	69	69		157	74
英语	4	71	71		152	73
汉语言文学	4	98	98		229	106

单位:人

项　　目	年制	毕业生数	授予学位数	招生数	在校生数	预计毕业生数
护理学	4	178	178		368	181
食品卫生与营养学	4	76	76		152	67
专科起点本科		**564**	**564**	**632**	**1253**	**621**
(新城校区)						
财务管理	2			77	164	87
汉语言文学(高级文秘方向)	2			76	164	88
化学工程与工艺	2			44	85	41
机械电子工程	2	30	30	81	152	71
计算机科学与技术	2	43	43	76	155	79
轮机工程(船机修造方向)	2	70	70	75	151	76
旅游管理	2	76	76			
商务英语	2			76	144	68
食品科学与工程	2	30	30	75	145	70
药学	2			52	92	40
(定海校区)						
财务管理	2	84	84			
行政管理	2	79	79			
英语	2	74	74			
机械设计制造及其自动化	2	78	78		1	1
第二学士学位(药学,新城校区)	**2**	**1**	**1**			
成人本科(定海校区)		**1828**	**67**	**4406**	**7409**	**3003**
其中:女		760	43	1855	3067	1212
函授		1564	59	3950	6648	2698
业余		264	8	456	761	305
脱产						
成人专科(定海校区)		**1907**		**1853**	**5548**	**3695**
其中:女		900		852	2590	1738
函授		1697		1343	4566	3223
业余		210		510	982	472
脱产						

11-7 续表 3

单位:人

项　　目	年制	毕业生数	招生数	在校生数	预计毕业生数
浙江国际海运职业技术学院					
普通专科生		**2104**	**2774**	**6968**	**2204**
其中:女		829	998	2511	778
高中起点专科					
船舶电气工程技术	3			34	34
船舶电子电气技术	3	29	43	107	26
船舶动力工程技术	3	15			
船舶工程技术	3	65	90	235	74
船舶工程技术(中乌合作)	3	30	33	84	18
大数据技术	3	89	86	266	101
飞机机电设备维修	3	31		72	38
港口机械与智能控制	3	30	45	122	38
港口与航运管理	3	138	125	442	160
工业机器人技术	3	41	42	157	40
工业机器人技术(中乌合作)	3	30	35	91	26
关务与外贸服务	3	71	79	207	45
国际邮轮乘务管理	3	176	189	552	186
航海技术	3	74	174	418	93
机电一体化技术	3	72	53	291	117
跨境电子商务	3		79	120	
轮机工程技术	3	58	91	213	42
商务英语	3	77	83	240	79
石油化工技术	3	107	188	419	112
石油炼制技术	3	57			
食品检验检测技术	3	42	45	180	45
食品贮运与营销	3	42	42	124	42
数字媒体艺术设计	3	27	45	164	55

单位:人

项　　目	年制	毕业生数	招生数	在校生数	预计毕业生数
无人机应用技术	3		47	119	29
现代物流管理	3	60	44	172	47
应用化工技术	3		176	354	72
应用英语	3	78	80	239	77
油气储运技术	3		85	85	
智能控制技术	3	40	88	200	36
五年制高职转入					
船舶电气工程技术(五年一贯制)	2	31	31	64	33
船舶电气工程技术(三加二高职段)	2	4			
船舶工程技术(五年一贯制)	2	28	29	64	35
大数据技术(五年一贯制)	2	28	41	66	25
大数据技术(三加二高职段)	2	1			
港口机械与智能控制(五年一贯制)	2	34	54	114	59
港口与航运管理(五年一贯制)	2	60	20	20	
港口与航运管理(三加二高职段)	2	1			
关务与外贸服务(三加二高职段)	2	68		70	70
关务与外贸服务(五年一贯制)	2		20	20	
国际邮轮乘务管理(五年一贯制)	2	124	104	185	81
航海技术(五年一贯制)	2	28	87	128	41
机电一体化技术(五年一贯制)	2	24	42	43	
轮机工程技术(五年一贯制)	2	34	79	110	31
商务英语(五年一贯制)	2	27	35	69	34
石油化工技术(五年一贯制)	2	42	57	91	34
石油炼制技术(五年一贯制)	2			31	31
数字媒体艺术设计(五年一贯制)	2		35	64	29
现代物流管理(三加二高职段)	2	91		69	69
现代物流管理(五年一贯制)	2		53	53	

11–7 续表 5

单位:人

项 目	年制	毕业生数	招生数	在校生数	预计毕业生数
浙江舟山群岛新区旅游与健康职业学院					
普通专科生		**1410**	**1584**	**3256**	**1126**
其中:女		1097	1201	2480	888
高中起点专科					
大数据技术	3		44	44	
导游	3	70	132	306	44
电子商务	3	115	87	218	92
国际经济与贸易	3	35			
护理	3	161	46	338	135
护理(医疗美容方向)	3	81			
会计	3	76			
健康管理	3	64	44	160	73
健康管理(中外合作办学)	3		58	58	
酒店管理	3	118		50	50
酒店管理与数字化运营	3		213	304	
空中乘务	3	52			
跨境电子商务	3		179	265	
休闲服务与管理	3	64			
助产	3	82			
五年制高职转入					
大数据与会计(中高职一体化)	2		115	232	116
导游(3+2)	2	71			
导游(中高职一体化)	2		90	171	81
电子商务(3+2)	2	33			
电子商务(中高职一体化)	2		32	60	29
护理(五年一贯制)	2	135			
护理(中高职一体化)	2		277	535	258
会计(3+2)	2	120			
酒店管理(3+2)	2	86			
酒店管理与数字化运营(中高职一体化)	2		128	243	115
助产(五年一贯制)	2	47			
助产(中高职一体化)	2		139	272	133

11-8 普通中学基本情况

项 目	单位	2005年	2010年	2014年	2015年	2016年	2017年	2018年	2019年	2020年	2021年	2022年	2022年分县(区)				
													市属	定海	普陀	岱山	嵊泗
学校数	所	55	52	43	41	42	42	41	42	41	38	40	12	10	8	7	3
班级数	个	1064	927	878	870	850	850	850	861	866	879	890	344	190	183	112	61
初中	个	678	593	566	564	556	559	563	573	577	587	595	115	190	183	70	37
高中	个	386	334	312	306	294	291	287	288	289	292	295	229			42	24
毕业生数	人	18258	12804	11097	11060	11193	10333	9962	10182	10753	10642	11073	4416	2584	2134	1313	626
初中	人	12606	7946	6785	6929	7199	6744	6336	6388	7023	6993	7297	1382	2584	2134	797	400
高中	人	5652	4858	4312	4131	3994	3589	3626	3794	3730	3649	3776	3034			516	226
在校生数	人	48081	38895	33579	32465	31418	31888	32473	33058	33887	34659	35600	14834	7616	7096	4314	1740
初中	人	30184	24286	21670	21113	20297	20607	21151	21828	22468	23082	23625	5098	7616	7096	2750	1065
高中	人	17897	14609	11909	11352	11121	11281	11322	11230	11419	11577	11975	9736			1564	675
招生数	人	14978	12560	10852	10464	10653	11223	11013	11283	11942	11700	12219	5316	2457	2378	1499	569
初中	人	9237	7729	7194	6780	6811	7412	7279	7482	7984	7824	7992	1879	2457	2378	935	343
高中	人	5741	4831	3658	3684	3842	3811	3734	3801	3958	3876	4227	3437			564	226
教职工数	人	4222	4146	4544	4501	4486	3752	4374	4409	4483	4529	4513	1954	768	811	666	314
#专任教师	人	3333	3403	3842	3888	3918	3199	3833	3893	3915	3284	3340	1352	640	634	468	246
教职工与学生比例(教职工为1)		11.4	9.4	7.4	7.2	7.0	8.5	7.4	7.5	7.6	7.7	7.9	7.6	9.9	8.7	6.5	5.5

11-9 小学基本情况

项 目	单位	2005年	2010年	2014年	2015年	2016年	2017年	2018年	2019年	2020年	2021年	2022年	2022年分县(区)				
													市属	定海	普陀	岱山	嵊泗
学校数	所	82	61	58	57	56	57	57	54	56	59	58	8	21	12	10	7
班级数	个	1289	1197	1263	1293	1326	1349	1378	1386	1403	1413	1414	293	457	406	177	81
毕业生数	人	9439	8051	7508	7271	7293	7718	7560	7714	8118	7934	8051	1261	2767	2565	1080	378
在校生数	人	50096	47201	47086	47683	48122	48222	49418	50168	50617	51540	52234	11829	16410	15842	6184	1969
招生数	人	7274	7885	8509	8241	8171	8202	8912	8774	8546	8902	8592	2256	2534	2511	988	303
教职工数	人	3787	3697	3029	3020	3075	3685	3223	3269	3363	3549	3578	553	1214	1092	423	296
#专任教师	人	3098	3230	2774	2787	2879	3521	3075	3113	3163	3801	3870	755	1200	1136	518	261
教职工与学生比例(教职工为1)		13.2	12.8	15.5	15.8	15.6	13.1	15.3	15.3	15.1	14.5	14.6	21.4	13.5	14.5	14.6	6.7

注:1.2011-2020年教育事业系统改版,遵循主体校原则,九年一贯制学校、完全高中、十二年一贯制学校的教职工、专任教师均靠高统计。

2.2021年教职工仍靠高统计,专任教师按教育层次进行归类统计,存在小学教职工数据小于专任教师数据的情况。

11-10 职业中学基本情况

项 目	单位	2005年	2010年	2014年	2015年	2016年	2017年	2018年	2019年	2020年	2021年	2022年			
													市属	岱山	嵊泗
学校数	所	8	5	7	5	4	4	4	4	4	4	4	3	1	
毕业生数	人	3245	3121	2919	2690	2384	2095	3038	2485	2214	1182	1295	1083	212	
在校生数	人	9278	8325	8045	7721	7897	7964	6884	6478	6665	5392	6187	5419	696	72
招生数	人	2803	2645	2431	2501	2635	2291	2128	2197	2532	2036	2211	1920	254	37
教职工数	人	701	705	744	694	702	685	709	712	724	603	596	483	66	47
#专任教师	人	470	480	569	549	565	583	590	594	607	500	503	406	64	33

11-11 基础教育普及情况

项 目	单位	2005年	2010年	2014年	2015年	2016年	2017年	2018年	2019年	2020年	2021年	2022年	2022年分县(区)			
													定海	普陀	岱山	嵊泗
一、小 学																
学龄人口	人	44527	40294	44616	45495	45986	46343	47653	48565	49069	49919	50955	27199	15901	5915	1940
入学率	%	99.99	100	100	100	100	100	100	100	100	100	100	100	100	100	100
#女入学率	%	100	100	100	100	100	100	100	100	100	100	100	100	100	100	100
巩固率	%	100	100	100	100	100	100	100	100	100	100	100	100	100	100	100
小学升初中比例	%	99.97	100	100	100	100	100	100	100	100	100	100	100	100	100	100
二、初 中																
学龄人口	人	24054	18433	19238	18732	18051	18664	19349	19898	20350	21243	21909	11855	6618	2417	1019
入学率	%	99.19	99.75	100	100	100	100	100	100	100	100	100	100	100	100	100
#女入学率	%	99.39	99.88	100	100	100	100	100	100	100	100	100	100	100	100	100
巩固率	%	99.84	99.99	100	100	100	100	100	100	100	100	100	100	100	100	100
初中升高中比例	%	94.32	99.32	99.17	99.21	99.58	99.38	99.56	99.58	100	100	100	100	100	100	100
三、义务教育学龄																
人口入学率	%	99.87	99.92	100	100	100	100	100	100	100	100	100	100	100	100	100

11-12 教育部门教育经费收支情况

单位:万元

项　　目	2014年	2015年	2016年	2017年	2018年	2019 年	2020 年	2021 年	2022 年
一、总收入	**305630**	**331641**	**331616**	**379985**	**399930**	**426334**	**371301**	**416309**	**497728**
(一)国家财政性教育经费	260884	259942	284822	331609	344162	383606	335712	371525	438693
#公共财政预算安排的教育经费	240565	259268	284530	331267	343711	341325	306083	370331	392039
#政府性基金预算安排的教育经费	20094	674	292	198	452	17099	4327	1194	46654
(二)社会捐赠经费	273	44	56	47	598	227	248	277	737
(三)事业收入	17121	18853	23897	25584	27755	23057	20936	29762	33134
(四)其他收入	27351	52802	22842	22746	27414	19444	14405	14744	25164
二、总支出	**285903**	**334257**	**344298**	**384626**	**397068**	**420239**	**378983**	**424694**	**463273**
高等学校	47129	36060	53995	70575	70029	71243	44650	63599	73625
中等职业学校	29220	47957	36375	34014	28118	26749	28238	30639	32708
普通中学	82875	98072	98763	112271	119379	138817	119730	126835	137856
小学	81261	98652	103284	118073	128792	131764	124874	131552	146439
特殊教育	808	921	1023	1030	1088	1069	1431	5737	1568
幼儿园	18655	20291	19743	24154	26266	27366	34481	37586	42198
其他	25955	32304	31116	24509	23396	23231	25579	28746	28879

注:2015 年“公共财政预算安排的教育经费”和“政府性基金预算安排的教育经费”口径调整,与往年不可比。

11-13 幼儿园基本情况

项目	单位	2010年	2012年	2013年	2014年	2015年	2016年	2017年	2018年	2019年	2020年	2021年	2022年
园数	所	**113**	**115**	**118**	**119**	**124**	**129**	**130**	**129**	**125**	**118**	**119**	**112**
教育部门和集体办	所	49	50	53	55	57	60	62	63	62	62	66	66
社会力量办	所	49	51	51	50	54	58	58	57	56	50	48	42
其他部门办	所	15	14	14	14	13	11	10	9	7	6	5	4
班数	个	**774**	**814**	**838**	**855**	**922**	**963**	**995**	**1008**	**1025**	**1016**	**1014**	**998**
教育部门和集体办	个	373	410	437	463	503	568	604	623	662	697	703	705
社会力量办	个	274	298	291	283	308	322	326	323	323	286	280	267
其他部门办	个	127	106	110	109	111	73	65	62	40	33	31	26
在园幼儿人数	人	**25256**	**25913**	**25880**	**25650**	**26912**	**26935**	**27243**	**26875**	**26651**	**26663**	**25980**	**25125**
教育部门和集体办	人	12324	12997	13290	13606	14507	15948	16795	16855	17530	18401	18205	17970
社会力量办	人	8629	9369	9006	8535	9158	8781	8731	8499	8110	7514	7056	6536
其他部门办	人	4303	3547	3584	3509	3247	2206	1717	1521	1011	748	719	619
教职员工数	人	**2508**	**2966**	**3112**	**3232**	**3517**	**3922**	**3997**	**4134**	**4211**	**4237**	**4313**	**4289**
教育部门和集体办	人	1231	1640	1756	1891	2086	2464	2575	2701	2877	2985	3024	3070
社会力量办	人	769	905	918	908	1011	1151	1142	1162	1145	1082	1138	1090
其他部门办	人	508	421	438	433	420	307	280	271	189	170	151	129
教师	人	**1407**	**1626**	**1683**	**1703**	**1839**	**1951**	**2046**	**2136**	**2176**	**2190**	**2194**	**2192**
教育部门和集体办	人	721	895	937	987	1072	1216	1296	1376	1461	1533	1530	1552
社会力量办	人	419	499	500	480	544	578	605	618	614	579	590	576
其他部门办	人	267	232	246	236	223	157	145	142	101	78	74	64
普惠性幼儿园在园幼儿占比	%											**94.0**	**93.0**

11-14 地方国有企事业单位各类专业技术人员

单位:人

项 目	1995 年	2000 年	2005 年	2010 年	2012 年	2013 年	2014 年	2015 年	2016 年	2017 年	2018 年	2019 年	2020 年	2021 年	2022 年
总 计	**19346**	**19792**	**19084**	**19182**	**20310**	**21176**	**21196**	**21829**	**21759**	**21163**	**22197**	**22368**	**23196**	**23732**	**24101**
#高级职称	394	782	1709	2621	3179	3412	3633	3758	3920	3942	4100	4174	4346	4448	4537
中级职称	4148	6837	8562	9215	9169	9334	9378	9422	9540	9526	9753	9950	10379	10774	11017
初级职称	14804	11197	8813	7346	7962	8430	7279	7425	7810	7695	8344	8244	8471	8510	8547
1.工程技术人员	2779	2641	2281	2506	2531	2916	2820	2886	2827	2754	2860	2789	3160	3352	3573
2.农业技术人员	272	370	263	215	174	176	186	187	186	185	158	177	197	185	207
3.科学研究人员	58	30	20	27	68	100	130	140	111	111	120	122	273	63	56
4.卫生技术人员	2993	3469	3905	4738	5337	5832	5980	6213	6430	6526	6519	6578	6682	6843	7110
5.教学人员	8019	9620	9313	8445	8851	8900	8931	9000	9193	8682	9498	9608	9679	9800	9831
6.经济人员	1990	1225	1088	1117	1161	1138	1125	1110	1063	977	982	987	986	1234	1185
7.会计人员	1507	1224	991	1012	908	849	813	806	802	778	824	768	841	905	948
8.统计人员	256	146	141	108	108	96	89	86	82	93	84	92	86	97	84
9.图书档案、文博人员	373	334	389	370	312	388	367	369	357	347	356	306	313	344	367
10.翻译人员	19	17	9	7	44	7	5	6	8	7	9	48	61	13	10
11.新闻、出版人员	137	188	249	205	276	263	272	273	268	275	191	247	252	271	264
12.律师、公证人员	14	17	11	5	10	9	7	7	9	8	6	6	5	15	16
13.播音人员	52	75	74	55	48	47	48	48	46	46	43	39	37	41	42
14.工艺美术人员	19	24	8	8	6	5	6	3	27	30	17	14	7	10	10
15.体育人员	27	19	19	22	38	25	29	27	29	36	37	40	43	39	42
16.艺术人员	76	57	102	147	187	198	194	192	168	162	133	130	136	138	145
17.政工人员	471	336	221	192	251	227	194	181	153	146	43	43	45	45	
18.其他人员											317	374	393	337	211

注:1.1999 年起,因口径调整,船舶技术人员统计在工程技术人员中。

2.2022 年起,因部门统计口径调整,政工人员统计在其他人员中。

11-15 科学研究与技术服务业事业单位调查汇总表

年 份	机构数（个）	职工总数（人）	#从事科技活动人数（人）	经费收入总额（千元）	#政府拨款（千元）	经费支出总额（千元）
1990	7	225	193	2647	1644	2516
1991	7	241	207	3029	1973	2596
1992	7	239	200	3701	2727	3417
1993	7	247	202	5252	2885	5544
1994	7	172	140	5632	2098	4888
1995	7	169	136	4427	1967	4729
1996	7	169	129	4215	2596	3630
1997	7	156	123	7484	3061	6977
1998	7	155	118	11467	5309	8813
1999	7	174	117	11979	4441	9344
2000	7	174	121	10365	5573	8363
2001	7	175	123	12677	7257	10289
2002	7	175	129	13335	6673	12691
2003	7	170	117	13439	7653	13676
2004	7	165	114	18394	9108	17665
2005	7	164	121	20892	10168	18371
2006	7	180	140	22718	11320	21076
2007	7	187	144	33831	14842	15145
2008	7	185	150	28321	16191	28156
2009	7	203	157	23024	19197	31050
2010	6	167	126	27460	16605	25607
2011	6	166	126	32336	19727	30912
2012	6	158	122	31200	23879	30735
2013	6	153	122	28402	23203	30885
2014	6	134	106	30651	23701	32601
2015	5	126	92	31451	25802	34155
2016	8	220	170	64407	53501	63658
2017	7	257	202	76784	67341	76854
2018	9	393	361	131235	93176	130977
2019	8	397	367	117969	91482	128842
2020	12	590	548	208845	147888	181523
2021	15	646	576	245590	169309	216954
2022	19	818	761	500870	354893	341991

注：2015 年及以前为地方政府部门属研究与开发机构年度变化情况。

11-16 科 技 企 业 情 况

单位:家

项　　目	2016年	2017年	2018年	2019年	2020年	2021年	2022年
国家高新技术企业累计数	66	101	140	180	211	251	266
省级科技型中小企业累计数	464	625	788	959	1005	1155	1259

11-17 全社会R&D经费投入情况

项　　目	2005年	2015年	2016年	2017年	2018年	2019年	2020年	2021年	2022年
全社会R&D经费投入(亿元)	2.08	15.45	19.00	14.11	11.00	14.48	26.38	34.10	40.91
全社会R&D经费投入相当于地区生产总值比重(%)	0.76	1.41	1.54	1.16	0.84	1.06	1.74	2.00	2.10

11-18 科 技 成 果 数

单位:项

项　　目	2005年	2015年	2016年	2017年	2018年	2019年	2020年	2021年	2022年
获省科学技术奖	**3**	**11**	**4**	**4**	**4**	**1**	**5**	**2**	**5**
一等奖									1
二等奖		1	1	1	1	1			2
三等奖	3	10	3	3	3		5	1	2
优秀奖									
合作奖								1	
获市科学技术奖	**21**	**39**	**40**	**40**					
一等奖	1	2	3	3					
二等奖	9	13	13	13					
三等奖	11	24	24	24					

注:2018年起取消市级科学技术奖项评审。

11-19 科协系统机构和人员情况

(2022年)

项　　目	科协个数(个)	科协职工人数(人)	学会数(个)	企业科协		高校科协
				个数(个)	会员数(人)	个数(个)
合　计	**5**	**36**	**79**	**42**	**2123**	**1**
市科协	1	12	36	25	1347	1
县(区)科协	4	24	43	17	776	

11-20 历年专利授权量

单位:件

项　目	1990 年	1995 年	2000 年	2005 年	2010 年	2012 年	2014 年	2015 年	2016 年	2017 年	2018 年	2019 年	2020 年	2021 年	2022 年
授权量合计	**10**	**7**	**47**	**70**	**376**	**1096**	**2088**	**2856**	**1836**	**1920**	**2216**	**2027**	**2805**	**3154**	**2741**
发　明	2			9	33	115	258	406	497	501	508	580	863	957	743
实用新型	8	6	24	43	236	791	1580	2273	1211	1240	1555	1304	1783	1967	1767
外观设计		1	23	18	107	190	250	177	128	179	153	143	159	230	231

11-21 技术市场成交合同数

（输出技术）

单位:项

项　目	1995 年	2000 年	2005 年	2010 年	2013 年	2014 年	2015 年	2016 年	2017 年	2018 年	2019 年	2020 年	2021 年	2022 年
总　计	**112**	**110**	**105**	**103**	**74**	**45**	**63**	**50**	**114**	**114**	**80**	**71**	**140**	**190**
技术开发合同	1	9	67	69	70	44	58	46	104	101	65	65	103	133
技术转让合同	5	14	2	2			1	3		4	6	2	6	42
技术咨询合同	17	10	19	5				1		2			28	13
技术服务合同	89	77	17	27	4	1	4		10	7	9	4	3	2

11-22 技术市场成交金额

（输出技术）

单位:万元

项　目	1995 年	2000 年	2005 年	2010 年	2013 年	2014 年	2015 年	2016 年	2017 年	2018 年	2019 年	2020 年	2021 年	2022 年
总　计	**350.95**	**591.87**	**1453.75**	**4603.85**	**4591.00**	**2378.74**	**11306.56**	**8945.75**	**29435.62**	**47004.72**	**3299.63**	**4812.65**	**12546.31**	**8381.02**
技术开发合同	5.00	39.80	1195.85	3693.15	3387.00	2343.74	9597.94	5239.75	7396.52	3825.52	2844.83	3831.90	9930.34	6419.82
技术转让合同	55.0	69.10	83.00	30.00			708.38	906.00		77.00	97.10	80.00	385.20	469.10
技术咨询合同	13.85	33.20	61.90	67.20				2800.00		24534.35			1720.78	1486.10
技术服务合同	277.10	449.77	113.00	813.50	1204.00	35.00	1000.24		22039.10	18567.85	357.70	900.75	510.00	6.00

11-23　规模以上工业企业科技活动情况

（2022 年）

项　　目	单位数（个）	有 R&D 活动单位数（个）	有研发机构单位数（个）	R&D 人员合计(人)	R&D 经费内部支出合计(万元)
总　计	464	178	194	4692	324419
一、按企业规模分组					
大型	6	4	4	905	211222
中型	47	33	31	1739	90105
小型	373	135	152	1999	21767
微型	38	6	7	49	1325
二、按登记注册类型分组					
内资企业	438	164	183	4404	312891
国有企业	4	2	2	249	17527
集体企业	1				
股份合作企业	1				
有限责任公司	77	29	29	1311	214068
股份有限公司	9	7	7	471	14759
私营企业	346	126	145	2373	66538
港、澳、台商投资企业	8	4	3	57	1662
外商投资企业	18	10	8	231	9867
三、按国民经济行业大类分组					
采矿业	8	1	1	109	3693
非金属矿采选业	8	1	1	109	3693
制造业	431	168	186	4392	316519
农副食品加工业	115	36	40	462	16427
食品制造业	4	2	2	42	941
酒、饮料和精制茶制造业	1				
纺织业	3	1	1	58	284
纺织服装、服饰业	3	1	1	4	57
家具制造业	1				
造纸和纸制品业	5	1		34	777
印刷和记录媒介复制业	1	1	1	8	211
文教、工美、体育和娱乐用品制造业	2	1	1	5	43

11-23 续表

项　　目	单位数（个）	有R&D活动单位数（个）	有研发机构单位数（个）	R&D人员合计(人)	R&D经费内部支出合计(万元)
石油、煤炭及其他燃料加工业	1		1		
化学原料和化学制品制造业	13	5	7	684	193422
医药制造业	3	2	3	25	831
化学纤维制造业	3	1	1	10	218
橡胶和塑料制品业	9	4	2	25	609
非金属矿物制品业	45	12	17	167	5229
黑色金属冶炼和压延加工业	2	1	1	7	236
有色金属冶炼和压延加工业	1				
金属制品业	20	9	7	161	9746
通用设备制造业	21	12	12	390	11284
专用设备制造业	53	33	38	786	21629
汽车制造业	14	5	7	237	7150
铁路、船舶、航空航天和其他运输设备制造业	28	9	11	500	27668
电气机械和器材制造业	18	7	9	209	4845
计算机、通信和其他电子设备制造业	7	5	7	76	2975
仪器仪表制造业	8	5	5	46	1796
其他制造业					
废弃资源综合利用业	2	2		15	549
金属制品、机械和设备修理业	48	13	12	441	9594
电力、热力、燃气及水生产和供应业	25	9	7	191	4207
电力、热力生产和供应业	15	5	3	59	1279
燃气生产和供应业	6	3	3	101	2807
水的生产和供应业	4	1	1	31	121
四、按地区分组					
定海区	231	102	113	2440	72297
普陀区	151	54	59	1275	32512
岱山县	69	19	19	969	219154
嵊泗县	13	3	3	8	457

11-24 规模以上工业企业R&D经费情况

（2022年）

单位：万元

指标名称	R&D经费内部支出合计	按支出用途分组				按资金来源分组		R&D经费外部支出				
		日常性支出	人员劳动费	资产性支出	仪器和设备	政府资金	企业资金		对境内研究机构支出	对境内高等学校支出	对境内企业支出	对境外支出
总　计	324419	322007	38625	2412	2300	1481	322939	1288	63	269	951	5
一、按企业规模分组												
大型	211222	211037	12182	186	115	657	210565	2		2		
中型	90105	88843	12352	1262	1235	147	89958	467	24	153	290	
小型	21767	20811	13912	956	942	676	21091	820	40	114	661	5
微型	1325	1317	180	8	8		1325					
二、按登记注册类型分组												
内资企业	312891	310591	36423	2300	2191	1183	311709	718	63	222	428	5
国有企业	17527	17402	4280	125	125	23	17504	23	23			
集体企业												
股份合作企业												
有限责任公司	214068	213935	12387	133	39	520	213549	252	2	57	189	5
股份有限公司	14759	14666	3864	93	93		14759	153		51	102	
私营企业	66538	64588	15891	1950	1934	640	65898	290	37	114	138	
港、澳、台商投资企业	1662	1646	443	15	15		1662					
外商投资企业	9867	9770	1760	97	94	298	9568	570	1	47	523	
三、按国民经济行业大类分组												
采矿业	3693	3692	986	2			3693	87		13	75	
非金属矿采选业	3693	3692	986	2			3693	87		13	75	
制造业	316519	314117	36388	2402	2291	1481	315039	634	63	213	354	5
农副食品加工业	16427	16097	2212	330	325	368	16059	108	24	79		5
食品制造业	941	936	204	5			941					
酒、饮料和精制茶制造业												
纺织业	284	284	177				284					
纺织服装、服饰业	57	57	24				57					
家具制造业												
造纸和纸制品业	777	777	332				777					
印刷和记录媒介复制业	211	211	75				211					
文教、工美、体育和娱乐用品制造业	43	43	21			20	23	10		10		

11-24 续表

单位:万元

指标名称	R&D经费内部支出合计	按支出用途分组 日常性支出	人员劳动费	资产性支出	仪器和设备	按资金来源分组 政府资金	企业资金	R&D经费外部支出	对境内研究机构支出	对境内高等学校支出	对境内企业支出	对境外支出
石油加工、炼焦和核燃料加工业												
化学原料和化学制品制造业	193422	193348	7905	74	6	391	193031					
医药制造业	831	768	204	63	63	22	809	114			114	
化学纤维制造业	218	218	87				218					
橡胶和塑料制品业	609	609	224				609					
非金属矿物制品业	5229	5163	1060	66	66		5229	4		4		
黑色金属冶炼和压延加工业	236	236	72				236					
有色金属冶炼和压延加工业												
金属制品业	9746	9746	1184			131	9616					
通用设备制造业	11284	10996	2693	288	284	60	11224	23	23			
专用设备制造业	21629	20935	6359	694	694	117	21512	1	1			
汽车制造业	7150	7145	1973	5	5	40	7110	153		51	102	
铁路、船舶、航空航天和其他运输设备制造业	27668	27581	6443	87	59	91	27577					
电气机械和器材制造业	4845	4176	1290	669	669		4845					
计算机、通信和其他电子设备制造业	2975	2889	838	85	83	241	2734	206		68	138	
仪器仪表制造业	1796	1796	415				1796					
废弃资源综合利用业	549	549	113				549					
金属制品、机械和设备修理业	9594	9557	2482	38	38		9594	15	15			
电力、热力、燃气及水生产和供应业	4207	4199	1251	8	8		4207	567		44	523	
电力、热力生产和供应业	1279	1271	449	8	8		1279					
燃气生产和供应业	2807	2807	749				2807	523			523	
水的生产和供应业	121	121	53				121	44		44		
四、按地区分组												
舟山市	324419	322007	38625	2412	2300	1481	322939	1288	63	269	951	5
定海区	72297	71240	18516	1056	1041	682	71615	1016	25	146	841	5
普陀区	32512	31668	10350	844	812	276	32236	272	37	124	111	
岱山县	219154	218650	9690	504	439	523	218630	1	1			
嵊泗县	457	449	69	8	8		457					

11-25　全市科技计划项目情况

（2022年）　　单位:项

项 目 类 别	项目数量	分 行 业			
		工业	农业	渔业	其他
合　计	**631**	**192**	**19**	**143**	**277**
国家级:小计	**49**		**1**	**16**	**32**
国家重点研发计划	1			1	
国家自然科学基金	48		1	15	32
省级:小计	**329**	**139**	**6**	**58**	**126**
省基础公益研究计划项目	29	2	2	13	12
省级新产品试制计划	197	137	2	16	42
省重点研发计划项目等	103		2	29	72
市级:小计	**170**	**14**	**10**	**47**	**99**
高校院所专项	45			19	26
市级公益类项目	74		10	12	52
市级科技计划(合作)项目	25	7		8	10
重大科技研发计划项目	26	7		8	11
县级:小计	**83**	**39**	**2**	**22**	**20**
定海区	30	16	1	8	5
普陀区	31	8	1	11	11
岱山县	18	15			3
嵊泗县	4			3	1

主要统计指标解释

普通高等学校 指按照国家规定的设置标准和审批程序批准举办的,通过全国普通高等学校统一招生考试,招收高中毕业生为主要培养对象,实施高等教育的全日制大学、独立设置的学院和高等专科学校、高等职业学校和其他机构。

成人高等学校 指按照国家规定的设置标准和审批程序批准举办的,通过成人高等学校招生全国统一考试(成人高考),招收普通高中或同等学历(中等职业学校中的职业高中、技工院校、中等专业学校)及以上学历的在职从业人员为主要学习对象,利用函授、业余、脱产三种学习形式对其实施高等学历教育的学校。

中等专业学校 指经国务院各部委或省人民政府批准举办,招收初中(或部分高中)毕业生或具有同等学历者,实施中等专业教育、培养中等专门人才的学校。具体又可分为中级技术学校和中等师范学校两大类。

技工学校 指招收初中(或部分高中)毕业生或同等学历者,实施专业技术教育、培养中级技术工人的学校。包括中央在地方单位办、各级劳动部门办、各级其他部门办和厂矿企业办。其在校学生数不包括培训的在职职工人数。

招生数 指新学年开始,按照国家招生计划实际招收入学的新生数。不包括留级生和复读学生数。

在校学生数 指学年初开学以后,具有学籍的全部在校学习的学生总数。

毕业生数 指上学年度内,具有学籍的学生学完教学计划的全部课程,考试及格,获得毕业证书的学生数。不包括结业生和肄业生数。

教职员工数 指在学校中工作的固定教职工数。包括校本部、科研机构、校办工厂、农(林)场和附属机构的人员。不包括下列人员:离休、退休、退职人员;学校办的集体单位和学校附属机构中,属于集体单位的职工;代课教师和各种临时工。

专任教师 指主要从事教育工作的人员。包括临时(一年以内)调去帮助做其他工作的教学人员。不包括调离教学岗位,担任行政领导工作和其他工作的原教学人员;不包括兼任教师和代课教师。

小学学龄儿童入学率 指调查范围内已入学学习的学龄儿童占校内外学龄儿童总数(包括智力障碍儿童在内,但不包括聋哑儿童)的比重。计算公式是:

$$小学学龄儿童入学率=\frac{已入学的小学学龄儿童数}{校内外小学学龄儿童总数}\times 100\%$$

工程技术人员 指在国民经济各行业中从事工程技术工作的自然科学技术专业人员,包括高级工程师、工程师、助理工程师、技术员和未评定职称的技术人员。

农业技术人员 指在国民经济各行业中从事农业技术工作的自然科学技术专业人员,包括高级农艺师、农艺师、助理农艺师、技术员和未评定职称的技术人员。

卫生技术人员 指在国民经济各行业中从事卫生医务工作的自然科学技术专业人员,包括正副主任医师、主治医师、医师、医(护)士和未评定职称的技术人员。

科学研究人员 指在国民经济各行业中从事科学技术活动的自然科学技术专业人员,包括正副研究员、助理研究员、研究实习员、技术员和未评定职称的技术人员。

教学人员 指在国民经济各行业中从事自然科学技术方面的教学活动专业人员,包括正副教授、讲师、助教、教师和在中学从事自然科学技术方面教学活动的人员。

科技成果 指为解决某一科学技术问题,经过研究、实验、试制或调查考察、综合分析而得出的具有一定新颖性、先进性和实用价值的结果,或研究虽未结果,但已取得可以独立应用或具有一定学术意义的阶段性结果,这些研究结果必须通过技术鉴定(或评审)。

专利 是专利权的简称,是对发明人的发明创造经审查合格后,由专利局依据专利法授予发明人和设计人对该项发明创造享有的专利权。从类型来看,包括发明、实用新型和外观设计。

发明 是专利法及其实施细则所称的发明,指对有关产品、方法或其改进所提出的新的技术方案。

实用新型 是专利法及其实施细则所称的实用新型,指对产品的形状、构造或者其结合所提出的适于实用的新的技术方案。

外观设计 是专利法及其实施细则所称的外观设计,指对产品的形状、图案、色彩或者其结合所作出的富有美感并适于工业上应用的新设计。

技术市场 指知识形态商品交换关系的总和,即买、卖中介各方就技术开发、技术转让、技术咨询和技术服务所结成的交换关系,包括科技成果从开发、应用、推广直至为社会服务的整个流通领域和流通环节。为订立技术合同提供服务的中介机构,是我国技术市场的一个重要组成部分。

科技活动 指在自然科学、农业科学、医药科学、工程与技术科学、人文与社会科学领域(简称科学技术领域)中,与科技知识的产生、发展、传播和应用密切相关的有组织的活动。可分为研究与试验发展(R&D)、研究与试验发展成果应用及相关的科技服务三类活动。该定义是联合国教科文组织考虑成员国特别是发展中国家开展科技统计工作的需要,而对科技活动所作的统计界定。

R&D(研究与试验发展) 指在科学技术领域,为增加知识总量以及运用这些知识去创造新的应用进行的系统的创造性的活动,包括基础研究、应用研究、试验发展三类活动。

科技活动人员 指企业内部直接参加科技项目以及项目的管理人员和直接服务的人员。不包括全年累计从事科技活动时间不足制度工作时间10%的人员。

R&D 人员 指单位内部从事基础研究、应用研究和试验发展三类活动的人员。包括直接参加上述三类项目活动的人员以及这三类项目的管理人员和直接服务人员。为研发活动提供直接服务的人员包括直接为研发活动提供资料文献、材料供应、设备维护等服务的人员。

R&D 经费支出 指调查单位在报告年度用于内部开展R&D活动(基础研究、应用研究和试验发展)的实际支出。包括用于R&D项目(课题)活动的直接支出,以及间接用于R&D活动的管理费、服务费、与R&D有关的基本建设支出以及外协加工费等。不包括生产性活动支出、归还贷款支出以及与外单位合作或委托外单位进行R&D活动而转拨给对方的经费支出。

十二、文化、体育和卫生

12-1 历年文化事业情况

年份	艺术表演团体（个）	电影放映单位（个）	影剧院		公共图书馆		文化馆、站	
			个数（个）	座位（万个）	个数（个）	藏书（万册）	个数（个）	人数（人）
1950	2	1	1	0.07	1	0.40	1	3
1955	2	1	1	0.07	1	0.50	6	25
1960	3	11	5	0.48	1	1.00	9	35
1962	3	11	5	0.48	1	1.00	11	20
1963	3	11	5	0.48	1	1.00	13	24
1964	3	12	5	0.48	1	1.00	22	34
1965	2	14	5	0.48	1	1.00	22	34
1966	2	14	5	0.48	1	4.00	22	35
1967	2	14	5	0.48	1	4.00	22	35
1968	2	14	5	0.48	1	4.00	22	35
1969	2	14	5	0.48	2	4.50	22	35
1970	2	15	5	0.48	2	4.70	22	35
1971	2	20	5	0.48	2	4.90	23	34
1972	5	27	5	0.48	2	5.15	23	39
1973	5	28	5	0.53	2	5.17	23	42
1974	5	40	5	0.53	2	7.16	24	42
1975	5	91	5	0.53	2	7.58	35	52
1976	5	103	5	0.53	2	7.95	36	52
1977	5	103	5	0.53	2	8.13	38	57
1978	5	108	6	0.65	3	8.72	39	68
1979	5	114	6	0.65	3	8.61	41	75
1980	5	115	7	0.74	3	9.53	64	117
1981	5	115	7	0.74	4	17.15	65	121
1982	5	123	30	2.49	4	20.99	77	131
1983	5	139	37	2.89	4	24.16	90	146
1984	4	165	54	3.73	4	27.25	95	157
1985	4	168	67	4.49	4	29.40	99	172
1986	4	153	68	4.51	4	28.66	100	184
1987	4	157	79	4.95	4	30.00	100	190
1988	4	158	83	5.76	4	30.91	102	283
1989	4	146	99	6.12	4	26.00	99	207
1990	3	141	91	5.65	4	28.00	105	237
1991	3	147	84	5.40	4	30.00	107	242
1992	3	144	86	5.44	4	30.93	76	264
1993	4	123	85	5.68	4	32.20	76	274
1994	4	98	71	4.89	4	33.80	76	276
1995	4	95	64	3.82	4	34.82	70	314
1996	4	98	68	3.99	4	35.80	71	280
1997	4	89	59	3.48	4	36.77	71	321
1998	3	85	50	3.19	4	38.60	71	307
1999	3	58	36	2.34	4	41.26	71	294
2000	3	40	26	1.80	4	43.10	71	277
2001	3	41	25	1.80	4	45.03	49	223
2002	3	34	23	1.40	4	46.38	49	111
2003	2	8	23	1.40	4	49.28	49	165
2004	2	11	11	0.40	4	49.80	47	151
2005	3	11	11	0.50	4	52.05	49	210
2006	3	18	20	1.67	4	55.15	49	203
2007	3	18	14	0.99	4	56.73	48	173
2008	3	15	14	0.99	4	60.66	48	225
2009	2	17	18	1.01	4	69.97	48	240
2010	2	17	18	1.01	4	76.75	48	265
2011	2	17	18	1.01	4	96.75	48	253
2012	1	9	9	0.68	4	103.79	48	273
2013	1	10	10	0.60	5	128.49	40	263
2014		9	9	0.56	5	143.65	40	267
2015		10	10	0.56	5	160.08	40	264
2016	1	13	13	0.74	5	184.44	40	260
2017	933	15	15	0.96	5	191.69	40	193
2018	1314	15	15	0.96	5	204.91	41	223
2019	2004	18	18	1.18	5	216.06	41	253
2020	2072	17	17	1.15	5	245.85	41	256
2021	1285	19	19	1.27	5	258.50	41	276
2022	1824	19	19	1.28	5	259.99	41	299

注：2017 年起，艺术表演团体包含了非专业演出团体。

12-2 历年广播事业情况

年份	广播机构(个)	喇叭(万只)	广播专用线(杆公里)	扩大机功率(千瓦)	通广播的	
					村(个)	户数(万户)
1955	3		1	0.10		
1960	22	0.26	327	6.68	19	0.01
1962	20	0.11	205	6.68	19	0.07
1963	22	0.13	193	7.31	19	0.09
1964	29	0.17	259	9.38	19	0.13
1965	30	0.18	330	9.61	19	0.05
1966	38	1.02	746	12.26	31	1.74
1967	40	2.43	895	12.24	31	2.38
1968	49	2.57	1134	12.34	31	2.53
1969	49	2.61	1164	13.16	31	2.54
1970	51	5.12	1427	19.76	31	3.38
1971	56	6.43	1371	23.78		4.50
1972	57	7.86	1889	23.78		5.92
1973	63	8.51	1934	24.13		6.58
1974	66	9.03	2067	37.08		7.09
1975	67	10.10	2227	41.28		8.16
1976	68	10.86	2218	42.23		8.93
1977	66	11.20	2172	42.23		9.27
1978	84	13.31	2039	42.46		9.91
1979	86	13.62	2056	43.86		10.22
1980	86	12.76	1947	43.86		12.71
1981	86	12.44	1983	44.11		12.67
1982	86	12.71	1983	44.83	830	12.44
1983	86	11.55	1975	46.56	840	11.47
1984	87	10.61	1912	44.18	769	10.55
1985	87	11.18	1995	44.04	770	10.95
1986	91	11.74	1982	46.24	771	11.38
1987	93	12.13	1955	47.38	786	12.00
1988	93	12.91	1898	56.53	782	11.88
1989	93	12.03	1739	56.98	795	11.93
1990	93	12.66	1680	56.86	793	12.56
1991	93	12.45	1887	56.98	810	12.45
1992	67	12.94	1971	43.46	799	12.94
1993	67	13.28	1916	43.26	796	13.28
1994	66	14.15	1922	41.76	789	14.15
1995	65	14.65	1985	52.58	797	14.65
1996	64	14.96	1507	56.25	788	14.96
1997	64	15.21	1286	65.75	781	15.21
1998	64	15.29	1278	60.00	771	15.29
1999	64	15.35	698	52.75	771	15.35
2000	64	14.91	604	52.75	771	14.91
2001	47	14.81	604	52.75	738	14.81
2002	41	14.45	1122	52.75	681	14.45
2003	39	14.52	1122	52.75	681	14.52
2004	39	23.20	702	52.75	518	14.52
2005	39	14.50	702	52.75	424	14.52
2006	39	14.50	702	52.75	424	14.52
2007	36	3.43	736	48.30	422	14.55
2008	36	3.43	867	48.30	422	23.00
2009	36	3.45	1038	59.55	434	30.06
2010	36	3.45	1038	59.55	442	21.43
2011	36	2.37	1104	49.20	350	17.20
2012	34	2.58	1102	45.10	344	21.80
2013	34	2.56	1102	28.66	394	19.70
2014	27	2.01	978	23.06	394	19.08
2015	27	2.02	983	40.20	404	19.73
2016	28	0.91	1005	40.20	407	19.55
2017	28	0.90	1005	40.20	407	19.55
2018	28	0.82	825	51.90	452	20.31
2019	31	1.00	1006	64.70	436	17.72
2020	32	0.98	753	67.90	297	17.03
2021	32	0.81	1109	40.10	299	18.99
2022	32	0.85	1176	83.75	260	18.20

12-3 文化事业机构和人员数

（2022 年）

类别	总计		文化部门	
			国有单位	
	机构数（个）	人数（人）	机构数(个)	人数(人)
总计	**10**	**306**	**10**	**306**
公共图书馆事业	5	162	5	162
群众文化事业	5	144	5	144

12-4 文化馆(站)业务活动和经费情况

项目	单位	总计						文化馆						国办文化站					
		2017 年	2018 年	2019 年	2020 年	2021 年	2022 年	2017 年	2018 年	2019 年	2020 年	2021 年	2022 年	2017 年	2018 年	2019 年	2020 年	2021 年	2022 年
机构数	个	40	41	41	41	41	41	5	5	5	5	5	5	35	36	36	36	36	36
举办展览	个	273	304	278	323	317	516	62	57	53	66	105	248	211	247	225	257	212	268
组织文艺活动	次	1734	2200	3001	2035	2092	11687	605	632	1046	691	552	913	1129	1568	1955	1344	1540	10774
举办训练班班次	次	1308	1603	1822	1568	811	2881	587	988	916	1089	233	1562	721	615	906	479	578	1319
结业人数	人次	87201	75446	85371	65121	132082	126730	44163	27376	24061	34620	92371	70592	43038	48070	61310	30501	39711	56138
藏书	千册	362	505	556	571	582	594							361	505	555	571	582	594
总支出	万元	5336	5347	6593	10794	7980	8546	2655	1718	2462	4703	4391	3650	2681	3629	4131	6091	3589	4896

12-5 图书发行情况

项目	2014年		2015年		2016年		2017年		2018年		2019年		2020年		2021年		2022年	
	册数(万册)	金额(万元)	册数(万册)	金额(万元)	册数(万册)	金额(万元)	册数(万册)	金额(万元)	册数(万册)	金额(万元)	册数(万册)	金额(万元)	册数(万册)	金额(万元)	册数(万册)	金额(万元)	册数(万册)	金额(万元)
合计	**646**	**9117**	**657**	**8925**	**750**	**9429**	**792**	**10525**	**852**	**10679**	**855**	**10863**	**753**	**10764**	**660**	**11236**	**611**	**11189**
一、书籍	**308**	**5450**	**298**	**5330**	**258**	**4788**	**134**	**3573**	**169**	**4068**	**170**	**4079**	**165**	**4356**	**137**	**4670**	**172**	**5696**
1.哲学社会科学	20	581	21	603	37	723	34	820	32	817	32	819	23	1176	44	1546	36	1180
2.文化、教育	200	2940	189	2796	129	1819	21	691	25	871	26	886	82	950	33	1012	82	2803
3.文学、艺术	22	632	21	618	23	775	21	773	24	803	23	806	15	787	16	795	16	669
4.自然科学、技术	13	453	13	451	14	486	9	359	29	540	27	486	12	472	12	489	10	400
5.少年儿童读物	53	844	54	862	55	985	49	930	59	1037	62	1082	33	971	32	828	28	644
二、课本	**159**	**1367**	**157**	**1351**	**242**	**2428**	**315**	**3542**	**318**	**3682**	**319**	**3742**	**292**	**3544**	**326**	**3866**	**347**	**3881**
1.大中专课本	2	24	2	25	12	435	1	5	2	8	2	9	2	9	0.1	1		
2.中小学课本	157	1343	155	1326	230	1993	315	3537	316	3674	317	3676	290	3535	326	3865	347	3881
三、图片	**1**	**20**	**1**	**19**	**1**	**1**	**1**	**3**	**2**	**5**	**2**	**6**	**2**	**4**	**1**	**2**		
四、其他出版物	**19**	**309**	**12**	**167**	**9**	**115**	**10**	**509**	**10**	**507**	**9**	**486**	**8**	**304**	**1**	**5**	**2**	**15**
五、非图书商品	**159**	**1989**	**189**	**2108**	**240**	**2097**	**334**	**2898**	**353**	**2417**	**355**	**2550**	**286**	**2556**	**195**	**2693**	**90**	**1597**

12-6 公共图书馆基本情况

项　　目	单位	1985年	1990年	1995年	2000年	2005年	2010年	2014年	2015年	2016年	2017年	2018年	2019年	2020年	2021年	2022年
一、单位数	**个**	**4**	**4**	**4**	**4**	**4**	**4**	**5**	**5**	**5**	**5**	**5**	**5**	**5**	**5**	**5**
二、藏　书	**万册**	**29**	**28**	**35**	**43**	**52**	**76.75**	**143.65**	**160.08**	**184.44**	**191.70**	**204.91**	**216.06**	**245.85**	**258.50**	**259.99**
三、书架单层总长度	**米**		**4645**	**4904**	**7983**	**18151**	**18116**	**32993**	**33287**	**35121**	**40321**	**40427**	**40427**	**40427**	**40427**	**40427**
四、发放借书证数	**个**		**12383**	**12380**	**7386**	**22981**	**45274**	**170207**	**159983**	**158418**	**151426**	**169513**	**180302**	**201093**	**202352**	**207286**
五、图书流通情况																
人　次	万人次	20	30	40	31	30	51	158	164	183	172	216	221	137	159	196
书刊外借册次	万册次	32	72	27	40	47	69	258	169	178	137	193	261	174	164	190
六、经费总支出	**万元**	**29**	**37**	**149**	**265**	**545**	**1356**	**2709**	**2877**	**3212**	**2988**	**3608**	**3594**	**4130**	**4766**	**5200**
购书费	万元	3	7	16	46	51	216	505	328	378	336	439	471	351	364	449
七、本年新购图书	**万册**	**2**	**2**	**1**	**2**	**2.3**	**8.68**	**17.12**	**21.46**	**13.50**	**11.11**	**12.51**	**13.60**	**12.59**	**12.32**	**13.30**
八、建筑面积	**平方米**	**1120**	**6424**	**6193**	**6164**	**10997**	**11554**	**25101**	**25101**	**25101**	**32845**	**35577**	**34920**	**36870**	**36870**	**40500**
书　库	平方米	370	1239	1817	1360	2392	2546	3316	3316	3316	5216	5216	5016	5186	5186	5186
九、阅览室座席数	**个**	**245**	**631**	**726**	**727**	**907**	**821**	**1666**	**1666**	**1714**	**2249**	**2319**	**2294**	**2328**	**2328**	**2401**

12-7 电影放映情况

项　目	单位	1980年	1985年	1990年	1995年	2000年	2005年	2010年	2014年	2015年	2016年	2017年	2018年	2019年	2020年	2021年	2022年
放映单位	个	116	168	141	95	53	11	17	9	10	13	15	15	18	17	19	19
放映场次	万场	4.10	5.20	6.40	4.00	0.70	0.10	1.51	4.43	5.42	6.87	13.20	14.66	15.17	7.00	15.00	13.52
观众人数	万人次	3803	2509	2469	457	94	4	222	112	126	144	185	221	222	67	144	85
放映收入	万元	135	217	497	915	266	80	998	4284	4989	5763	6037	7223	7136	2129	5118	3541

12-8 广播电台、电视台及自办节目情况

项　　目	单位	1990年	1995年	2000年	2005年	2010年	2014年	2015年	2016年	2017年	2018年	2019年	2020年	2021年	2022年
一、广播电台基本情况															
广播电台	座	1	1	1	1	1	1	1	1	1	1	1	1	1	1
县(区)有线广播电视台	个	4	3	3	3	3	3	3	3	3	3	3	3	3	3
乡(镇)有线广播电视站	个	89	61	61	35	36	27	27	28	28	28	31	32	32	32
广播人口覆盖率	%	98	98	98	98	98.68	99.98	99.98	100	100	100	100	100	100	100
#中央台第一套节目	%	98	35	85	94	98.19	99.98	99.98	100	100	100	100	100	100	100
浙江台第一套节目	%	97	50	89	62	95.80	97.53	98.00	98.16	99.80	99.97	100	100	100	100
舟山电台节目	%	70	72	85	60	93.54	95.68	96.31	96.6	99.38	99.97	100	100	100	100
平均每天自办节目时间															
新闻节目	小时	0:40	3:15	4:25	13:30	4:36	21:14	18:29	20:05	20:55	20:57	18:22	11:46	12:15	12:38
专题节目	小时	1:50	9:45	9:35	16:00	10:06	16:41	27:36	25:30	27:09	27:00	29:16	27:49	25:22	28:32
文艺节目	小时	4:25	14:50	13:25	22:00	8:42	19:35	20:45	17:15	18:49	24:58	15:08	20:00	19:22	14:38
教育节目	小时	1:00	0:30	1:15	0:30	2:35	0:12	0:29	1:20	2:30	2:36			0:10	
服务性节目	小时	1:00	4:40	7:10	11:20	19:08	11:53						1:49	13:12	0:44
二、电视台基本情况															
电视台	座	1	1	1	1	1	1	1	1	1	1	1	1	1	1
电视人口覆盖率	%	90	90	92	98	98.67	98	99.98	100	100	100	100	100	100	100
#中央电视台	%	90	90	83	94	97.60	98	99.98	100	100	100	100	100	100	100
浙江电视台	%	85	63	83	94	98.13	98	97.95	98.11	99.78	99.85	100	100	100	100
舟山电视台	%	6.7	57	85	96	98.21	98	96.82	96.98	99.78	99.85	100	100	100	100
平均每周自办节目时间	小时	15:40	52:30	59:13	321:00	57:18	218:55	304:30	262:30	176:15	162:54	170:03	195:02	185:09	248:23
新闻节目	小时	2:00	3:30	5:00	35:30	17:42	82:00	75:19	78:45	89:24	83:40	87:00	78:12	81:02	81:50
专题节目	小时	1:12	3:30	3:25	17:30	12:24	67:44	70:22	72:12	68:35	68:09	69:40	106:07	98:48	155:41
文艺节目	小时	12:00	36:42	44:30	195:30	258:30	29:45	114:34	96:15	14:06	5:15	6:18	2:05	1:38	1:38
服务性节目	小时	0:28	8:48	3:02	69:30	68:32	29:32	39:43	16:08	5:10	6:00	7:05	8:33	3:41	9:14

注：2015年"平均每天自办节目时间"分类口径有调整，与之前年份不可比。

12-9 历年体育事业情况

年份	举办运动会（次）	市级	县级	参加运动员（人）	参加省比赛获奖牌（枚）		
					金牌	银牌	铜牌
1975							
1978	15	11	4	908	2		1
1979	11	11		7455		1	1
1980	46	10	36	10778	1	2	
1981	66	12	54	2237	4	1	2
1982	15	15		10832	4	3	3
1983	109	17	92	9407	4	4	3
1984	76	18	58	13551	3	8	12
1985	101	14	87	11283	8		1
1986	76	10	66	31602	1	5	6
1987	111	18	93	28836	17	16	26
1988	175	11	164	30185	17	10	14
1989	197	8	189	82235	9	10	9
1990	304	50	254	68237	8	5	15
1991	420	30	390	31687	4	12	14
1992	250	15	235	51198	5	8	17
1993	190	37	153	35313	10	14	25
1994	94	19	75	53012	11	6	15
1995	472	168	304	45395	11	14	10
1996	204	103	101	25869	11	14	10
1997	116	41	75	22348	4	12	3
1998	200	122	78	27087	1	4.5	8.5
1999	537	214	323	22116	23	10	11
2000	59	17	42	13804	6	3	4
2001	55	38	17	7750	8	7	5
2002	31	3	28		12	10	12
2003	57	18	39		5	4	7
2004	128	84	44		8	10	5
2005	115	67	48		7	7	10
2006	50	6	44		9	4	7
2007	25	1	24		4	9	14
2008							
2009							
2010					2	1	3
2011							
2012	1	1		4600			
2013							
2014					28	10.5	8
2015							
2016					5	11	11
2017					16	17	16
2018					33	17	16
2019					16	2	10
2020					15	13	24
2021					26	21	23
2022					34	40	42

注:2008年起,体育事业统计年报统计口径变更。

12-10 少年儿童业余体校基本情况

单位:人

年份	学校数(所)	在训学生数	体委系统输送到优秀运动队人	体委系统输送到运动学校人	教练员人数	# 专职
1985	5	275	1		26	18
1990	11	342	1		27	14
1995	3	165	2		17	17
2000	1	169		3	12	12
2005	1	196		1	11	11
2009	1	187		3	13	13
2010	1	187	1	8	13	13
2012	1	200		7	13	13
2013	1	209	2		13	13
2014	1	187			11	11
2015	1	198	2	3	12	12
2016	1	212		4	13	13
2017	1	230	3	5	13	13
2018	1	240	1	5	13	13
2019	1	213	3	2	17	13
2020	5	929	3	8	32	23
2021	5	942		2	32	23
2022	5	1246	4	6	124	36

注:教练员人数统计口径调整,2021 年及以前按在编在岗教练员人数统计,2022 年起包含编外及学校兼职教练员人数,其中专职教练按在编在岗教练员人数统计。

12-11 历年卫生事业情况

年 份	机构（个）	#卫生部门	卫生从业人员(人)	#卫生部门	床位数（张）	#卫生部门
1950	8	3	310	26	124	44
1955	45	17	665	340	146	137
1959	137	25	1025	484	623	442
1960	157	27	1027	503	591	441
1961	147	27	1339	620	681	534
1962	165	27	1215	593	682	601
1963	184	34	1349	631	813	651
1964	180	34	1324	666	853	663
1965	190	33	1386	714	817	680
1966	175	33	1444	746	960	837
1967	168	33	1572	825	939	825
1968	181	33	1690	882	779	710
1969	182	33	1702	885	808	739
1970	178	32	1763	902	724	660
1971	168	29	1723	900	848	709
1972	167	31	1699	896	1058	806
1973	176	32	1778	896	1196	878
1974	182	33	1883	975	1135	818
1975	182	33	2046	1052	1246	911
1976	188	34	2282	1195	1261	929
1977	207	36	2422	1287	1401	1023
1978	213	37	2643	1418	1537	1205
1979	228	38	2766	1518	1700	1311
1980	223	39	3027	1722	1867	1395
1981	247	39	3249	1869	1907	1385
1982	252	38	3375	1934	1977	1486
1983	262	38	3526	2073	2111	1524
1984	266	40	2604	2165	2099	1536
1985	286	39	3784	2233	2238	1673
1986	297	41	3883	2447	2429	1874
1987	306	44	4041	2726	2531	1919
1988	316	44	4208	2905	2554	1970
1989	316	45	4415	3030	2733	2128
1990	320	45	4432	3116	2923	2295
1991	327	45	4658	3285	3073	2397
1992	325	45	4852	3441	3151	2492
1993	260	46	4758	3541	3270	2571
1994	322	43	5084	3663	3438	2608
1995	281	42	5063	3660	3456	2713
1996	304	41	5116	3790	3346	2617
1997	320	41	5284	3894	3414	2700
1998	241	41	5295	4074	3414	2783
1999	235	41	5133	3921	3309	2791
2000	293	41	5468	4136	3293	2822
2001	315	42	5647	4184	3413	2958
2002	323	44	5304	4335	3293	3075
2003	348	99	5468	4784	3349	3066
2004	376	95	5508	4808	3415	3129
2005	395	93	5499	4798	3501	3143
2006	375	88	5977	4995	3557	3147
2007	407	94	6399	5340	3698	3216
2008	397	99	6669	5545	3663	3200
2009	385	99	7064	5896	3755	3248
2010	406	204	7389	6194	4059	3535
2011	666	218	8584	6932	4044	3506
2012	618	222	8608	7105	4562	3974
2013	632	230	9243	7435	4621	3853
2014	668	100	9825	7871	5050	4119
2015	708	99	10487	8184	5500	4509
2016	697	98	10808	8358	5510	4302
2017	700	105	11300	8495	5723	4398
2018	713	82	11837	8366	6407	4486
2019	718	75	11991	8468	6281	4582
2020	719	123	12278	8609	6157	4357
2021	715	200	13026	9141	6329	4362
2022	722	370	13672	9231	6464	4398

注:2010 年起,医药卫生体制改革后,监测数据全省指标口径统一,将卫生服务站全部纳入卫生行政部门,之前归类于事业部门,下同。

12-12 历年卫生技术人员

单位:人

年份	卫生技术人员	#中医执业医师(助理)	#西医执业医师(助理)	#注册护士	#技师(士)	#药剂师(士)
1950	278	124	66	14	13	4
1955	542	108	105	56	33	32
1959	845	105	201	120	55	66
1960	849	105	214	113	57	65
1961	1104	127	252	119	60	68
1962	1000	120	292	136	65	66
1963	1112	124	362	169	71	65
1964	1081	113	389	176	72	75
1965	1145	118	422	196	68	79
1966	1152	99	422	198	79	88
1967	1255	199	482	212	87	92
1968	1380	125	527	247	97	91
1969	1391	118	543	249	103	100
1970	1442	123	578	247	98	106
1971	1408	122	574	231	82	114
1972	1401	123	578	209	86	114
1973	1484	130	586	239	87	115
1974	1583	124	638	279	90	127
1975	1741	132	638	321	90	134
1976	1964	143	680	383	108	135
1977	2094	145	741	419	106	142
1978	2268	138	765	440	148	143
1979	2300	131	742	421	146	150
1980	2530	142	818	447	156	163
1981	2698	151	884	516	182	199
1982	2811	156	927	535	184	208
1983	2925	177	965	585	203	227
1984	2993	179	1011	625	212	217
1985	3078	197	1031	624	208	268
1986	3109	203	1083	631	184	272
1987	3258	213	1128	705	210	272
1988	3388	221	1332	826	141	303
1989	3551	217	1404	855	152	339
1990	3576	225	1386	907	156	334
1991	3801	246	1486	979	161	342
1992	3935	253	1517	1058	174	367
1993	3736	249	1362	998	164	383
1994	4087	254	1510	1111	171	369
1995	4016	244	1690	1089	100	377
1996	4037	234	1678	1108	96	382
1997	4151	230	1733	1181	83	396
1998	4177	255	1577	1233	85	405
1999	3991	228	1821	1118	25	369
2000	4262	251	1823	1250	30	405
2001	4528	251	1863	1394	45	408
2002	4268	199	1938	1362		383
2003	4462	333	1666	1437		385
2004	4599	333	1694	1516		384
2005	4610	335	1758	1531		377
2006	4965	352	1875	1607		396
2007	5396	284	2122	1721		396
2008	5583	259	2037	1887		378
2009	5782	294	2076	1946		391
2010	6172	276	2248	2135	362	426
2011	6832	339	2320	2335	372	458
2012	7047	433	2270	2450	405	453
2013	7679	458	2389	2729	431	512
2014	8101	492	2563	2958	464	527
2015	8602	520	2808	3168	463	555
2016	8872	544	2878	3348	461	531
2017	9234	548	3033	3512	464	557
2018	9709	597	3243	3827	516	587
2019	9851	608	3275	3878	563	598
2020	10128	643	3384	4003	577	638
2021	10650	685	3535	4243	713	663
2022	11171	732	3727	4511	779	671

注:1.2009 年起,新增"技师(士)"指标。1950-2001 年该数据为助产士。
2.药剂师(士)由指标调整前的中药人员和西药师(士)构成。

12-13 卫生事业基本情况

项　目	单位	1990年	1995年	2000年	2005年	2010年	2013年	2014年	2015年	2016年	2017年	2018年	2019年	2020年	2021年	2022年
一、卫生机构	个	**320**	**281**	**293**	**395**	**406**	**632**	**668**	**708**	**697**	**700**	**713**	**718**	**719**	**715**	**722**
#卫生部门办	个	45	42	41	93	204	230	100	99	98	105	82	75	123	200	370
二、床　位	张	**2923**	**3456**	**3293**	**3501**	**4059**	**4621**	**5050**	**5500**	**5510**	**5723**	**6407**	**6281**	**6157**	**6329**	**6464**
#医院、卫生院病床	张	2798	3259	3293	3501	4059	4621	5050	5500	5510	5723	6407	6281	6157	6329	6464
三、人员数合计	人	**4432**	**5063**	**5463**	**5499**	**7389**	**9243**	**9825**	**10487**	**10808**	**11298**	**11837**	**11991**	**12278**	**13026**	**13672**
1.卫生技术人员	人	3576	4016	4262	4610	6172	7679	8101	8602	8872	9232	9709	9851	10128	10650	11171
#执业医师	人	1033	1354	1621	1763	2096	2394	2598	2844	2909	3053	3348	3397	3557	3761	3977
执业助理医师	人	559	502	451	330	428	453	457	484	513	528	492	486	470	459	482
注册护士	人	1164	1247	1296	1531	2135	2729	2958	3168	3348	3512	3827	3878	4003	4243	4511
药剂人员	人	365	377	412	377	426	512	527	555	532	557	587	598	638	663	671
检验人员	人	190	206	214	247	300	343	368	377	378	381	403	405	432	442	485
其他人员	人	265	330	268	362	715	1160	1097	1088	1109	1120	949	929	883	711	652
2.其他技术人员	人	55	10	32	294	427	410	386	393	405	479	643	537	501	595	642
3.管理人员	人	459	696	787	191	203	269	340	368	375	414	473	517	527	351	341
4.工勤人员	人	342	341	382	404	587	824	936	1080	1113	1129	964	1041	1076	1356	1433
四、每千人拥有床位数	张	**2.82**	**3.51**	**3.35**	**3.62**	**4.19**	**4.76**	**4.41**	**4.77**	**4.75**	**4.90**	**5.46**	**5.34**	**5.31**	**5.43**	**5.52**
#医院病床数	张	2.69	3.32	3.35	3.62	4.19	4.37	4.41	4.77	4.75	4.90	5.46	5.34	5.31	5.43	5.52
五、每千人拥有卫生技术人员	人	**3.66**	**4.09**	**4.33**	**4.77**	**6.38**	**7.92**	**7.07**	**7.47**	**7.66**	**7.90**	**8.28**	**8.38**	**8.74**	**9.14**	**11.68**
#执业医师(含助理)	人	1.66	1.91	2.10	2.16	2.61	2.94	2.67	2.89	2.96	3.07	3.27	3.30	3.47	3.62	3.81
注册护士	人	1.20	1.27	1.32	1.58	2.21	2.81	3.04	2.75	2.89	3.01	3.26	3.30	3.45	3.64	3.85

注:根据卫生部门指标变动,2002年以前的数据做调整。执业医师=中医师+西医师+中西结合医师,执业助理医师=中医+西医士,注册护士=护师+护士+助产士+护理员,药剂人员=中药师+西药师+中药剂士+西药剂士+中药剂员+西药剂员,检验人员=检验师+检验士+检验员,其他=其他剂师+其他技士+其他中医+其他初级卫技人员。

12-14 卫生机构和开放床位数

类别	1990年	1995年	2000年	2005年	2010年	2013年	2017年	2018年	2019年	2020年	2021年	2022年
卫生机构数合计(个)	**320**	**281**	**293**	**395**	**406**	**632**	**700**	**713**	**718**	**719**	**715**	**722**
医院、卫生院	101	102	98	80	81	71	57	54	70	71	72	72
卫生部门综合医院	6	5	6	6	6	6	7	7	8	8	8	8
中医医院	2	3	4	6	6	7	10	11	11	11	11	7
精神病医院	1	1	1	1	1	1	2	2	2	2	2	2
其他部门综合医院	1	1	1	3	3	2	3	5	6	7	7	7
社区卫生服务中心						10	12	15	12	12	12	13
中心卫生院	15	17	15	16	14	14	15	12	12	12	12	12
乡(镇)卫生院	76	73	67	38	33	25	26	9	12	12	12	12
妇幼保健院		1	1	1	1	1	1	1	1	1	1	1
其他专科医院		1	1	1	3	2	1	1	7	7	8	10
疗养院、所	1	1	1	1	1							
门诊部、所	197	159	1	19	25	23	319	357	361	364	373	384
卫生防疫机构(疾病预防控制中心)	8	7	6	5	5	5	5	5	5	5	5	5
妇幼保健机构	5	3	3	3	3	3	5	5	5	5	5	5
药品检验机构	4	3	3				2	2	3	2	3	3
医学科学研究机构	1	2	2	2	1	1	1					
其他卫生事业机构	1	2	2	2	4	2	1	2	1	3	2	3
卫生监督所				6	5	5	5	5	5	5	5	5
实际开放床位数合计(张)	**2923**	**3456**	**3293**	**3501**	**4059**	**4621**	**5723**	**6407**	**6281**	**6157**	**6329**	**6464**
医院、卫生院	2798	3259	3293	3501	4059	4621	5128	6405	5764	5630	5807	5972
卫生部门综合医院	1616	1666	1628	1696	1870	2012	2841	2892	2943	2758	2835	2837
中医医院	130	165	436	746	601	1085	1600	1847	1873	1798	1840	1056
精神病医院	80	100	120	180	230	300	300	300	400	400	400	400
其他部门综合医院	85	111	211	240	140	140	166	495	355	461	461	516
社区卫生服务中心						71	33	70	55	60	25	25
中心卫生院	390	447	354	270	195	178	72	72	57	57	38	48
乡(镇)卫生院	497	480	144	149	140	126	72	72	20	5		
妇幼保健院		300	300	300	400	485	560	560	515	525	520	490
其他专科医院		101	30		23	173	20	20	61	91	196	1040

12-14 续表

类别	2016年	2017年	2018年	2019年	2020年	2021年	2022年
卫生机构数合计(个)	**697**	**700**	**713**	**718**	**719**	**715**	**722**
医院	29	30	33	34	35	36	35
综合医院	10	10	12	14	15	15	15
中医医院	8	10	11	11	11	11	7
中西医结合医院							
民族医院							
专科医院	11	10	10	9	9	10	12
护理院							1
基层医疗卫生机构	642	645	656	660	659	652	660
社区卫生服务中心	12	12	15	12	12	12	13
卫生院	27	27	21	24	24	24	24
门诊部	26	27	28	33	34	40	46
专业公共卫生机构	21	21	20	20	20	21	21
专科疾病防治院(所、站)							
妇幼保健院(所、站)	5	5	5	5	5	5	5
急救中心(站)	4	4	4	4	4	4	4
实际开放床位数合计(张)	**5510**	**5723**	**6407**	**6281**	**6157**	**6329**	**6464**
医院	4878	5056	5698	5632	5508	5732	5899
综合医院	2924	3007	3378	3298	3219	3296	3353
中医医院	1440	1600	1874	1873	1798	1840	1056
中西医结合医院							
民族医院							
专科医院	514	449	446	461	491	596	1440
护理院							50
基层医疗卫生机构	92	105	147	132	122	75	73
社区卫生服务中心	20	33	70	55	60	25	25
卫生院	72	72	72	77	62	38	48
门诊部		27	5				
专业公共卫生机构	540	562	562	517	527	522	492
专科疾病防治院(所、站)							
妇幼保健院(所、站)	538	560	560	515	525	520	490
急救中心(站)	2	2	2	2	2	2	2

12-15　医院诊疗次数和入院人数

（2022 年）

类　别	机构数（个）	诊疗人次数（人次）		入院人数（人）	每百门诊入院人数（人）
			#门、急诊		
综合医院	15	3867051	3839844	107299	2.79
中医医院	7	1120344	1114707	20949	1.88
精神医院	2	95273	95270	4414	4.63
口腔医院	5	172489	172489		
妇幼保健院	1	872076	872076	17240	1.98
社区与卫生院	37	4505802	4488623		

注：医院包括公立及其他部门医院数。

12-16　医院病床使用情况

类　别	病床周转次数（次）				病床工作日（日）				病床使用率（%）				出院者平均住院日（日）			
	2019 年	2020 年	2021 年	2022 年	2019 年	2020 年	2021 年	2022 年	2019 年	2020 年	2021 年	2022 年	2019 年	2020 年	2021 年	2022 年
综合医院	33.3	29.0	29.7	32.3	281.8	246.3	242.5	241.6	77.2	67.3	66.4	66.2	8.5	8.4	8.1	7.4
中医医院	19.0	18.6	18.7	20.4	276.2	278.3	282.4	265.4	75.7	76.1	77.4	72.7	14.4	14.6	15.0	12.6
精神医院	10.0	8.8	10.4	11.1	402.8	357.9	389.5	394.5	110.3	97.8	106.7	108.1	40.0	40.3	37.8	35.0
妇幼保健院	46.0	32.5	32.9	35.2	337.6	239.8	240.0	243.9	92.5	65.5	65.7	66.8	7.4	7.4	7.3	6.9
社区与卫生院	2.4	0.7	0.1		29.8	8.4	0.2		8.2	2.3	0.1		12.0	12.5	4.0	

主要统计指标解释

文化事业机构　指从事专业文化工作和为专业文化服务的独立核算、独立建制的单位。不包括文化主管部门直属单位举办的其他行业和各部门的业余文化组织。

群众文化事业机构　指为开展群众文化工作而设立的文娱活动和读书活动场所，包括文化部门举办的群众艺术馆、文化馆，工会系统举办的工人文化宫、俱乐部，共青团系统举办的青少年宫、少年之家，厂矿、企业举办的文化宫、俱乐部，街道、乡镇兴办的文化站、文化室(俱乐部)，群众自办的图书室、文化室等。

电影放映单位　指拥有放映机器设备，有固定或不固定的放映场所，有专职或兼职的放映技术人员，经文化行政部门登记批准，经常为一定的观众对象放映电影的机构。包括电影院、影剧院、开放礼堂、俱乐部、放映队、对内礼堂俱乐部。不包括未经登记批准或已取消登记的。

艺术表演团体　指从事戏曲、音乐、舞蹈、杂技等专业艺术表演，有独立账户，实行单独核算团体。不包括半工半艺、半农半艺的业余剧团。

公共图书馆　指文化系统所属的独立举办的对社会开放的图书馆。不包括文化馆的图书室，也不包括文化系统以外的图书馆。

电影发行收入　指电影发行机构与电影放映单位之间分账后的片款及按场租向放映单位所收的片租金额。

电影观众人数　指各类型放映单位有军委系统租片单位实际放映场次的观众人数，一个观众连续看了一部长片和符合短片专场规定的短片，计为二人次。

艺术表演场所　指具有观众厅、舞台、灯光设备，经常供专业艺术表演团演出，公开售票营业的场所，但不包括茶馆、茶社等兼营艺术表演的场所。

艺术表演观众人数　售票包场演出或民族地区免费演出的艺术表演观众人数。不包括彩排审查和内部观摩演出的观众人次数。

广播电台　指经有关上级批准，以自办节目为主，播送声音节目的无线电台。

广播(电视)人口覆盖率　指广播(电视)覆盖人口与总人口的比率。广播(电视)覆盖，目前是按某套节目来计算的。广播覆盖人口是指能够用普通收音机在中午收听中波广播节目，并且收听效果能达到听清完整的节目内容的地区的人口数。包括只能收听外省的中波广播的人口数在内。电视覆盖人口是指能够用普通电视接收机，室外天线在离地面四米高处，在晚上收看电视，并且收看效果能达到图像基本稳定、清晰，能够看清人物形象、动作的地区内的人口数。

指标计算公式：

$$广播(电视)人口覆盖率=\frac{年末广播(电视)人口覆盖数}{年末总人口数}\times 100\%$$

医院　指名称为医院、设有固定床位能收容病人住院并能为病人提供医疗和护理服务的医疗机构。包括县及县以上医院、农村乡卫生院、其他医院三部分。

卫生技术人员　指卫生事业机构中现任职务为卫生技术工作的人员。包括中医师、西医师、中西医结合高级医师、护师、中药师、西药师、检验师、其他技师、中医士、西医士、护士、助产士、中药剂士、西药剂士、检验士、其他技士、其他中医、护理员、中药剂员、西药剂员、检验员、其他初级卫生技术人员。

诊疗人次数　指一定时期(通常为一年)内所有诊疗工作的总人次数，包括病人来院就诊的门诊、急诊人次数和出诊、下地段、赴家庭病床、到工厂、农村、工地、会议、集体活动等外出诊疗的人次数以及外出进行的单项健康检查人次数。

病床周转次数　指年内出院人数与当年平均开放病床数的比。表示该年内平均每一张病床收治了多少病人，以反映病床的利用情况。

病床使用率　指年内实际占用总床日数与当年实际开放总床日数的比率。表示该年平均每百张开放病床中被实际利用的有多少张。

病床工作日　指年内实际占用总床日数与当年平均开放病床数的比值。表示年内平均每张病床工作了多少天。

出院者平均住院日　指年内出院者占用总床日数与当年出院总人数的比值。表示该年内平均每一住院者的住院时间。

十三、自然资源、城建、环保、民政、司法等情况

13-1 土地、森林与水资源

指标	单位	2012年	2013年	2014年	2015年	2016年	2017年	2018年	2019年	2020年	2021年	2022年
土地利用												
供应土地	万亩	1.77	1.03	1.37	0.63	0.94	1.46	1.43	1.35	1.59	0.88	1.49
工矿仓储用地	万亩	0.76	0.50	0.28	0.30	0.25	0.68	0.58	0.18	0.88	0.29	0.77
商服及房地产用地	万亩	0.09	0.11	0.08	0.04	0.07	0.17	0.12	0.25	0.10	0.12	0.08
基础设施用地	万亩	0.92	0.42	1.00	0.29	0.62	0.61	0.74	0.92	0.61	0.47	0.64
存量土地供应	万亩	0.78	0.52	0.94	0.22	0.42	0.73	0.46	0.74	1.11	0.44	0.93
森林												
森林面积	万亩						101.31	100.85	100.74	100.77	101.07	97.69
森林覆盖率	%						50.93	50.70	50.65	50.66	50.81	42.94
林木蓄积量	万立方米						170.72	180.86	190.97	201.46	212.82	238.47
水资源												
水资源总量	亿立方米	13.05	5.64	7.94	11.78	11.58	9.90	6.93	15.04	9.73	18.05	8.73
其中:地下水	亿立方米	2.11	1.37	1.66	1.97	1.97	1.95	1.83	2.52	1.95	2.72	1.85
总供水量	万立方米	14396	14870	14505	14901	15545	15954	16209	16205	21478	26113	29425
总用水量	万立方米	14396	14870	14505	14901	15545	15954	16209	16205	21478	26113	29425
农田灌溉	万立方米	1647	1755	1743	1929	2344	2347	1780	1718	1846	1707	1901
林牧渔畜	万立方米	539	534	526	552	568	631	658	633	586	500	496
工业	万立方米	5636	5734	5629	5617	5618	5622	5704	5770	10948	14815	18198
居民生活	万立方米	3901	4260	4385	4595	4687	4784	5149	5160	5142	5207	5394
城镇公共用水	万立方米	1964	1937	2196	2144	2254	2479	2788	2793	2693	3046	2660
生态环境用水	万立方米	709	650	26	64	74	91	130	130	263	838	776
万元GDP用水量(可比价)	立方米				15.81	14.99	14.14	13.63	12.44	11.30	10.40	9.81

13-2 城市市政、公用事业

项 目	单位	1990年	1995年	2000年	2005年	2010年	2014年	2015年	2016年	2017年	2018年	2019年	2020年	2021年	2022年
一、市政建设															
道路长度	公里	129	286	345	487	394	662	696	731	840	857	876	892	958	988
道路面积	万平方米	123	218	272	499	666	1269	1381	1393	1500	1537	1587	1630	1717	1782
排水管道长度	公里	91	170	214	382	834	1099	1131	1154	1191	1222	1251	1296	1332	1426
建成区面积	平方公里	19	33	50	60	62	72	73	74	75	76	78	79	81	82
绿化覆盖面积	公顷	184	2239	2412	2919	2519	15800	16026	16191	16405	16642	16727	16971	17100	17215
#建成区	公顷	179	1443	1571	1907	2485	2775	2817	2987	3082	3141	3239	3466	3557	3623
园林绿地面积	公顷	179	1080	2281	2959	2233	13801	14043	14215	14388	14490	14597	14816	14905	14989
公园绿地面积	公顷	30	340	152	323	874	966	974	1018	1195	1224	1238	1255	1267	1277
建成区绿化覆盖率	%	9.9	43.8	31.2	31.7	40.2	38.7	38.8	40.6	41.2	41.6	41.8	43.8	44.2	44
二、公用事业															
自来水综合生产能力	万吨/日	10.5	17.1	25.5	32.0	35.3	31.6	38.3	39.2	37.6	37.8	38.6	38.6	38.6	39.3
供水总量	万吨	2011	3950	3610	4655	5284	5456	5510	5967	6097	6309	6514	6442	6765	6763
#生产用水量	万吨	1118	2280	1009	1528	1529	1750	1671	1505	1335	1333	1264	1282	1333	1293
生活用水量	万吨	695	1560	1468	1654	1916	2347	2306	2445	2439	2692	3117	3069	3175	3257
用水人口	万人	14.30	37.90	39.70	37.30	56.30	70.81	69.17	75.16	72.09	72.49	74.15	76.30	78.63	78.40
人均日生活用水量	升	133.2	112.8	101.3	172.1	121.5	114.2	115.8	121.3	129.7	135.6	146.6	141.2	142.4	145.9
用水普及率	%	77.3	100.0	100.0	98.5	99.5	100.0	100.0	100.0	100.0	100.0	100.0	100.0	100.0	100.0
供气总量(人工煤气、天然气)	万立方米		658	408	781	1676	2894	3012	3223	4804	5887	8233	8863	10399	9374
#家庭用量	万立方米		222	328	458	909	1422	1574	1696	1840	2115	2289	2523	2610	2890
液化石油气供气总量	吨	400	12000	14695	30048	34636	34366	31658	32689	31997	32732	33063	31885	31882	30568
#家庭用量	吨	400	4564	14480	18582	34036	33834	31128	31939	31280	31886	31968	30708	30767	29602
用气人口(人工煤气、天然气)	万人		7.90	10.20	15.20	36.49	52.70	51.52	53.86	52.76	53.75	55.43	58.21	60.41	62.15
液化石油气用气人口	万人	1.00	8.90	8.90	13.30	19.35	17.61	17.54	20.08	18.80	18.70	18.72	18.09	18.22	16.25
公共汽车运营车辆	辆		383	362	426	797	737	782	836	876	892	881	956	879	875
公共汽车客运总量	万人次		350	1340	3268	5044	6848	7483	7831	8401	8053	10833	6571	6232	5698

注:1.因统计制度变化,部分指标统计口径从2006年起有调整。

2.2006年起,“公共绿地面积”改为“公园绿地面积”。

3.2010年起,我市的管道煤气改用天然气。

4.2013年起,公共汽车运营车辆不包括农村客运班车,公共汽车客运总量不包括农村客运汽车客运总量。

13-3　主要空气指标

项　目	单　位	2017年	2018年	2019年	2020年	2021年	2022年
二氧化硫年平均浓度	微克/立方米	8	6	5	6	5	4
二氧化氮年平均浓度	微克/立方米	14	16	15	17	19	17
可吸入颗粒物(PM_{10})年平均浓度	微克/立方米	42	37	36	31	32	27
一氧化碳日均值第95百分位浓度	毫克/立方米	1.2	1.0	0.8	0.9	8.0	0.6
臭氧(O_3)最大8小时第90百分位浓度	微克/立方米	138	132	130	136	130	131
细颗粒物($PM_{2.5}$)年平均浓度	微克/立方米	24	21	21	17	15	14
空气质量达到和好于二级的天数比例	%	95.9	95.6	96.7	97.8	98.1	97.8

注:空气质量好于二级天数比例,具体为舟山市市区优良天数比例数据。

13-4　各县(区)环境保护情况

(2022年)

项　目	单　位	定　海	普　陀	岱　山	嵊　泗
一、工业废气排放量	**万标立方米**	**6758442.27**	**4700569.44**	**22321759.09**	**495.14**
废气中:二氧化硫	吨	187.18	929.93	438.99	0.05
氮氧化物	吨	1048.38	1421.09	4803.18	0.29
烟(粉)尘	吨	656.19	85.55	918.91	0.07
二、一般工业固体废物产生量	**万吨**	**65.39**	**97.19**	**109.57**	**0.23**
一般工业固体废物处置量	万吨	0.19	0.04		
一般工业固体废物综合利用量	万吨	65.21	97.21	109.56	0.23
其中:综合利用往年贮存量	万吨	0.01	0.06	0.22	
三、工业废水排放量	**万吨**	**440.00**	**402.98**	**1546.48**	**0.92**
废水中:化学需氧量	吨	152.77	148.60	358.52	0.51
氨氮	吨	2.27	7.54	5.10	0.01

注:2022年数据因国家未下发最终稿,暂为初步数据,下同。

13-5 废 气 排 放 和 处 理 情 况

项　目	单位	1990 年	1995 年	2000 年	2005 年	2010 年	2015 年	2016 年	2017 年	2018 年	2019 年	2020 年	2021 年	2022 年
工业废气排放量	万标立方米	523088	744933	1175089	2313153	1754734	5391523	5525505	5852365	5953232	7335412	34849507	20121581	33781266
废气中:二氧化硫	吨	11128	9789	9509	28002	22634	12380	1925	1144	912	1016	1733	1408	1556
氮氧化物	吨					12896	11554	2758	3015	2591	2417	2818	5201	7273
烟(粉)尘	吨					18090	3050	2066	9777	5859	4890	1526	1601	1661
工业烟(粉)尘产生量	吨						569783	799164	363760	744091	790865	1138341	1400835	1478220

13-6 废水排放和处理情况

项　目	单位	1990 年	1995 年	2000 年	2005 年	2010 年	2014 年	2015 年	2016 年	2017 年	2018 年	2019 年	2020 年	2021 年	2022 年
废水排放总量	万吨	3089	2110	1760	2777	3896	7263	7391	5439	6633	6398	7094	6407	7433	7652
#工业废水排放量	万吨	782	751	891	1800	1493	2150	2202	1439	1250	1252	1473	1812	1565	2390
工业废水中:化学需氧量	吨					4011	6363	6466	1252	511	449	486	627	474	720
氨氮	吨					211	235	238	130	35	23	25	19	14	17

13-7 工业固体废物排放和处理情况

项　目	单位	1990 年	1995 年	2000 年	2005 年	2010 年	2014 年	2015 年	2016 年	2017 年	2018 年	2019 年	2020 年	2021 年	2022 年
一般工业固体废物产生量	万吨	13.23	13.82	17.65	44.33	77.85	94.07	133.14	150.00	150.10	166.30	195.30	201.10	275.68	272.39
一般工业固体废物处置量	万吨	0.43	0.11	0.15	0.42	0.35	0.35	0.51	8.90	3.10	20.70	1.80	21.20	0.22	0.23
一般工业固体废物利用量	万吨	10.71	12.29	16.93	42.24	77.66	94.27	132.63	140.50	144.80	145.30	193.20	180.30	302.94	272.21

13-8 企事业污染治理情况

项　目	单位	1990 年	1995 年	2000 年	2005 年	2010 年	2014 年	2015 年	2016 年	2017 年	2018 年	2019 年	2020 年	2021 年	2022 年
企事业单位污染治理资金	万元	27	102	457	1041	6675	16062	4443	2246	3764	2805	3117	507	191	926
治理废水	万元	26	80	400	1016	2518	847	1921	1451	883		450	161		
治理废气	万元		22	20		3366	12072	2031	228	2790	2665	2667	346	180	858
治理工业固废	万元					792		150						11	48
治理噪声	万元	1		10				50							
其他	万元			27	25		3143	291	568	43	140				20
当年安排治理项目	个	16	25	47	8	7	14	28	23	17	5	6	15	3	5
当年竣工项目	个	16	31	47	8	5	14	22	15	118	123	156	180	134	135

注:2017 年起,“当年竣工项目”指标统计口径由原来的市本级调整为全市。

13-9 舟山近岸海域海洋生态环境

海 区	年 份	测站数	频率	水 质 状 况				
				一类海水比例%	二类海水比例%	三类海水比例%	四类海水比例%	劣四类海水比例%
定海海区	2010	4	3					100.0
	2015	4	2					100.0
	2016	4	3					100.0
	2017	4	3					100.0
	2018	4	3					100.0
	2019	4	3					100.0
	2020	4	3			33.3		66.7
	2021	5	3				1.0	99.0
	2022	5	3			0.1	6.0	93.9
普陀海区	2010	7	3	33.3	16.7	16.7	33.3	
	2015	8	2	36.4	12.7	12.7	12.7	25.5
	2016	8	3	23.7	50.9			25.4
	2017	8	3	36.4	25.4	12.7		25.4
	2018	8	3	49.1		25.4		25.4
	2019	8	3	36.4	25.4	12.8		25.4
	2020	8	3	23.7	50.9	6.3	19.1	
	2021	24	3	29.1	26.1	15.2	16.2	13.4
	2022	24	3	35.4	33.7	9.4	17.6	3.9
岱山海区	1995	4	3				25.0	75.0
	2000	5	2		40.0			60.0
	2005	8	3		12.5	12.5	12.5	62.5
	2010	5	3				20.0	80.0
	2015	5	2			20.0	20.0	80.0
	2016	5	3		20.0			80.0
	2017	5	3			20.0	20.0	60.0
	2018	5	3				20.0	80.0
	2019	5	3		20.0			80.0
	2020	5	3		20.0		40.0	40.0
	2021	22	3	8.6	9.1	9.5	11.8	61.0
	2022	22	3	9.2	14.7	10.2	17.7	48.3
嵊泗海区	1995	6	3		33.33	16.7		50.0
	2000	5	2		20.0	20.0		60.0
	2005	4	3		25.0	25.0		50.0
	2010	5	3			20.0	20.0	60.0
	2015	6	2	27.1	14.6			58.3
	2016	6	3		27.1	14.6		58.3
	2017	6	3	27.1	14.6		14.6	43.7
	2018	6	3	27.1		14.6		58.3
	2019	6	3	27.1	14.6		14.6	43.7
	2020	6	3	27.1	14.6	14.5	14.6	29.2
	2021	28	3	30.9	22.6	9.7	7.7	29.2
	2022	28	3	34.0	29.3	6.8	5.3	24.6
舟山近岸海域合计	1995	17	3		6.7	13.3	11.1	60.0
	2000	18	2		16.7	5.6		66.7
	2005	20	3	5.0	15.0	5.0	20.0	55.0
	2010	21	3		10.5	10.5	15.8	63.2
	2015	23	2	20.8	8.8	8.8	4.4	57.2
	2016	23	3	8.2	30.2	4.8		57.2
	2017	23	3	20.8	12.2	8.8	8.8	48.4
	2018	23	3	25.2		13.2	4.4	57.2
	2019	23	3	20.8	17.6	4.4	4.4	52.8
	2020	23	3	16.4	26.4	11.0	19.8	26.4
	2021	79	3	22.5	20.0	10.0	10.6	36.9
	2022	79	3	25.0	26.7	7.9	13.0	27.4

注：1.舟山近岸海域水质类别比例 2005 年以前年份按测点统计，2006 年以后年份按面积统计。

2.2021 年起，按调整后的评价方法和区域统计，与往年不可比。

13-10 技术监督和质量监督基本情况

项　　目	单位	2018 年	2019 年	2020 年	2021 年	2022 年
质量技术监督行政部门	个	11	11	11	11	11
计量技术机构市级机构	个	1	1	1	1	1
计量技术机构县(区)所	个	3	3	3	2	2
产品质量监督检验机构数	个	3	3	3	3	3
市级质检机构	个	2	2	2	1	1
县(区)级质监所	个	1	1	1	2	2
年末职工总数	人	913	972	979	975	954
专业技术人员	人	90	97	105	112	111
#大中专人员	人	90	97	105	112	111
业务管理人员	人	96	92	101	119	113
#大中专人员	人	96	92	101	119	113
行政人员	人	727	783	773	744	730
行政管理人员	人	710	759	766	733	722
后勤服务人员	人	17	24	7	11	8
已建立市级社会公用计量标准	类	10	10	15	15	15
	项	68	71	74	77	79
已开展强制检定工作计量器具	项	26	24	14	14	14
	种	55	54	30	30	32
计量仪器检定	台件	38240	86330	71851	95171	101250
产品质量监督检验受检企业数	个	169	181	113	105	129
受检产品总数	种	40	40	31	28	26
检验批次	批次	174	182	121	111	134
合格批次	批次	165	165	109	105	123
平均合格率	%	94.8	90.7	90.1	94.6	91.8
标准馆藏总量	件	962329	1013093	992731	987964	1022238
国内标准	件	197527	174544	202037	205102	223612
国外标准	件	764802	838549	790694	782862	798626
企业产品标准自我声明公开年末累计数	个	688	689	903	988	1135
政府计量部门社会公用计量标准	项数	68	71	71	71	79
授权建立社会公用计量标准	项数					2
技术监督行政执法受理案件数	件	122	94	165	128	150
技术监督行政执法结案案件数	件	122	94	165	128	150

注:2017 年起,“企业产品标准备案年末累计数”变更为“企业产品标准自我声明公开年末累计数”。

13-11 档案事业机构和人员数

（2022 年）

类　　别	机构数（个）	专职人员数（人）	# 女性	# 大专以上文化程度
总　　计	**11**	**87**	**40**	**87**
档案行政管理机构	5	2	2	2
档案馆	6	85	38	85

13-12 档案馆档案资料馆藏和利用情况

项　目	单位	1985 年	1990 年	1995 年	2000 年	2005 年	2010 年	2013 年	2014 年	2015 年	2016 年	2017 年	2018 年	2019 年	2020 年	2021 年	2022 年
馆藏档案																	
全　宗	个	387	612	770	840	897	965	985	1013	1026	1047	1061	1088	1148	1158	1171	1177
案　卷	卷	41447	79672	119652	181081	276518	358109	409339	400423	397670	400120	413529	419097	432095	444956	454546	513863
案　卷	件						28386	51712	237542	362355	485554	624466	739685	1138065	1353904	1433375	1612230
录音、录像影片	盒	14	27	155	230	263	272	637	1052	1202	1207	1225	562	681	687	734	966
照　片	张		7365	4939	12782	30353	60735	68463	81721	87771	52741	106186	109343	136533	140203	143829	168862
馆藏资料册数	**册**	**15474**	**24684**	**29366**	**37309**	**47189**	**51143**	**55226**	**60808**	**57948**	**53704**	**53615**	**64947**	**59156**	**59693**	**65477**	**74544**
档案馆面积	**平方米**	**3090**	**3090**	**4432**	**4432**	**4558**	**10786**	**14852**	**19583**	**19583**	**17389**	**18177**	**14177**	**19591**	**19591**	**19591**	**28317**
# 库房面积	平方米	1938	1938	2317	2317	20707	4056	4432	4492	4492	4387	4850	4850	5145	5505	5505	12642
档案资料利用																	
利用人次	人次	1271	4670	1638	1876	3027	3086	6462	6357	6763	5629	5443	5576	7153	6644	7353	9646
利用档案	卷、件次	18243	15368	4723	3764	8758	11537	12892	26624	17577	18933	18517	19888	18727	18125	16289	22223
利用资料	册、分次	1440	1190	390	567	760	533	345	752	1375	1996	813	430	691	1431	138	112
开放档案																	
全　宗	个		169	273	604	499	497	566	565	565	653	657	750	708	734		
案　卷	卷		8814	14324	22006	28928	31639	27541	272669	35538	36813	38420	32778	20088	23841		
案　卷	件						638	638	638	638	638	638	638	309398	1075794	611800	702448

注：从 2021 年起，因向数字化扫描发展，开放档案中不再单独统计全宗数和案卷数，以卷归档的档案今后将以件统计。

13-21 工会、妇联情况

项　目	单位	1990年	1995年	2000年	2005年	2010年	2013年	2015年	2016年	2017年	2018年	2019年	2020年	2021年	2022年
工会情况															
基层工会组织数	个	1041	1046	1980	1578	2511	3813	3906	3945	3957	3494	3413	3307	3313	3291
全市已建立工会组织的单位	个									12802	11467	11325	11018	11151	11369
职工人数	万人	12.24	11.72	12.65	16.17	26.40	38.43	37.30	38.60	40.01	34.81	34.24	33.85	33.95	33.56
#女职工	万人	4.62	4.83	5.11	6.80	8.48	11.34	11.80	12.21	12.87	12.03	11.83	12.05	12.07	12.04
工会会员人数	万人	11.28	10.65	10.86	14.89	24.88	37.60	36.70	37.93	39.26	34.18	33.04	32.68	32.74	32.16
#女会员	万人	4.32	4.35	4.11	6.15	8.20	11.12	11.61	12.01	12.64	11.83	11.39	11.61	11.63	11.47
办公室工会专职工作人员	人	424	165	274	149	319	647	733	750	796	598	597	548	549	563
办公室工会积极分子人数	万人	1.20	0.64	0.20	0.34	0.80	1.01	0.98	0.98	0.99	0.91	0.87	0.86	0.87	0.87
提出合理化建议	件	6536	3393	3006	3070	3811	2159	4896	2909	2506	3271	3722	4952	4776	5224
已实施建议	件	1896	1375	433	473	2357	1251	2518	1968	1740	2627	3224	4250	4388	4812
开展劳动竞赛单位	个	261	97	156	913	717	1246	1969	2481	1384	774	753	926	773	731
妇联情况															
妇联干部数	人	139	118	96	83	89	71	75	77	88	89	81	73	70	82
#乡镇、街道妇联干部数	人	100	73	67	44	43	35	38	35	63	55	48	40	36	47
基层妇代会个数	个	1103	1066	1019	525	534	478	414	380	391	340	351	407	407	410
表彰三八红旗手	人				1						30		30		
表彰三八红旗集体	个										20		30		

主要统计指标解释

废水排放总量　包括生产废水和生活污水。生产废水指企、事业单位在生产、科研、医疗等过程中，向外环境排放的所有排放口的废水总和。生活污水指城镇居民区和企、事业单位职工集中居住区排放的污水量。

工业废水排放量　指经过企业所有排放口排到企业外的生产废水总量。包括外排的直接冷却水和矿区超标排放的有毒有害矿井地下水，但不包括外排的间接冷却水（清污不分流的应计算在内）。

工业废气排放量　指燃料燃烧和生产工艺过程中排放的各种废气总量。以标准状态下每年亿标立方米表示。

一般工业固体废物产生量　指工矿企业、事业单位在生产（试验）过程中产生的固体废弃物总量。不包括矿山开采的剥离及掘进时产生的废石。（煤矸石除外）。

一般工业固体废物处置量　指以填埋、焚烧方式处理的工业固体废弃物（包括用炉渣修路），不包括倒入江、河中的废渣。

一般工业固体废物综合利用量　指已用作农业肥料、造田、生产建筑材料，以及其他方式综合利用的工业固体废弃物。不包括填埋量和焚烧量。

海水水质分类　按照海域的不同使用功能和保护目标，海水水质分为四类：第一类，适用于海洋渔业水域，海上自然保护区和珍稀濒危海洋生物保护区。第二类，适用于水产养殖区，海水浴场，人体直接接触海水的海上运动或娱乐区，以及与人类食用直接有关的工业用水区。第三类，适用于一般工业用水区，滨海风景旅游区。第四类，适用于海洋港口水域，海洋开发作业区。

社会公用计量标准　指经过政府计量行政部门考核、作为统一本地区量值的依据，在社会上实施计量监督具有公证作用的计量标准。项数是指县级以上政府计量行政部门建立并考核发证的项目数。

已开展强制检定工作计量器具　指县级以上政府计量行政部门根据《中华人民共和国强制检定的工作计量器具明细目录》中规定明细目录，具体开展项、种数。

产品质量监督检验受检企业数　指报告期内实际受检的企业数。

产品质量监督检验批次　在同一时期，对同一企业生产的同种规格的产品，按规定办法抽取样品，进行一次监督检验，为一个批次。

社会福利事业机构数　指集中收养社会孤老、残、幼的机构。包括民政部门管理的社会福利院、儿童福利院、精神病人福利院和社会集体办的敬老院。

公证处　指代表国家行使公证职能的机关，根据当事人（公民、法人、非法人团体）的申请，对法律行为和有法律意识的文书、事实，依法证明它的真实性与合法性的非诉讼活动，以保护公共财产，保护公民身份上、财产上的权利和合法利益。

公证人员　指在国家公证机关依法办理公证事务的司法人员。包括公证员、助理公证员和在公证处工作的其他人员。

办理公证　指公证处年内办结的公证文书件数。公证文书系按司法部规定或格式制作。包括国内公证和涉外公证两部分。其中国内公证为经济合同公证和民事法律关系公证两大类。

人民调解委员会　指担负调解民间一般民事纠纷和轻微违法行为所引起的纠纷，进行政策、法令的宣传教育的群众性调解组织。城市一般以居民委员会、厂矿企业或车间为单位，农村以村民委员会为单位。

调解人员　在人民调解委员会担负调解民间一般民事纠纷和轻微违法行为引起的纠纷的工作人员。包括调解委员会的委员和调解小组的调解员。

调解民事纠纷　指调解委员会依照法律规定，根据自愿原则，用说服教育的方法调解民间发生的有关民事权利和义务的争执、促成当事双方达成协议和谅解、解决纠纷。包括婚姻家庭纠纷，财产权益纠纷等。不包括法院受理调解的民事案件数。

十四、各县（区）、乡镇、住人岛屿基本情况

14-1　县(区)国民经济和社会发展主要指标

（2022 年）

指　标　名　称	计量单位	全　市	定海区	普陀区	岱山县	嵊泗县
一、人口规模						
（一）常住人口						
年末常住人口	万人	117.00	50.70	38.55	21.15	6.60
年末常住人口城镇化率	%	73.2	77.2	70.6	70.5	66.6
（二）户籍人口						
年末户籍人口	万人	95.22	40.37	30.90	16.80	7.16
其中：城镇户籍人口	万人	57.89	28.28	16.20	9.34	4.07
年平均人口	万人	95.45	40.29	31.01	16.94	7.20
年出生人口	人	3431	1683	1123	447	178
年死亡人口	人	7846	2908	2574	1721	643
年末总户数	万户	37.95	16.26	11.19	7.53	2.97
二、资源环境						
（一）土地						
行政区域土地面积	平方公里	1459	574	462	326	97
森林覆盖率	%	42.94	46.82	45.52	36.86	33.37
（二）水资源						
水资源总量	亿立方米	8.73	4.14	2.52	1.77	0.30
降水量	毫米	1367	1498	1320	1310	1001
用水总量	亿立方米	2.94	0.74	0.61	1.54	0.05
（三）环境						
空气质量优良天数比例	%	97.8	97.7	98.0	98.1	97.2
细颗粒物（$PM_{2.5}$）年平均浓度	微克/立方米	14	15	15	17	14
三、经济发展						
（一）地区生产总值						
地区生产总值(当年价格)	亿元	1951.3	658.0	409.7	753.6	130.0
其中：第一产业增加值	亿元	170.9	14.1	80.6	35.5	40.8
第二产业增加值	亿元	950.4	215.9	98.1	609.8	26.1
第三产业增加值	亿元	830.0	427.9	231.0	108.3	63.2
人均地区生产总值	元	167134	130163	106271	357159	195553

14-1 续表 1

指 标 名 称	计量单位	全 市	定海区	普陀区	岱山县	嵊泗县
地区生产总值增长率（可比价格）	%	8.5	3.0	4.0	18.0	6.2
（二）财政						
地方一般公共预算收入	万元	1561472	248312	322273	200134	86706
其中：税收收入	万元	1072469	195071	248762	138121	54751
地方一般公共预算支出	万元	3542734	512908	676535	590725	373452
其中：一般公共服务支出	万元	589421	50134	58773	63169	47578
科学技术支出	万元	109409	15466	16869	15799	5825
教育支出	万元	381141	67752	82483	57783	32646
文化旅游体育与传媒支出	万元	64257	6277	14119	13043	9794
卫生健康支出	万元	264422	50121	56030	40647	29078
节能环保支出	万元	40932	6310	15653	4072	6386
城乡社区支出	万元	396281	49835	102182	46843	28010
交通运输支出	万元	257536	16548	17657	74357	9895
社会保障和就业支出	万元	398028	57846	65577	70634	39403
住房保障支出	万元	94367	21566	12540	14904	7819
（三）金融						
年末金融机构人民币各项存款余额	万元	32617115	20836399	7012442	3605858	1162416
其中：住户存款余额	万元	15441229	7995838	4574673	2127496	743222
年末金融机构人民币各项贷款余额	万元	36852760	24660817	6651581	4328854	1211508
（四）固定资产投资						
房地产开发投资	万元	1978596	1231290	623704	119281	4321
其中：住宅	万元	1434368	927314	422080	81666	3308
（五）房地产						
商品房销售面积	万平方米	104.96	51.95	45.29	6.77	0.95
其中：住宅	万平方米	89.06	49.44	31.92	6.75	0.95
（六）对外经济贸易						
货物进口额（海关数）	万元	22262811	18349441	350416	268425	209621
货物出口额（海关数）	万元	11554963	3619126	5636282	571843	72197
新设立外商直接投资企业数	家	59	9	13	7	5

14-1 续表 2

指 标 名 称	计量单位	全 市	定海区	普陀区	岱山县	嵊泗县
实际使用外资额	万元	46276	15933	18684	8501	3157
（七）规模以上工业						
工业企业数	个	464	231	151	69	13
其中：内资企业	个	438	221	143	61	13
其中：国有企业	个	4	2	1		1
私营企业	个	346	168	124	44	10
港、澳、台商投资企业	个	8	2	4	2	
外商投资企业	个	18	8	4	6	
资产总计	万元	48588225	8288191	5076696	33974900	1248439
流动资产合计	万元	16867587	4161535	2548376	9957674	200003
营业收入	万元	34061715	6330487	2873744	24674583	182901
营业成本	万元	29293117	5489183	2547054	21153977	102904
利润总额	万元	856689	319811	72235	419376	45267
（八）贸易						
社会消费品零售总额	万元	5752436	2478036	2016003	889698	368699
限额以上批发零售业法人企业数	个	620	393	159	33	35
其中：零售业	个	110	72	27	6	5
限额以上批发零售业商品销售额	万元	57193052	41278440	13791166	852625	1270822
限额以上住宿餐饮业法人企业数	个	155	37	94	16	8
限额以上住宿餐饮业营业额	万元	196679	51968	120477	18193	6041
（九）旅游						
入境游客	人次	9254	2066	1395	1255	3761
入境旅游收入	万美元	391	57	63	60	185
国内游客	万人次	1112	206	338	106	117
国内旅游收入	万元	1720504	334919	530084	164793	198546
四、科技创新						
（一）科创投入						
R&D 人员（规模以上企业）	人	5308	2946	1379	975	8
R&D 人员全时当量（规模以上企业）	人年	3681	2113	1016	544	8

14-1 续表 3

指 标 名 称	计量单位	全 市	定海区	普陀区	岱山县	嵊泗县
R&D 经费支出（规模以上企业）	万元	338092	84040	34342	219253	457
（二）科创成果						
专利授权数	件	2741	1894	547	243	57
其中：发明	件	743	548	154	27	14
五、人民生活						
（一）就业						
全社会从业人员数	万人	72.38	31.29	21.98	14.81	4.30
（二）收入						
全体居民人均可支配收入	元	63848	68935	62442	58326	57585
城镇居民人均可支配收入	元	71965	78511	70491	64421	64154
工资性收入	元	48023	52905	42792	45452	46220
经营净收入	元	7619	8762	9398	5990	3082
财产净收入	元	6064	3538	2994	3278	5387
转移净收入	元	10259	13306	15307	9701	9465
农村居民人均可支配收入	元	45924	45829	45570	46115	44249
（三）消费						
城镇居民人均消费支出	元	44232	45381	38376	35387	38588
其中：食品烟酒	元	12721	15065	12337	11428	13705
衣着	元	3853	2928	3827	3610	3576
居住	元	9717	12743	4765	4283	5244
生活用品及服务	元	2258	2413	2007	2525	2162
交通和通信	元	5311	4439	4643	3603	3463
教育文化娱乐	元	5312	3499	4368	4237	6204
医疗保健	元	2956	2324	3953	3560	2212
其他用品及服务	元	2104	1970	2476	2141	2022
六、公共服务						
（一）教育						
普通、职业高等学校数	所	3				
中等职业教育学校数	所	4			1	

14-1 续表4

指标名称	计量单位	全市	定海区	普陀区	岱山县	嵊泗县
普通中学学校数	所	40	10	8	7	3
普通小学学校数	所	58	21	12	10	7
幼儿园数	所	112	38	30	18	7
普通、职业高等学校专任教师数	人	1727				
中等职业教育专任教师数	人	503			64	33
普通中学专任教师数	人	3340	640	634	468	246
普通小学专任教师数	人	3870	1200	1136	518	261
幼儿园专任教师数	人	2192	697	608	267	99
普通、职业本专科在校学生数	人	26182				
中等职业教育在校学生数	人	6187			696	72
普通中学在校学生数	万人	3.56	0.76	0.71	0.43	0.17
普通小学在校学生数	万人	5.22	1.64	1.58	0.62	0.20
幼儿园在园幼儿数	人	25125	7933	7289	2894	1065
（二）文体						
公共图书馆数	个	5	1	1	1	1
公共图书馆图书藏量	万册	259.99	54.83	33.33	39.98	17.25
博物馆数	个	15	5	2	2	1
体育场地数	个	3136	1282	1060	477	317
（三）医疗						
医疗卫生机构数	个	722	325	251	108	38
其中：医院数	个	35	14	13	5	3
医疗卫生机构床位数	张	6464	3611	1967	593	293
其中：医院床位数	张	5899	3096	1941	587	275
卫生技术人员数	人	11171	5981	3243	1339	608
其中：执业（助理）医师数	人	4459	2259	1371	591	238
注册护士数	人	4511	2633	1148	504	226
（四）社会保障						
职工基本医疗保险参保人数	人	509231	9217	107703	67183	35607
城乡居民基本医疗保险参保人数	人	476377	193151	157783	97321	28122

14-1　续表 5

指　标　名　称	计量单位	全　市	定海区	普陀区	岱山县	嵊泗县
提供住宿的社会工作机构数	个	71	19	18	19	8
其中：养老机构数	个	68	19	17	18	8
提供住宿的社会工作机构床位数	张	9605	3047	2418	2190	434
其中：养老机构床位数	张	9439	3047	2322	2170	434
不提供住宿的社会工作机构和设施总数	个	1009	357	250	241	98
其中：社区服务机构和设施数	个	1007	357	250	240	98
城市居民最低生活保障人数	人	1360	486	459	201	149
七、基础设施						
（一）交通运输						
境内公路总里程	公里	1935	816	544	390	185
其中：高速公路里程	公里	70	70			
民用汽车拥有量	辆	236200	120178	71182	27280	6616
其中：私人汽车拥有量	辆	202088	102471	64530	24132	5472
水运货运量	万吨	30862.32	10944.18	12315.06	4982.84	2620.25
民用航空旅客吞吐量	万人次	78.93		78.93		
民用航空货邮吞吐量	吨	718		718		
沿海港口货物吞吐量	万吨	62412.49	20516.24	10916.01	20300.00	10680.24
（二）邮电通信						
邮政行业业务收入	万元	74990	38344	24790	7991	3865
其中：快递业务收入	万元	52793	28109	17922	4814	1948
电信业务收入	万元	193027	88108	52557	23810	12178
移动电话年末用户数	万户	187.34	101.72	47.16	21.13	10.33
互联网宽带接入用户数	万户	68.90	32.61	20.26	8.99	4.88
（三）能源电力						
全社会用电量	万千瓦时	1826150	335301	196398	1194196	63592
其中：工业用电	万千瓦时	1422682	160370	76262	1143428	5958
城乡居民生活用电	万千瓦时	138431	62907	45508	22203	7813
其中：城镇居民生活用电	万千瓦时	82114	39673	26181	12654	3606

14-2 50人以上住人岛屿基本情况

（按公安户籍人口口径）

岛屿名称	总面积(平方公里)	#陆地面积（平方公里）	2021年		2022年	
			总户数（户）	总人数（人）	总户数（户）	总人数（人）
定海区						
舟山本岛定海区部分	401.63	384.79	133507	334242	134236	336375
金 塘 岛	82.11	77.35	16074	39004	15944	38451
大鹏山岛	6.09	3.52	721	1658	708	1643
长 白 岛	14.16	11.10	1886	4545	1874	4362
峙中山岛	0.70	0.41				
富 翅 岛	1.36	1.09	264	667	231	617
外钓山岛	1.42	0.99	20	57	20	64
中钓山岛	0.40	0.16	20	67	20	59
里钓山岛	1.87	1.65	272	749	265	672
册 子 岛	14.97	14.20	1444	3548	1416	3486
长 峙 岛	7.97	6.30	4202	12516	5314	13580
东蟹峙岛	0.63	0.47	283	748	281	738
岙 山 岛	5.96	5.15	88	211	75	172
松 山 岛	1.01	0.84				
凤 凰 岛	0.17	0.09				
大五奎山岛	0.47	0.38				
盘 峙 岛	4.11	3.80	628	1541	627	1526
小盘峙岛	0.61	0.53	91	257	90	251
刺 山 岛	0.64	0.54	42	96	41	94
东 岠 岛	3.42	3.08	119	327	122	323
西 岠 岛	0.27	0.19	53	133	52	130
摘箬山岛	2.70	2.34	86	226	84	221
西蟹峙岛	1.01	0.82	111	298	109	287
大 猫 岛	6.92	6.20	471	1281	470	1256

注：1.户数和人口空缺的岛屿主要由外来人口居住，下同。

2.外钓岛、中钓岛和里钓岛由于工程施工，人口都已搬走，但户籍没变更。

14-2 续表 1

岛屿名称	总面积（平方公里）	#陆地面积（平方公里）	2021 年		2022 年	
			总户数（户）	总人数（人）	总户数（户）	总人数（人）
普陀区						
舟山本岛普陀区部分	101.02	91.38	59182	153386	59960	154053
梁横山岛	4.22	1.74	481	1496	477	1491
小 干 岛	5.56	3.25	325	1156	333	1155
鲁家峙岛	4.36	3.04	2598	6169	2242	5083
马 峙 岛	0.34	0.34	97	255	97	254
葫 芦 岛	1.28	0.93	692	1872	687	1831
普陀山岛	16.06	11.85	2095	5089	2095	5089
朱家尖岛	72.00	68.80	8752	26523	8688	26369
柴 山 岛	0.94	0.88	356	1079	377	1056
白沙山岛	1.71	1.44	516	1477	492	1478
桃 花 岛	44.43	40.37	5410	15689	5374	15465
登 步 岛	16.72	14.51	1920	5574	1903	5495
蚂 蚁 岛	2.90	2.22	1188	3632	1174	3553
湖泥山岛	2.38	1.51	440	1412	414	1401
西白莲山岛	1.29	0.93	125	382	128	362
东白莲山岛	2.05	1.36	101	292	98	280
大双山岛	1.01	0.68	450	1190	473	1173
走马塘岛	0.81	0.70	92	281	99	272
虾 峙 岛	18.59	17.01	5769	17451	5705	17178
六 横 岛	109.40	93.66	17149	55599	17086	54957
佛 渡 岛	9.19	7.28	838	2921	835	2906
悬 山 岛	8.21	6.92	913	2878	906	2849
青 浜 岛	1.43	1.41	782	1832	764	1761
庙子湖岛	2.65	2.64	796	2034	787	1939
黄 兴 岛	2.44	2.44	479	1033	450	969
东福山岛	2.98	2.95	212	557	229	537

14–2　续表 2

岛屿名称	总面积（平方公里）	# 陆地面积（平方公里）	2021 年		2022 年	
			总户数（户）	总人数（人）	总户数（户）	总人数（人）
岱山县						
岱 山 岛	119.32	104.97	45232	101205	45069	99886
衢 山 岛	73.57	59.79	21329	48779	21115	47931
大长涂山岛	40.62	33.56	2049	4463	2017	4347
秀 山 岛	26.33	22.88	2938	6793	2890	6652
小长涂山岛	13.33	10.92	3186	6806	3112	6590
官 山 岛	3.60	3.14	435	1144	426	1124
黄泽山岛	3.37	2.53				
小衢山岛	2.04	1.87				
大峧山岛	2.58	1.94	207	453	206	445
江南山岛	1.71	0.72	429	1080	426	1068
大鱼山岛		6.25				
鼠浪湖岛		2.85				
小龟山岛		0.10				
鱼腥脑岛		0.01				
下三星岛		0.07				
嵊泗县						
泗礁山岛	25.88	24.44	12576	30198	12546	29839
金鸡山岛	2.03	1.94	1299	3169	1297	3148
大黄龙岛	5.67	5.21	3076	8156	3055	7991
枸 杞 岛	6.38	5.74	3109	7741	3085	7637
嵊 山 岛	4.47	4.08	2886	7388	2874	7278
壁下山岛（大盘山、张其山）	1.99	1.11	217	523	215	507
花鸟山岛	3.99	3.47	801	1920	792	1888
东绿华岛	1.32	1.08	186	440	178	434
西绿华岛	1.57	1.31	532	1196	536	1186
东库山岛	0.31	0.21	73	161	70	157
大洋山岛	6.56	4.92	4805	11024	4782	10877
滩浒山岛	0.88	0.49	281	618	279	612

14-3 50人以上住人岛屿基本情况

（按2020年11月1日第七次全国人口普查口径）

岛屿名称	岛屿面积（平方公里）	总户数（户）	常住人口(人)			人口密度（人/平方公里）
			合计	男	女	
舟山岛定海部分	401.63	196537	431057	219240	211817	1073.27
金塘岛	82.11	19695	39429	21170	18259	480.20
大鹏岛	6.09	380	608	317	291	99.84
长白岛	14.16	2153	3769	2383	1386	266.17
富翅岛	1.36	117	178	87	91	130.88
里钓山岛	1.87	103	172	102	70	91.98
册子岛	14.97	958	1797	953	844	120.04
长峙岛	7.97	8087	20355	10629	9726	2553.95
东蟹峙岛	0.63	320	704	443	261	1117.46
岙山岛	5.96	42	66	53	13	11.07
盘峙岛	4.11	613	999	565	434	243.07
小盘峙岛	0.61	56	98	51	47	160.66
东巨岛	3.42	68	107	56	51	31.29
西巨岛	0.27	41	63	43	20	233.33
摘箬山岛	2.70	34	51	31	20	18.89
西蟹峙岛	1.01	64	114	63	51	112.87
大猫岛	6.92	39	60	32	28	8.67
小竹山岛	0.06	35	62	36	26	1033.33
团鸡山岛	0.31	76	139	74	65	448.39
园山岛	0.27	50	74	39	35	274.07
馒头山岛	0.03	55	93	49	44	3100.00
舟山岛普陀部分	101.02	108831	246914	124129	122785	2444.21
梁横山岛	4.22	50	64	40	24	15.17
小干岛	5.90	1241	2254	1684	570	382.03
鲁家峙岛	4.36	7528	18001	9188	8813	4128.67
葫芦岛	1.28	235	377	204	173	294.53
普陀山岛	11.82	4486	7353	4311	3042	622.08
洛伽山岛	0.45	58	61	58	3	135.56
朱家尖岛	72.00	13255	29870	15261	14609	414.86
柴山岛	0.94	123	194	103	91	206.38
白沙山岛	1.71	231	381	193	188	222.81
桃花岛	44.43	4472	8292	4264	4028	186.63
登步岛	16.72	1247	2249	1215	1034	134.51
蚂蚁岛	2.90	1536	2895	1638	1257	998.28
湖泥山岛	2.38	233	393	189	204	165.13
西白莲山岛	1.29	141	243	207	36	188.37
东白莲山岛	2.05	108	182	162	20	88.78

14-3 续表

岛屿名称	岛屿面积（平方公里）	总户数(户)	常住人口(人)			人口密度（人/平方公里）
			合计	男	女	
大双山岛	1.01	104	145	77	68	143.56
虾峙岛	18.59	4108	6800	3533	3267	365.79
六横岛	109.40	25360	52912	28697	24215	483.66
佛渡岛	9.19	741	1222	681	541	132.97
元山岛	8.21	435	699	388	311	85.14
青浜岛	1.43	236	366	190	176	255.94
庙子湖岛	2.65	386	681	390	291	256.98
黄兴岛	2.44	97	146	85	61	59.84
东福山岛	2.98	115	189	111	78	63.42
岱山岛	119.32	53574	111379	57528	53851	933.45
官山岛	3.60	113	173	94	79	48.06
江南山岛	1.71	448	844	444	400	493.57
大峧山岛	2.58	90	133	68	65	51.55
衢山岛	73.57	20385	41813	23041	18772	568.34
鼠浪湖岛	4.38	1294	2692	1517	1175	614.61
黄泽山岛	3.37	109	155	123	32	45.99
小衢山岛	2.04	428	786	676	110	385.29
大长涂山岛	40.62	990	1517	817	700	37.35
小长涂山岛	13.33	3710	6412	3730	2682	481.02
秀山岛	26.33	5415	9964	6470	3494	378.43
大鱼山岛	21.00	5343	30941	28353	2588	1473.38
对港山岛	0.15	560	1143	581	562	7620.00
泗礁山岛	25.88	17309	37284	18758	18526	1440.65
马迹山岛	1.81	111	143	134	9	79.01
大黄龙岛	5.67	2284	4500	2426	2074	793.65
金鸡山岛	2.03	1474	3036	1590	1446	1495.57
东绿华岛	1.32	64	103	64	39	78.03
西绿华岛	1.57	195	333	176	157	212.10
东库山岛	0.31	39	63	31	32	203.23
花鸟山岛	3.28	469	872	477	395	265.85
壁下山岛	1.44	112	209	118	91	145.14
嵊山岛	4.68	3299	6518	3523	2995	1392.74
枸杞岛	6.38	3177	6308	3388	2920	988.71
小洋山岛	16.71	59	220	198	22	13.17
大洋山岛	6.66	3546	7109	3577	3532	1067.42
滩浒山岛	0.56	36	53	28	25	94.64

14-4 乡镇基本情况

（2022年）

辖区	村民委员会个数（个）	户籍户数（户）	户籍人口（人）	农业技术服务机构个数（个）	农业企业（个）	家庭农场（个）	有实际经营活动的农民专业合作社（个）	有实际经营活动的农民专业合作社成员数（户）
定海区								
昌国街道	3	22473	53712					
环南街道	3	14382	32230	1		4	3	32
城东街道	4	21380	51295	1				
盐仓街道	5	7345	19055			1	6	80
临城街道	8	22023	57773			9	4	66
岑港街道	9	6941	17102	1	4	16	17	158
马岙街道	6	3494	9083	1		26	11	60
双桥街道	6	6642	17301	1		13	10	61
小沙街道	10	7780	18625	1	1	22	27	135
千岛街道	5	17249	44041			2	1	100
金塘镇	13	15944	38451			21	2	48
白泉镇	14	13179	35557	4	3	44	11	81
干䃁镇	6	3794	9435	1	17	3	7	105
普陀区								
沈家门街道	14	34079	81834	1	4	47	15	500
东港街道	7	25416	70001		31	19	14	185
朱家尖街道	12	9558	28907			2	9	100
展茅街道	8	7373	20876	1	3	21	2	50
六横镇	30	18827	60712		20	66	33	210
虾峙镇	6	6917	20666	1	1			
桃花镇	7	5377	15482	1	2	13	14	95
东极镇	1	2240	5373			3	5	25
普陀山镇		2086	5105					
岱山县								
高亭镇	21	27958	60820	2	7	69	12	480
东沙镇	3	7208	15208	1	2	12	2	100
岱东镇	5	5238	12921	1	1	10	11	36
岱西镇	8	5723	13574	1		73	3	70
长涂镇	4	5129	10937	1	3	8	1	38
衢山镇	30	21115	47931	1	4	15	8	168
秀山乡	3	2890	6652		1	4	8	94
嵊泗县								
菜园镇	9	12795	30308	1			8	63
嵊山镇	4	3089	7785	1		1	2	147
洋山镇	1	5061	11489		1			
五龙乡	4	1832	4456					
黄龙乡	4	3055	7991			4	1	1980
枸杞乡	5	3085	7637	1			14	224
花鸟乡	2	792	1888				1	5

14-4 续表 1

辖　　区	工业企业单位数（个）	其中：规模以上工业（个）	建筑业企业单位数（个）	住宿餐饮业企业个数（个）	商品交易市场（个）	一般公共预算收入（万元）	一般公共预算支出（万元）
定海区							
昌国街道	12		28	31	5	6453	2449
环南街道	104	7	43	58	4	8076	7695
城东街道	18	1	23	10	1	4214	2279
盐仓街道	152	10	6	11	4	12724	2121
临城街道	12	11	187	5	1	9162	9162
岑港街道	109	17	4	1		4623	6736
马岙街道	73	16	3	2	1	5935	5938
双桥街道	145	5	5	5	2	19962	4711
小沙街道	62	13	7	1		8291	8291
千岛街道	130	15	12	23	4	7067	7067
金塘镇	420	32	5	10	3	17309	16200
白泉镇	120	11	9	15	4	14811	6470
干碳镇	106	15	16	3		6046	9553
普陀区							
沈家门街道	254	33	52	114	10	14282	14284
东港街道	225	36	288	96	6	78774	11111
朱家尖街道	42	9	74	113	2	19116	19455
展茅街道	78	35	4	1	2	9035	7066
六横镇	454	31	102	22	11	54471	57447
虾峙镇	6	3	1		1	4948	3896
桃花镇	15	1	1	2	1	11967	11967
东极镇				8		3894	3894
普陀山镇	1		2	39	1	5756	5768
岱山县							
高亭镇	106	25	4	92	9	18809	10193
东沙镇	180	9	4			12582	5140
岱东镇	48	3	3	5	1	3225	5295
岱西镇	39	15	1	2	1	15776	4985
长涂镇	42	4		100	1	9941	4729
衢山镇	108	7	5	11	9	36457	48934
秀山乡	130	6	15	9		14162	3368
嵊泗县							
菜园镇	35	1	13	58	1	6991	22430
嵊山镇	19	2		53	3	6127	11995
洋山镇	7	5	3			11825	11825
五龙乡	14	1		1	2	7625	6563
黄龙乡	4			1	5	8693	6778
枸杞乡	15	3	2	12	2	4423	3976
花鸟乡				55		2703	1694

14-4 续表 2

辖　　区	营业面积 50 平方米以上的综合商店或超市个数（个）	小学学校数（个）	小学在校学生数（人）	小学专任教师数（人）	医疗卫生机构个数（所）	医疗卫生机构床位数（床）	执业（助理）医师数（人）
定海区							
昌国街道	15	3	3560	243	9	1200	372
环南街道	7	3	1858	153	7	432	13
城东街道	33	3	3703	257	13	500	218
盐仓街道	14	1	1351	95	7	18	19
临城街道	18	4	7618	261	8	490	450
岑港街道	13	1	282	35	10	22	24
马岙街道	10	1	361	46	22	30	22
双桥街道	7	2	910	75	8	20	14
小沙街道	18	1	224	32	8	17	19
千岛街道	5	4	3150	270	8	2150	510
金塘镇	29	4	2174	168	13	50	44
白泉镇	12	2	1415	118	12	307	141
干礁镇	21	1	358	43	4	10	17
普陀区							
沈家门街道	52	5	5609	417	76	663	447
东港街道	197	3	6877	467	77	876	712
朱家尖街道	26	2	1170	91	17	55	52
展茅街道	10	2	845	64	12	20	25
六横镇	69	3	1849	151	35	145	115
虾峙镇	9				8	24	31
桃花镇	7	1	188	26	7	17	14
东极镇	2				4	8	11
普陀山镇	7	1	88	20	3	30	31
岱山县							
高亭镇	41	5	4402	331	36	472	433
东沙镇	9	1	185	21	9	26	36
岱东镇	3	1	160	20	4	10	8
岱西镇	7	1	75	18	7	12	14
长涂镇	10	1	60	17	5	14	33
衢山镇	104	2	1225	88	21	123	58
秀山乡	21	1	225	20	6	10	10
嵊泗县							
菜园镇	17	4	1604	180	8	384	176
嵊山镇	6	1	80	18	1	50	17
洋山镇	17	1	181	35	2	25	25
五龙乡	3				3	5	5
黄龙乡	6	1	20	13	2	4	6
枸杞乡	7	1	128	28	5	14	13
花鸟乡	4				1	8	5

14-4 续表 3

辖　　区	城乡居民基本养老保险参保人数（人）	城乡居民基本医疗保险参保人数（人）	城乡居民最低生活保障人数（人）	自来水用水户数（户）	管道燃气用气户数（户）	金融机构网点数（个）	公园个数（个）
定海区							
昌国街道	4153	5691	171	30468	21443	16	2
环南街道	1379	4853	195	25689	20003	20	5
城东街道		5090	138	21380	18356	19	1
盐仓街道	6843	8516	157	16275	9560	4	6
临城街道	2776	13084	223			18	6
岑港街道	8383	8262	268	8900			
马岙街道	2312	5014	135	4586	4622	3	5
双桥街道	6490	10250	303	6025		2	32
小沙街道	4827	8996	366	6486		4	2
千岛街道	16119	16119	220			16	5
金塘镇	5869	19776	378	21260	3000	19	36
白泉镇	5863	19915	418	16463	2383	10	3
干礁镇	1550	5014	101	4526		3	1
普陀区							
沈家门街道	11156	23792	613	63516	36254	37	14
东港街道	7466	17298	493	62639	48797	32	3
朱家尖街道	5836	17836	211	12230	4615	11	3
展茅街道	7128	13771	396	8220	465	5	
六横镇	19101	32461	492	27486	2120	9	6
虾峙镇	6782	12159	293	4130		3	24
桃花镇	7896	10852	432	5321		2	
东极镇	3974	3974	72	560		1	16
普陀山镇	333	1307	17	2903		9	1
岱山县							
高亭镇	7321	22296	516	53264	23990	41	5
东沙镇	7360	7640	176	7710		6	
岱东镇	7695	7972	184	3192		4	3
岱西镇	7023	7783	160	4082		2	
长涂镇	7103	6611	195	4340		2	
衢山镇	17856	35648	599	25514		10	2
秀山乡	578	3296	90	6917		2	5
嵊泗县							
菜园镇	5425	7151	207	12052		12	3
嵊山镇	5325	3777	45	3133			1
洋山镇	1477	1332	132	3125		2	1
五龙乡	1803	2154	62	1173		1	4
黄龙乡	7358	4471	66	2539		2	5
枸杞乡	5208	5388	75	2602		2	
花鸟乡	807	1000	13	402		1	

十五、全省各市国民经济和社会发展主要指标

15-1 全省各市国民经济和社会

（2022 年）

指 标 名 称	计量单位	杭州市	宁波市	温州市	嘉兴市
一、行政区划					
所辖行政区数	个	10	6	4	2
所辖行政县（县级市）数	个	3	4	8	5
所辖建制镇数	个	75	73	92	42
二、人口规模					
（一）常住人口					
年末常住人口	万人	1237.60	961.80	967.90	555.10
其中：城镇常住人口	万人	1039.00	758.86	712.86	401.61
年末常住人口城镇化率	%	83.95	78.90	73.65	72.35
（二）户籍人口					
年末户籍人口	万人	846.75	621.07	831.82	374.85
年末总户数	万户	266.45	245.20	248.77	122.26
三、资源环境					
（一）土地					
行政区域土地面积	平方公里	16850	9816	12103	4237
（二）水资源					
水资源总量	亿立方米	128.08	94.20	106.23	25.01
用水总量	亿立方米	29.27	22.18	16.60	18.55
（三）环境					
工业化学需氧量排放量	吨	4011	5359	1076	5814
工业氮氧化物排放量	吨	12339	21442	7305	13870
工业颗粒物排放量	吨	11529	11524	1646	6897
空气质量优良天数比例	%	83.3	89.6	95.1	85.7
细颗粒物（$PM_{2.5}$）年平均浓度	微克/立方米	29.6	23.0	24.0	26.0
四、经济发展					
（一）地区生产总值					
地区生产总值（当年价格）	亿元	18753	15704	8030	6739
其中：第一产业增加值	亿元	346	382	177	144
第二产业增加值	亿元	5620	7413	3381	3720
其中：工业增加值	亿元	4922	6682	2706	3379
第三产业增加值	亿元	12787	7909	4471	2876
人均地区生产总值	元	152588	163911	83107	121794
（二）财政					
财政总收入	亿元	4590.08	3358.63	917.10	1029.99
地方一般公共预算收入	亿元	2450.61	1680.23	573.85	596.47
地方一般公共预算支出	亿元	2542.09	2187.81	1137.74	827.71
其中：一般公共服务支出	亿元	210.01	179.11	133.28	69.52
教育支出	亿元	500.09	298.79	257.24	158.68

发展主要指标

湖州市	绍兴市	金华市	衢州市	舟山市	台州市	丽水市
2	3	2	2	2	3	1
3	3	7	4	2	6	8
38	49	74	43	17	61	54
341.31	535.30	712.70	229.00	117.00	667.80	251.50
226.46	385.95	494.61	135.80	85.67	426.72	159.70
66.35	72.10	69.40	59.30	73.22	63.90	63.50
268.83	445.82	496.87	255.03	95.22	604.95	269.30
89.31	165.89	199.96	97.54	37.95	194.95	109.75
5820	8279	10942	8845	1459	10050	17275
34.50	65.82	85.46	114.31	8.73	71.48	200.46
12.41	17.37	15.94	11.08	2.94	14.15	7.32
1498	16041	1572	2430	720	1449	603
8345	9277	9748	10974	7273	7833	1841
7481	2766	5984	6427	1661	3789	1585
77.8	90.7	93.9	92.6	97.8	95.9	96.7
29.0	28.0	25.0	26.0	14.0	21.0	19.0
3850	7351	5562	2003	1951	6041	1831
161	244	162	93	171	330	118
1966	3598	2328	874	950	2639	706
1772	3030	2021	716	840	2239	566
1723	3509	3072	1036	830	3072	1007
112902	137522	78086	87544	167134	90572	72812
674.50	821.64	779.41	277.88	407.64	726.54	280.29
387.30	540.09	489.16	173.10	156.15	440.75	170.86
601.92	804.86	830.40	567.70	354.27	834.93	607.10
61.01	80.92	89.78	63.02	58.94	94.13	61.87
104.98	157.07	156.39	67.85	38.11	174.69	92.32

15-1 续表 1

指 标 名 称	计量单位	杭州市	宁波市	温州市	嘉兴市
（三）金融					
年末金融机构人民币各项存款余额	亿元	67345.23	30203.75	18851.11	13260.48
其中：住户存款余额	亿元	19598.76	11749.75	11095.88	6359.20
年末金融机构人民币各项贷款余额	亿元	61802.96	32377.28	18030.10	14098.39
（四）房地产					
房地产开发投资	亿元	3889.10	2131.68	1540.67	1038.66
其中：住宅	亿元	2441.88	1432.85	1168.19	815.68
商品房销售面积	万平方米	1393.66	1128.80	673.27	542.45
（五）对外经济贸易					
货物进口额（海关数）	亿元	2424.16	4440.67	447.55	1186.92
货物出口额（海关数）	亿元	5140.65	8230.59	2502.00	3213.08
新设立外商直接投资企业数	家	840	410	81	326
实际使用外资额	万美元	781238	372658	61244	315760
（六）规模以上工业					
工业企业数	个	6802	10342	8658	6592
其中：内资企业	个	6080	9037	8535	5582
港、澳、台商投资企业	个	258	616	50	374
外商投资企业	个	464	689	73	636
资产总计	亿元	27707.42	26006.47	8874.00	17209.13
流动资产合计	亿元	17541.50	15474.79	5177.87	9773.25
营业收入	亿元	21288.42	25406.41	7373.72	15113.58
营业成本	亿元	20237.29	21855.49	6237.59	13284.80
利税总额	亿元	2353.25	2336.12	590.02	1035.33
其中：利润总额	亿元	1543.04	1418.01	365.44	699.65
税金及附加	亿元	343.17	494.42	30.26	56.05
应交增值税	亿元	467.04	423.70	194.32	279.63
（七）贸易					
社会消费品零售总额	亿元	7293.56	4896.72	3944.10	2342.73
限额以上批发零售业法人企业数	个	7203	8873	3396	2192
其中：零售业	个	1800	1257	867	532
限额以上批发零售业商品销售额	亿元	44511.51	46799.79	10822.54	5910.56
（八）旅游					
入境游客	人次	96418	32467	6279	17447
入境旅游收入	万美元	4854	990	374	2524
国内游客	万人次	8096	5080	4686	3056
国内旅游收入	亿元	1386	776	723	456

湖州市	绍兴市	金华市	衢州市	舟山市	台州市	丽水市
7898.00	14050.63	13817.14	4125.84	3261.71	13717.19	4624.50
3678.70	7041.24	7785.28	2118.68	1544.12	7855.38	2760.23
8784.82	13810.12	13613.33	4266.41	3685.28	13708.91	3939.46
704.07	1067.89	788.41	265.57	197.86	972.36	343.25
555.11	785.64	612.74	207.67	143.44	670.04	253.32
568.91	783.90	460.33	146.17	104.96	765.48	247.41
129.44	282.96	882.17	210.59	2226.28	245.15	35.32
1500.13	3408.98	5956.57	401.93	1155.50	2526.69	289.26
165	231	679	21	59	67	31
157713	101773	46830	10470	46276	24143	11873
4251	5263	5613	1362	464	5545	1588
3916	4911	5440	1316	438	5407	1563
158	189	88	15	8	60	8
177	163	85	31	18	78	17
7666.65	11349.84	7374.93	3590.13	4858.82	9373.41	2191.54
4672.19	6235.77	4286.37	2003.55	1686.76	4890.03	1332.31
7380.04	8637.08	7033.03	3095.30	3406.17	6908.45	2079.02
6447.39	7337.52	6114.06	2696.82	2929.31	5755.02	1794.35
538.60	773.88	433.82	230.15	362.18	584.99	181.91
358.73	545.84	271.85	166.24	85.67	403.75	115.80
36.61	35.12	25.07	10.98	200.57	39.09	8.33
143.27	192.91	136.91	52.94	75.94	142.15	57.79
1596.15	2585.91	2965.30	878.06	575.24	2585.98	804.84
1085	3652	2179	817	620	1913	613
343	650	757	255	110	729	349
5131.94	6464.45	3979.59	1199.21	5719.31	4169.44	2536.16
16681	3428	33277	448	9254	4275	669
857	136	1863	13	391	146	21
2840	2557	3830	1209	1112	3114	2294
459	402	654	180	172	421	283

15-1　续表 2

指 标 名 称	计量单位	杭州市	宁波市	温州市	嘉兴市
五、科技创新					
（一）科创投入					
R&D 经费支出	亿元	723.03	460.96	209.40	232.41
R&D 人员全时当量	万人年	16.58	12.86	6.48	5.77
（二）科创成果					
专利授权数	件	121196	76127	55500	39085
其中：发明	件	30100	9611	3835	3932
六、人民生活					
（一）就业					
全社会从业人员数	万人	758.64	599.02	548.05	328.58
第一产业	万人	29.81	19.70	22.22	10.48
第二产业	万人	263.64	305.56	255.08	173.33
第三产业	万人	465.19	273.76	270.75	144.77
（二）收入					
全体居民人均可支配收入	元	70281	68348	63033	62626
城镇居民人均可支配收入	元	77043	76690	73326	72096
其中：工资性收入	元	44976	42390	38087	45032
经营净收入	元	6281	13019	12577	7173
财产净收入	元	11358	9385	12947	6909
转移净收入	元	14428	11896	9714	12983
农村居民人均可支配收入	元	45183	45487	38482	46276
（三）消费					
全体居民人均消费支出	元	46440	42997	42809	39146
城镇居民人均消费支出	元	50336	47916	49176	44112
其中：食品烟酒	元	12438	13671	13384	11488
衣着	元	2440	2567	2811	2291
居住	元	13709	12842	12681	9406
生活用品及服务	元	2835	2835	3872	3117
交通和通信	元	8514	7552	6696	8217
教育文化娱乐	元	4465	4320	5106	5259
医疗保健	元	4425	2651	2551	3117
其他用品及服务	元	1510	1478	2075	1217
农村居民人均消费支出	元	31980	29514	27623	30571
七、公共服务					
（一）教育					
普通、职业本专科在校生数	人	501150	179313	146729	66175

湖州市	绍兴市	金华市	衢州市	舟山市	台州市	丽水市
126.89	221.01	136.65	45.25	40.91	155.58	39.90
3.51	5.15	4.89	1.15	0.47	5.63	1.21
18954	33181	43198	7059	2741	36555	10363
2232	3500	2782	962	743	2941	632
198.21	328.66	398.79	126.99	72.38	384.07	141.61
10.08	17.52	29.02	17.85	7.35	24.55	14.42
100.19	161.01	162.40	51.01	33.09	169.89	50.80
87.94	150.13	207.37	58.13	31.94	189.63	76.39
60554	65760	58080	45276	63848	58040	44450
71044	76199	69626	57465	71965	70737	55784
38826	42533	37815	34569	48023	40931	28874
13917	14614	10859	7885	7619	12336	8515
6959	8819	10566	5601	6064	9620	7777
11342	10234	10386	9410	10259	7851	10618
44112	45709	35630	31468	45924	37700	28470
38322	40371	38371	26981	39710	38330	32586
44040	45889	45061	33630	44232	44180	38975
12099	12195	10785	8185	12721	12481	10749
3239	3277	3012	2006	3853	3408	3115
10186	12108	10603	9070	9717	10452	11358
2386	2046	2841	2252	2258	2726	1806
7129	7011	7669	4106	5311	7310	4166
5166	5085	4978	4940	5312	4393	2952
2559	2975	3970	2229	2956	2320	3939
1275	1191	1203	842	2104	1090	890
29359	29772	25364	19450	29724	28958	23577
39067	132849	106936	18317	26182	44744	41758

15-1 续表 3

指 标 名 称	计量单位	杭州市	宁波市	温州市	嘉兴市
中等职业教育在校学生数	人	83284	60930	94434	37217
普通中学在校学生数	万人	41.58	33.16	42.97	17.62
普通小学在校学生数	万人	71.07	55.51	63.70	31.01
（二）文体					
公共图书馆图书藏量	万册	2995	1401	1611	1253
博物馆数	个	87	78	57	35
体育场地数	个	38021	28231	29882	19963
（三）医疗					
医院数	个	387	204	164	101
医院床位数	张	87950	41423	41995	25405
执业（助理）医师数	人	57455	35939	35201	20366
（四）社会保障					
城乡居民基本养老保险参保人数	人	796842	994278	1858800	619352
城乡居民基本医疗保险参保人数	人	3658767	2962383	5125069	1510445
失业保险参保人数	人	5762919	3415878	1661728	1638195
养老机构数	个	246	258	252	85
其中：养老机构床位数	张	39914	51448	23497	18437
城市居民最低生活保障人数	人	15833	7477	8915	4034
八、基础设施					
（一）交通运输					
境内公路总里程	公里	16632	11470	15533	8246
其中：高速公路里程	公里	801	584	608	428
民用汽车拥有量	万辆	384.83	335.71	252.37	180.83
公路客运量	万人	4100	1104	4086	276
公路货运量	万吨	35091	45310	14561	16339
水运货运量	万吨	7539	31279	5873	11183
民用航空客运量	万人	2004	617	561	
民用航空货邮运量	万吨	82.98	8.50	6.19	
（二）邮电通信					
快递业务收入	万元	3355474	1303778	1030664	1053404
电信业务收入	万元	2570624	1539864	1474666	793322
移动电话年末用户数	万户	1850	1385	1255	726
互联网宽带接入用户数	万户	696	518	501	274
（三）能源电力					
全社会用电量	亿千瓦时	949.85	972.66	536.45	653.34
其中：工业用电	亿千瓦时	422.04	674.67	286.15	495.84
城乡居民生活用电	亿千瓦时	194.14	134.21	138.12	71.27

湖州市	绍兴市	金华市	衢州市	舟山市	台州市	丽水市
32143	41816	52131	23693	6187	74063	26426
12.33	21.39	28.98	10.49	3.56	31.38	12.28
19.34	28.72	48.10	13.37	5.22	42.01	15.09
412	877	709	475	260	990	389
36	50	33	8	15	56	22
7277	19999	24405	10306	3136	23915	12413
85	102	158	83	35	138	66
19043	26461	32367	14979	5899	30393	14154
11621	19456	22700	8412	4459	21483	9516
492300	868263	1290332	852092	166148	1635539	898931
1204648	2176879	3097982	1476016	476377	3668972	1815010
950171	1387314	1347891	434975	269433	1280436	360272
102	121	140	118	68	241	73
14033	20243	32900	14053	9439	27819	9306
3311	4862	1795	2358	1360	4611	2346
8222	10480	13232	8735	1935	13298	15135
452	565	408	422	70	500	452
107.52	197.43	248.63	57.01	23.62	210.46	51.69
305	763	645	3271	2036	662	690
13217	17856	15856	12059	12181	17773	5693
8621	1875	36	47	30862	12626	252
		86	32	79	93	
		1.27	0.07	0.07	1.00	
401789	507834	3417987	76542	52793	732709	116433
520972	711235	1057208	266194	193027	936237	281285
460	704	1002	270	187	955	285
175	257	369	114	69	312	116
360.21	526.39	505.17	225.05	182.62	410.87	139.08
247.24	383.55	311.65	166.77	142.27	251.02	81.28
49.37	68.83	89.34	28.37	13.84	90.49	29.33